Pour Alain

avec toute mon

amitié,

Comment gouverner un peuple-roi ?

Pierre Henri

Pierre-Henri Tavoillot

Comment gouverner un peuple-roi ?

Traité nouveau d'art politique

Odile Jacob

15, rue Soufflot, 75005 Paris

www.odilejacob.fr

ISBN : 978-2-7381-4645-8

Prologue

Voilà ce qui arriva un beau jour, au légendaire Baron de Münchhausen, aussi nommé « Baron de Crac ». Alors qu'il se promenait à cheval dans une vaste et sombre forêt, il se trouva face à un large étang. Résolu à le franchir, il prit son élan, mais voyant, en plein milieu du saut, qu'il n'y parvenait pas, il tourna bride et revint sur le bord ! Déçu, mais pas découragé, ce vantard fit prendre à son cheval encore plus d'élan. Il sauta, s'éleva… et chuta au beau milieu de la mare. Sa dernière heure était-elle venue ? Que nenni ! Car notre Baron, plein de ressources, eut alors cette idée géniale : il se sortit de l'eau… en se tirant lui-même par les cheveux !

C'est là la plus parfaite allégorie de la démocratie : un régime où le peuple se gouverne lui-même et décide de se sortir seul des lisières de la minorité. Mais illustré de la sorte cela semble aussi fantastique qu'absurde.

E pur si move ! « Et pourtant elle tourne », cette démocratie ! Mal sans doute, mal bien sûr, puisque c'est, selon la fameuse formule de Churchill, « le pire des régimes à l'exception de tous les autres déjà expérimentés », mais elle marche, attirant parfois avec ferveur tous ceux qui n'y vivent pas, même si elle ne cesse de décevoir ceux qui sont blasés de ses trésors. Telle est la véritable énigme. Elle devrait nous obliger à inverser la charge de la preuve.

Figure 1. *Le Baron de Münchhausen, illustration de Gustave Doré (1862).*

Le vrai mystère n'est pas que la démocratie ne fonctionne pas mais qu'elle fonctionne un peu… Ce régime logiquement impossible, aberrant, impuissant et délétère, pourquoi poursuit-il sa route malgré tout ?

La réponse à cette question est simple. C'est au fond la seule solution à l'immémorial problème politique : comment vivre ensemble sans s'entre-tuer ? Certes, on a pu croire jadis qu'il y avait de sages ancêtres, des dieux ou un merveilleux ordre naturel, qui étaient dépositaires d'une autorité incontestable devant laquelle les hommes ne pouvaient que s'incliner. Certes, on peut encore choisir de se soumettre à un chef charismatique ou, à l'inverse, rêver d'une heureuse et altruiste collaboration interhumaine, sans gouvernement. Mais, si l'on est un tant soit peu lucide, on perçoit vite que ce sont là des fictions – plus fantastiques encore que celle de notre Baron. Car, au bout du compte, c'est toujours à l'homme de se sortir lui-même du bourbier dans lequel il prend un malin plaisir à se plonger.

Or nous sommes devenus lucides, ce n'est pas un choix, c'est un destin. Nous ne croyons plus à ces idées – les ancêtres, les dieux, les grands, les rois –, autrefois très utiles pour fonder le pouvoir ; et cela nous contraint d'être autonomes, de gré ou de force. Tout le problème est que nous ignorons encore ce que cela signifie. Et que nous prenons pour un progrès acquis, ce qui n'est qu'un vertigineux chantier. Car la démocratie est moins un trésor à défendre qu'un mode d'existence commune à inventer dans un monde engagé dans un perpétuel changement.

Comment y parvenir après le crépuscule des autorités transcendantes ? Comment réussir sans céder aux petites lâchetés de la servitude volontaire ou aux illusions d'une harmonie universelle ? Bref, comment vivre ensemble entre adultes consentants ? Car, désormais – c'est l'extraordinaire (et exigeant) acquis de la révolution démocratique –, *tous* les citoyens sont supposés « grands » et nul autre n'est souverain que le peuple. Ce peuple de « grands », ce peuple-roi, comment peut-il se gouverner ?

Telle est la question à laquelle tente de répondre ce livre qui renoue avec une tradition oubliée : celle des traités d'art politique. Leur objet semblait pourtant universel. Quels que soient les lieux et les époques de rédaction, ils recherchaient le secret de l'*obéissance volontaire*. La règle de cet art énigmatique, par lequel le prince, quel qu'il soit, parvient à persuader ses sujets de sa légitimité à commander. Ce talent qui permet à chacun de trouver en lui de bonnes raisons de restreindre son ego pour accepter les règles de la vie commune. Faut-il, pour se faire obéir, susciter la peur, le calcul de l'intérêt, l'admiration personnelle ou l'adhésion à des idées ? Obéit-on d'abord par habitude, par passion ou par raison ? Toutes ces voies ont été explorées. Mais plus aucune ne semble évidente à l'âge du peuple-roi.

Notre époque a délaissé ce genre littéraire ; non seulement, parce que la politique y est mal vue, non seulement parce que l'on préfère la science à l'art, mais surtout parce qu'on confond désormais obéissance et servitude volontaires. Tout les sépare pourtant. Alors que celle-ci nie la liberté, celle-là la permet. Alors que celle-ci infantilise, celle-là fait grandir. Aucune vie libre n'est possible avec la seconde ; aucune existence commune n'est pensable sans la première. Or, parce que la démocratie a été, à son origine, une déconstruction des pouvoirs et des autorités établis, elle a d'abord été désobéissance. De sorte qu'il est devenu aujourd'hui très difficile de reconstruire en elle cette obéissance volontaire, qui conditionne l'existence collective.

De fait, on voit fleurir les traités vantant la désobéissance, l'insolence, la rupture, l'insoumission : cela peut paraître sympathique ou héroïque, mais c'est tout à fait hors sujet. Le vrai défi, le seul, est de concevoir l'obéissance volontaire dans les limites de la liberté des modernes. Car obéir, ce n'est pas être assujetti, c'est être un citoyen responsable, attentif aux autres, respectueux du bien commun, sensible aux réalités du monde, ouvert aux désaccords. Au sens étymologique (*ob-audire*), le verbe « obéir » signifie « prêter l'oreille » et accepter, donc, de n'être ni omniscient ni tout-puissant. Sans rien perdre de sa liberté puisqu'on ne fait que prêter cette oreille sans donner sa volonté. C'est la manière d'être de l'adulte, qui connaît ses limites et fait, avec elles, ce qu'il peut et ce qu'il doit.

D'où ce projet d'un traité *nouveau* d'art politique, qui s'adresse certes, comme ceux d'antan, aux dirigeants, mais aussi et surtout aux citoyens. Car, en démocratie, l'art de gouverner est un *art d'être gouverné*. Celui-ci est tout aussi difficile que celui-là, pour autant qu'être un citoyen – et même un peuple – est moins un droit qu'un terrifiant devoir, qui fait de nous les responsables de la chose publique. Comment l'envisager aujourd'hui ? Entre le cauchemar de l'impuissance publique et le spectre de l'autoritarisme, comment réconcilier la liberté du *demos* et la puissance du *cratos* ?

Pour répondre à ces questions, il convient, comme le Baron de Münchhausen, de prendre un bon élan et de courir le risque de chuter. Il faut surtout entreprendre un vaste voyage dans le temps et dans l'espace, oser la théorie, relire les grands auteurs du passé, élargir son regard aux expériences politiques mondiales, sans négliger la frénésie des innovations technologiques. Bref, utiliser tout ce qui peut nous aider à élucider l'énigme de notre régime. Car la démocratie est un immense et jeune continent, qui reste encore largement inexploré.

Ce serait déjà un acquis que d'admettre que nous ne l'avons pas encore tout à fait comprise, à condition toutefois d'être convaincu, contre Churchill qu'elle n'est pas le pire des régimes à l'exception des autres, mais vraiment le meilleur. En tout cas, pour qui veut penser et agir en adulte…

Introduction

Le 19 novembre 1863, quatre mois après la bataille de Gettysburg, qui fut la plus meurtrière de la guerre civile américaine – plus de 50 000 victimes en trois jours –, le président Lincoln revient sur les lieux afin de rendre un hommage solennel aux soldats de l'Union morts au combat. Le discours qu'il tient alors est bref, mais il est resté comme l'un des grands « lieux de mémoire » de l'idéal démocratique. Il y reprend les termes et des motifs d'un autre discours tenu plus de vingt siècles plus tôt dans des circonstances analogues. C'était à Athènes, en 430 av. J.-C. : Périclès prononçait devant l'*Ekklesia*, l'oraison funèbre des premiers citoyens morts au combat dans la guerre du Péloponnèse. Les deux discours se font écho. Comme son illustre prédécesseur, Lincoln fait part de son accablement devant les sacrifices – « La cité a perdu sa jeunesse ; l'année a perdu son printemps », avait dit Périclès en son temps ; comme lui, il proclame que ces morts, pourtant, ne sont pas vaines, parce que l'héroïsme leur donne une portée au-delà du temps humain ; et, comme lui, il use de son art oratoire pour rendre inoubliable le souvenir des défenseurs non seulement de la patrie mais de la liberté. Le discours mémorable devient le mausolée d'une cause universelle :

> Il y a quatre-vingt-sept ans [date de la Déclaration d'indépendance] que nos pères donnèrent naissance sur ce continent à une nouvelle nation conçue dans la liberté et vouée à l'idée que tous les hommes

> sont créés égaux. Nous sommes maintenant engagés dans une grande guerre civile, épreuve qui vérifiera si cette nation, ou toute autre nation ainsi conçue et vouée au même idéal, peut longtemps la subir. Nous sommes réunis sur un grand champ de bataille de cette guerre. […]
>
> Le monde ne sera guère attentif à nos paroles, ni ne s'en souviendra longtemps, mais jamais il ne pourra oublier ce qui fut accompli ici. C'est à nous les vivants de nous vouer à l'œuvre inachevée que d'autres ont si noblement entreprise.
>
> C'est à nous de nous consacrer plus encore à la grande cause pour laquelle ils offrirent le suprême sacrifice ; c'est à nous de faire en sorte qu'ils ne soient pas morts en vain ; à nous de vouloir qu'avec l'aide de Dieu cette nation renaisse dans la liberté ; à nous de décider que *le gouvernement du peuple, par le peuple et pour le peuple* ne disparaisse jamais de la surface de la Terre.

« Gouvernement du peuple, par le peuple et pour le peuple » : cette définition de la démocratie n'est pas seulement concise, elle est claire, frappante, puissante. Et l'on comprend qu'elle ait été reprise en 1946 pour trôner en majesté dans l'article 2 de la Constitution de notre République française, date tardive – soit dit en passant – à laquelle celle-ci devint formellement une démocratie.

Une fois passé l'effet d'admiration, on se retrouve pourtant fort démuni, car, en y regardant de plus près, cette belle formule condense deux énigmes d'une complexité inouïe. L'une est : *qu'est-ce qu'un gouvernement ?* L'autre : *qui est le peuple ?*

Gouvernement inutile…

Pour la première énigme, c'est toute l'histoire de la pensée politique qui nous invite à la modestie. Comment gouverner ? Voilà une question qui a passionné les penseurs de toutes les époques et de toutes les civilisations. En Chine, ce furent Confucius,

Lao Tseu et Han Fei Zi (mort en 233 av. J.-C.). En Inde, le mystérieux Kautilya (IVe siècle av. J.-C.), dont le *Traité du politique (Artha-Sastra)* le fait aujourd'hui passer pour le « Machiavel indien ». En Grèce, nous avons Thucydide, Platon, Xénophon et Aristote ; à Rome, Cicéron, Tite-Live, Tacite, et Sénèque ; Polybe et Plutarque sont à cheval sur ces deux mondes. Au Moyen Âge, les auteurs des « miroirs du prince », de Jean de Salisbury à Gilles de Rome et Thomas d'Aquin, en passant par Christine de Pizan, mais aussi Maïmonide, Farabi, Ghazali, Mawardi... et tous ceux qui partirent à la recherche d'une improbable sainteté royale. À l'âge moderne, outre Machiavel et son ami Guichardin, ce sont les grands acteurs de l'histoire : Richelieu, Mazarin, Louis XIV, Napoléon, Bismarck, Guizot, Churchill, de Gaulle, mais aussi Gandhi qui inventa cet art politique si machiavéliquement pacifiste... Ces noms, et bien d'autres, qu'ils soient rois, généraux, princes, ministres, conseillers, sages sont frères de réflexion en la matière ; tous scrutent avec passion les arcanes du pouvoir, les mystères de la décision, les labyrinthes des luttes d'influence, pour tenter de ne pas s'y perdre et si possible d'y gagner. Quels sont les secrets de l'obéissance volontaire et du gouvernement durable ? Comment protéger le prince de ses adversaires, mais aussi de lui-même ? Y a-t-il des règles pour cet art si particulier qu'est celui de la politique ? Comment créer l'ordre, la paix, la puissance chez des humains toujours fragiles, souvent querelleurs et parfois méchants ?

À l'aune de cette tradition immense, plurimillénaire et multicivilisationnelle, c'est une véritable surprise de constater qu'aujourd'hui cette question de l'art politique est délaissée, voire dénigrée. Car, de nos jours, on préfère penser la politique à travers l'économie, le droit, la « com' » ou le social plutôt que de l'envisager comme telle et surtout comme un art. Et même, plein de mépris à l'égard de la « politique politicienne », le bon démocrate abandonnera volontiers le sujet à la piétaille journalistique en soupirant sur le règne vain et insane des « petites phrases » et autres basses manœuvres de couloir.

Cet oubli hautain de l'art de gouverner à l'âge démocratique est troublant. Ou plutôt il est révélateur d'un rapport inédit à la pratique politique. On pourrait en résumer l'esprit par cette formule : au fond, *à l'âge démocratique, l'art politique apparaît à la fois inutile*, *impossible* et *nuisible*.

Pourquoi *inutile* ? Parce que, nous autres démocrates, croyons avoir enfin découvert le secret du *pilotage automatique* de la cité. Que ce soit grâce au libre jeu de l'économie, par une stricte régulation juridique ou à travers les raffinements de la gestion administrative, le peuple, dans son face-à-face avec lui-même, n'aurait plus besoin de cet archaïsme qu'est le gouvernement. D'ailleurs, signe des temps, on lui préfère désormais le terme de « gouvernance ». Ce qui ne signifie rien d'autre que ceci : la société peut et doit se « gérer » elle-même en jetant aux oubliettes de l'histoire les sombres pratiques du pouvoir et de la domination. Le désir de Saint-Simon serait ainsi près d'être exaucé : « au gouvernement des hommes », nous aurions enfin réussi à substituer l'« administration des choses ». Un exemple parmi d'autres : le 22 avril 2010, le gouvernement belge d'Yves Leterne, mis en minorité, démissionne. Pendant 541 jours, l'administration se cantonne à la gestion des affaires courantes. Plus d'un an et demi sans gouvernement ! Et, au bout du compte, disent certains, une Belgique ni en pire ni (il est vrai) en meilleur état qu'avant. Donc, à quoi bon un gouvernement ?

Pour ceux qui, peut-être nostalgiques de la « grande politique », trouveraient cet espoir d'un autogouvernement naïf ou inquiétant et ne se résoudraient pas à proclamer la vanité du politique, il faudrait pourtant reconnaître, fût-ce à regret, que sa dissolution est inéluctable. Car, même si on le déplore, le constat semble sans appel : l'exercice d'un pouvoir démocratique paraît aujourd'hui tout à fait *impossible*. À l'âge de la mondialisation et de la médiatisation, la vieille critique traditionnelle adressée à l'impuissance et au chaos démocratiques trouve une nouvelle force. À l'extérieur des États, la globalisation, qu'elle soit économique, juridique ou environnementale, vient borner la marge de manœuvres des pouvoirs nationaux : que peut et que vaut un dirigeant, voire un peuple, face aux puissances de la finance, aux empires GAFAM (Google, Apple, Facebook, Amazon, Microsoft) et BATX chinois (Baidu, Alibaba, Tencent, Xiaomi), aux règles du droit international et aux contraintes imposées par les risques planétaires ? À l'intérieur des États, ce sont la médiatisation et son idéal de transparence, la pacification et son horizon de tranquillité qui viennent anéantir les principales armes de l'art politique, à savoir le secret et la contrainte. « Gouverner, c'est faire croire », disait Machiavel. Voilà qui n'est (presque) plus possible, en tout cas guère pour longtemps. Le « contre-pouvoir » médiatique est devenu un « antipouvoir » (Gauchet), soupçonneux, par principe et par définition, à l'égard de l'autorité dès qu'elle ose s'exercer (ce qui, il est vrai, arrive de moins en moins souvent). « Gouverner, c'est contraindre[1] », disait le très libéral Georges Pompidou ; voilà qui est devenu insupportable à l'esprit des temps démocratiques. « Qui voudrait encore gouverner ? Qui voudrait obéir encore ? Ce sont deux choses trop pénibles », écrivait le prophète Nietzsche dans *Zarathoustra* (§ 5). Et Talleyrand, qui s'y connaissait un peu en la matière, ajoutait dans sa *Confession* : « C'est prodigieux tout ce que ne peuvent pas ceux qui peuvent tout[2]. »

Ce dernier argument achèvera de convaincre les sceptiques. Inutile et impossible, l'art politique apparaît en outre comme profondément immoral et *nuisible* à la collectivité. Une fameuse formule de Saint-Just semble devenue l'opinion commune : « Tous les arts ont produit des merveilles. Seul l'art de gouverner n'a produit que des monstres. » Et l'on pourrait multiplier les citations qui flattent le citoyen rebelle que nous sommes tous un peu. Ainsi Paul Valéry, pour qui la politique est « l'art d'empêcher les gens de se mêler de ce qui les regarde[3] », ou Thoreau, qui reprend, au début de son livre *La Désobéissance civile*, la devise selon laquelle « le meilleur gouvernement est celui qui gouverne le moins ». Les derniers reliquats de cet art, loin de devoir être préservés, exigent qu'on les combatte avec toute la détermination possible. Quand tout pouvoir semble un abus ou un excès de pouvoir, comment en effet conférer une quelconque légitimité à l'art politique ? Quand la suspicion, l'opprobre, la dénonciation sont le premier réflexe à l'égard du gouvernant, comment envisager qu'un gouvernement soit « bon » ? Le « politicien » est, en effet, celui qui est à la fois corrompu et surpayé, impuissant et dangereux, inutile et incapable, démagogue et méprisant, couard et autoritaire, trop bon communicant et exécrable pédagogue, gesticulateur acharné et gestionnaire frileux, nul et énarque… L'anarchiste Proudhon le notait cruellement, pour justifier sa détestation de tout gouvernement, y compris celui de la démocratie : il y a en elle trop de *cratos* (puissance) et pas assez de *demos* (peuple). Et d'ailleurs, ajoutait-il, le peuple lui-même n'est guère démocrate, puisqu'il n'aspire, en général, qu'à se confier au premier dictateur venu[4].

… peuple introuvable

Voilà qui nous amène à la seconde énigme de la formule de Lincoln : *qui est le peuple ?* Comment penser cette entité mystérieuse, voire mystique, censée fonder toute espèce d'autorité, de légitimité et de contrainte ? Les régimes antérieurs à la démocratie avaient souvent choisi le divin comme fondement de la souveraineté. Ce n'était pas plus simple à concevoir, mais au moins l'inaccessibilité n'était-elle pas une surprise : elle est comprise dans le concept. L'avantage de Dieu, c'est qu'il est trop grand pour être ni vu ni connu. Le peuple, lui, n'a pas l'excuse de la transcendance : il doit être là, réel, bien présent, sous nos yeux. Hélas ! pas plus que Dieu, on ne parvient à le voir ni à le concevoir. C'est pourquoi sans doute la démocratie est toujours accompagnée d'une véritable cour d'adjectifs : elle peut (ou doit) être « directe », « libérale », « représentative », « participative », « socialiste », « parlementaire », et même – comble du pléonasme ou aveu d'échec ? – « populaire » ! Sans parler de cette nouvelle injonction selon laquelle, il faudrait aujourd'hui « dé-mo-cra-ti-ser » : la démocratie, signe du caractère infini et abyssal de la promesse.

Nous aurions donc ainsi, avec la démocratie, une sorte de couteau de Lichtenberg : ce fameux couteau sans lame, auquel il ne manque que le manche. En l'occurrence, un régime sans gouvernement auquel il ne manque que le peuple... On devrait donc en tirer cette conclusion brutale : l'admirable définition de Lincoln débouche sur une impasse. En démocratie, le gouvernement est impossible et le peuple introuvable. Et même si on les trouvait tous les deux : le premier – le gouvernement – serait voué à nier le peuple ; tandis que le second – le peuple – devrait abolir tout gouvernement. Bref, la démocratie est une immense contradiction. Comment un peuple, qui ne sait pas qui il est, pourrait-il se diriger tout en se suivant (lui-même) ?

Tout le projet de ce livre sera pourtant de défendre la définition de Lincoln en montrant que le peuple de la démocratie n'a pas un unique visage, mais plusieurs, et que sa force réside dans l'invention d'une *méthode* permettant de les faire tous coexister. Telle sera donc la thèse : *le peuple est d'abord et avant tout une forme d'art politique*. Ce pourquoi on a bien tort, aujourd'hui, de cesser d'y penser. Affrontons donc l'énigme !

PREMIÈRE PARTIE

L'ÉNIGME DE LA DÉMOCRATIE

CHAPITRE 1

Qui est le peuple ?

La théorie des cinq peuples

La question *qui est le peuple ?* est du genre de celles que posent les enfants, au moment du coucher. Ces petits démons, pour éviter d'aller dormir, font vibrer notre fibre pédagogique en lançant des interrogations impossibles, qui nous obligent à entrer dans des explications confuses, embarrassées et surtout – c'est le but – très longues. Et on s'énerve soi-même de ne pouvoir bien y répondre. C'est à peu près ce qui arrive quand on cherche à définir le peuple. Est-ce la population, la majorité, l'ensemble des minorités, la masse, l'électorat, la plèbe, le prolétariat, la rue, l'opinion, l'air du temps, les ancêtres, les générations futures, les exclus, les opprimés, les victimes ? Il n'y a que l'embarras du choix. Aussi, pour se sortir de l'impasse, on commence en général par repérer les « ennemis du peuple » : c'est plus commode. Comme le dit très justement Jacques Julliard, « peuple » est un concept à la fois « englobant » et « discriminant[1] ». D'un côté, il rassemble ; de l'autre, il exclut et oppose. Qui ? Eh bien, par exemple, les technocrates d'« en haut » au « terrain » d'« en bas » ; la minorité des riches exploiteurs à la majorité des pauvres travailleurs ; les institutions du « système » aux vrais soucis des « vrais gens » ; les travailleurs aux assistés ; les élites mondialisées aux culs-terreux enracinés ; les *people* aux populistes, etc. Et on peut continuer ainsi presque à l'infini. Pour la gauche, le peuple rassemble tous ceux qui souffrent des injustices causées par le conservatisme de la droite : jadis les prolétaires, aujourd'hui les banlieues et les migrants ; et, pour la droite, il réunit tous ceux dont la condition a été trahie par l'idéologie communiste et/ou multiculturelle de gauche. Le match ne cesse de se rejouer avec des acteurs différents : justice sociale contre identité nationale, partage des richesses contre création de richesse…

Ce petit jeu produit un cercle vicieux où le peuple ne se définit que de manière négative, tout en donnant l'illusion de l'évidence. Car si l'on ne sait plus guère qui l'on est, on se rassure en constatant qu'on reste « contre ». Le confort d'une lutte fictive évite à tous l'effort de la réflexion. Quant au peuple, il n'est plus rien : ni les élus ni les élites, ni les particuliers ni les communautés, ni les intérêts ni les idéologies. Le « peuple », figure désincarnée, purement négative, ne sert plus qu'à mettre au pilori ceux avec qui on n'est pas d'accord.

Et c'est à ce moment précis qu'arrive celui ou celle qui dira, afin de réconcilier tout ce petit monde : « Le peuple, c'est moi ! » Robespierre après 1789 ; Staline après 1924 ; ou encore Hugo Chávez en 2012*. Alors la démocratie devient au mieux « démocrature », au pire Terreur, voire totalitarisme. La trahison des clercs

* Voir Trotski à propos de Staline. « L'État, c'est moi » est presque une formule libérale en comparaison des réalités du régime totalitaire de Staline. Louis XIV ne s'identifiait qu'avec l'État. Les papes de Rome s'identifient à la fois avec l'État et avec l'Église – mais seulement durant les époques du pouvoir temporel. L'État totalitaire va bien au-delà du césaro-papisme, car il embrasse l'économie entière du pays. À la différence du Roi-Soleil, Staline peut dire à bon droit : « La Société, c'est moi » (L. Trotski, *Staline*, Grasset, 1948, p. 584). Concernant Hugo Chávez, voir, entre autres, ce discours du 12 juillet 2012 : « Quand je vous vois, quand vous me voyez, je le sens, quelque chose me dit : "Chávez, tu n'es plus Chávez, tu es peuple." Je ne suis effectivement plus moi, je suis un peuple et je suis vous, c'est ainsi que je le ressens, je me suis incarné en vous. Je l'ai dit et je le répète : nous sommes des millions de Chávez ; toi aussi tu es Chávez, femme vénézuélienne ; toi aussi tu es Chávez, soldat vénézuélien ; toi aussi tu es Chávez, pêcheur, agriculteur, paysan, commerçant. Parce que Chávez, ce n'est plus moi. Chávez, c'est tout un peuple ! »

et le « populisme » se rejoignent dans le culte du chef. Ce n'est pas tant qu'on a oublié le peuple, c'est qu'on est incapable de le penser.

Face à ces dérives, je voudrais tenter un exercice de réflexion qui permet, je crois, de sortir de cette impasse. Son intention est de parvenir à une définition qui serait à la fois cohérente et opératoire du peuple de la démocratie. Projet ambitieux, voire prétentieux – chacun jugera –, mais dont je ne vois pas que l'on puisse faire l'économie, surtout quand, comme aujourd'hui, les accusations de *populisme* fusent à tout propos. Je convie donc le lecteur à me suivre dans une brève enquête dont le titre pourrait être « La théorie des cinq peuples de la démocratie ». Sa formule est simple : le peuple = trois visages + une méthode + un récit.

Un peuple a trois visages

> « Quelquefois le peuple se fausse fidélité à lui-même. La foule est traître au peuple. »
>
> Victor HUGO, *Les Misérables*.

Trois visages, c'est beaucoup ! Mais cela nous immunise au moins contre les tentations fusionnelles de ceux qui prétendent savoir d'emblée qui est, que veut et où va le peuple. Un peuple à plusieurs visages interdit tout absolutisme démocratique. Ce fut la conviction des penseurs libéraux (Benjamin Constant, Alexis de Tocqueville, notamment), surtout après le spectacle désastreux de la Terreur révolutionnaire. C'est eux que je vais suivre pour commencer l'enquête. Pour eux, le peuple se présente d'emblée sous deux formes distinctes : il est une société et il est un État. Dans cette dualité se joue le salut de la liberté. Voyons comment.

Peuple-société et peuple-État

Le peuple-société, c'est une somme d'individus, que l'on suppose libres et égaux et qui partagent un espace commun dans lequel ils vivent ensemble en tissant entre eux toutes sortes de relations et d'appartenances à des réseaux. Le seul *fait* de cette vie commune est le point de départ de tout, sans qu'il faille chercher quelque nature primordiale, quelque race ancestrale ou autre communauté religieuse. La société repose sur les individus, et non les individus sur la société : tel est le premier pari libéral. Les liens qui relient les hommes entre eux – famille, propriété, travail, contrats – forment les rapports « privés » (qu'ils soient domestiques ou professionnels), tels qu'ils sont régis en France, depuis le Code Napoléon de 1804, par le *droit civil.* C'est pourquoi, d'ailleurs, ce peuple-société peut être aussi nommé *société civile**. C'est à Adam Ferguson**, grande figure des Lumières écossaises, que revient l'invention de cette expression et de cette idée bouleversante selon laquelle la société d'individus a une existence autonome de l'Église comme de l'État.

Ce n'est pourtant pas assez pour faire un peuple. Car il ne suffit pas que les individus vivent en société, il faut aussi qu'ils *veuillent* vivre ensemble. Par où l'on passe de l'état de fait à l'État de droit, c'est-à-dire à une forme de stabilité (*stato*) dans les relations civiles. Là où les désirs peuvent changer et les rapports fluctuer, l'État institue et dure. Il garantit la pérennité des règles et l'inscrit dans une temporalité collective. À travers l'État, la volonté de vie commune a un passé (l'histoire nationale,

* La société civile n'a que peu à voir avec la société qu'étudie, en général, la sociologie. La première considère l'ensemble des individus libres et égaux ; la seconde des groupements (classes, cohortes...) déterminés, différents et potentiellement en conflit.

** Adam Ferguson (1723-1813), professeur à l'Université d'Édimbourg, ami de David Hume et d'Adam Smith, auteur de l'*Essai sur l'histoire de la société civile* (1767).

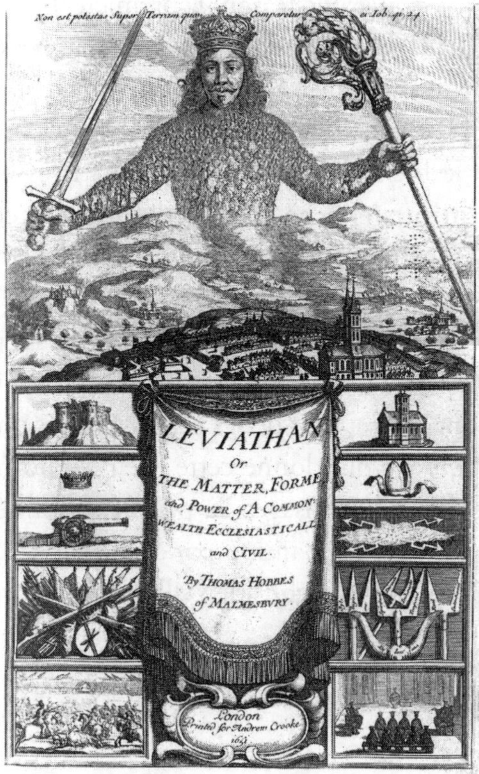

Figure 2. *Frontispice de la première édition du* Léviathan *de Thomas Hobbes (1651).*

ce qui fait que le peuple est une *nation*), un présent (la gestion administrative, tissu de normes juridiques, ce qui fait que le peuple est un *droit*) et un futur (un projet gouvernemental, ce qui fait le peuple est une *politique*)[2]. L'État est donc bien un deuxième point de vue sur le peuple.

La première image de ce peuple-État est fournie par l'extraordinaire couverture du *Léviathan* de Hobbes (1651) où l'on voit la figure majestueuse d'un souverain tout-puissant. Mais, quand on y regarde de plus près, celle-ci n'est composée que de la somme des sujets-citoyens. Manière de dire : « L'État c'est nous » !

Et c'est cette idée qu'explicite pour la première fois la Constitution américaine de 1787 en proclamant : « Nous, le peuple des États-Unis, en vue de former une union plus parfaite, d'établir la justice, de faire régner la paix intérieure, de pourvoir à la défense commune, de développer le bien-être général et d'assurer les bienfaits de la liberté à nous-mêmes et à notre postérité, nous décrétons et établissons cette Constitution pour les États-Unis d'Amérique. » La formulation est parfaite : le peuple-État, c'est le peuple-société, qui non seulement vit ensemble, mais *veut* ensemble. Le premier signe de cette volonté est le consentement à l'impôt, puisque chacun accepte de renoncer à certains de ses revenus privés pour construire une vie collective. Ce qui donne cette première formule.

Nous avons donc deux visages du peuple. C'est déjà beaucoup, et la tentation est grande, animé par la nostalgie de l'unité du corps politique de jadis, de considérer l'un des deux comme étant le plus authentique.

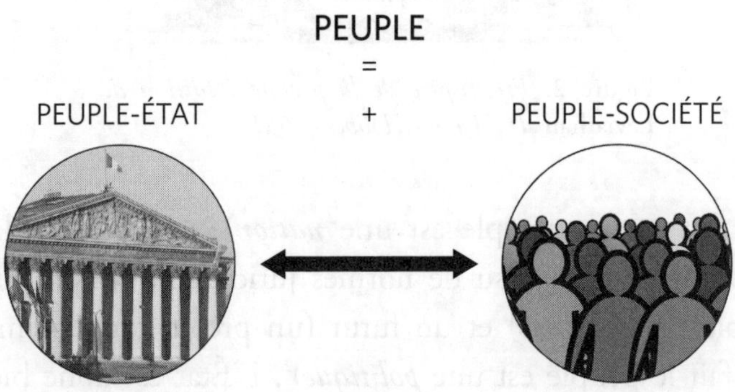

Figure 3.

Nostalgies de l'un

On peut dire un mot en passant de cette tentation, car elle permet de présenter un panorama simple, mais complet, de la philosophie politique contemporaine.

D'abord, on peut penser que le vrai peuple, c'est la société. C'est la position de l'anarchisme, qui repose sur l'idée que la société se débrouille non seulement très bien, mais aussi beaucoup mieux sans l'État. La seule manière d'assurer la liberté des individus est de réduire, voire de détruire, toutes les formes de domination étatique. Pour l'anarchisme, aucune domination n'est jamais nécessaire, et l'ordre social existe mieux sans elle. Il y a d'ailleurs deux manières d'y parvenir : soit en pariant sur l'égoïsme et l'intérêt bien compris des individus (ce sont les théories du marché et de la « main invisible »), soit en misant sur des mécanismes puissants de solidarité et de coopération qui restent embryonnaires en régime de domination politique (ce sont le mutualisme et l'organisation en coopérative). La première manière, basée sur une conception de l'homme égoïste, donne l'anarchisme de droite (ou néolibéralisme) ; la seconde, l'anarchisme de gauche, est fondée sur une anthropologie altruiste et collaborative. Malgré toutes leurs nombreuses différences, l'une et l'autre se retrouvent sur l'idée que l'État est un parasite inutile et nocif. Vive donc le peuple-société ! Même si c'est au prix du peuple-État…

La deuxième option est exactement inverse et considère que le vrai peuple n'est pas la société, mais l'État. Elle mène au socialisme étatique, voire au communisme. Son idée de base est que, livrée à elle-même, la société est un lieu de domination et de rapports de forces, guère éloigné de l'état de nature. La liberté des individus en société est donc un leurre, car, pour reprendre une formule attribuée (entre autres) à Marx, elle permet le « renard libre dans le poulailler libre ». L'État doit donc garantir, réguler et planifier la vie sociale afin de protéger les individus. Sans lui, le peuple-société est voué à disparaître ; il devient, comme dit Hobbes, une simple « multitude » informe (*Le Citoyen*, XII, 8). Autrement dit, sans État, pas de peuple. Et, à partir de là, grande est la tentation d'affirmer, comme le dénonce Nietzsche : « Moi, l'État, je suis le peuple. » En créant ainsi « le plus froid des monstres froids ». Ce que Lénine mettra en équation et en œuvre on ne peut plus clairement : Peuple = « Classe prolétarienne = Parti communiste russe = Pouvoir soviétique[3] ». Vive donc le peuple-État ! Même si c'est au prix du peuple-société…

À égale distance de ces tentations unitaires et totalitaires, le principe fondamental du libéralisme politique est de veiller à *équilibrer* État et société. Ces deux figures du peuple sont nécessaires et légitimes. Sans le peuple-État, le peuple-société serait aveugle : il n'aurait ni racine, ni cohésion, ni horizon et ne serait sans doute même pas un marché. Sans le peuple-société, le peuple-État serait inconsistant : il serait réduit à une mécanique bureaucratique, tournant à vide.

Contre cela les libéraux ont rêvé d'un bel et serein équilibre. Il était pourtant loin d'être acquis…

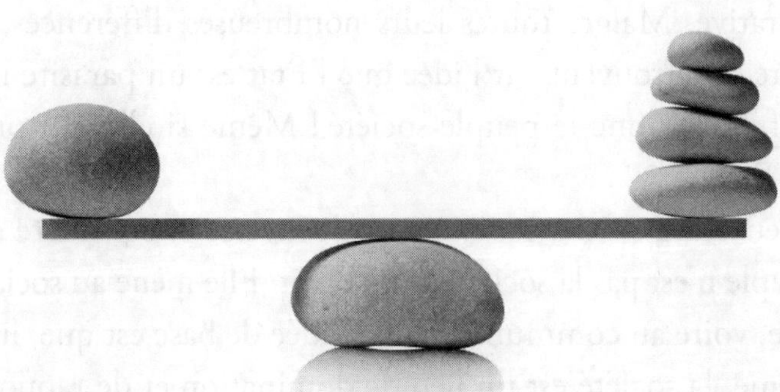

Figure 4.

Le peuple-opinion

Car il fallait bien éviter cette redoutable tentation d'une absorption de l'État par la société (anarchisme) ou de la société par l'État (communisme). La solution libérale consiste à maintenir l'équilibre en faisant intervenir un troisième peuple : c'est le *peuple-opinion*, qui se révèle en partie dans ce qu'on appelle l'espace public.

La fonction de ce troisième peuple consiste à établir la médiation entre les deux peuples. Le premier (l'État) doit y communiquer ses décisions, lois et décrets, qui n'ont, d'ailleurs, de valeur qu'à la date de leur « publication » – et c'est pour cette raison que « nul n'est censé ignorer la loi ». Le deuxième (la société) peut y exposer ses idées, ses critiques et ses analyses, pour les confronter avec celles des autres, nourrir la volonté générale et influencer la décision politique. Comme l'écrira Guizot, « la liberté des journaux doit avoir pour effet de révéler sans cesse la France à elle-même : de rendre constamment présents, en quelque sorte, la patrie tout entière aux yeux du gouvernement, le gouvernement tout entier aux yeux de la patrie[4] » (1819). L'espace public est le théâtre de la volonté générale, de ses réussites et de ses échecs.

Ce qui donne ce schéma, reliant les trois premiers peuples.

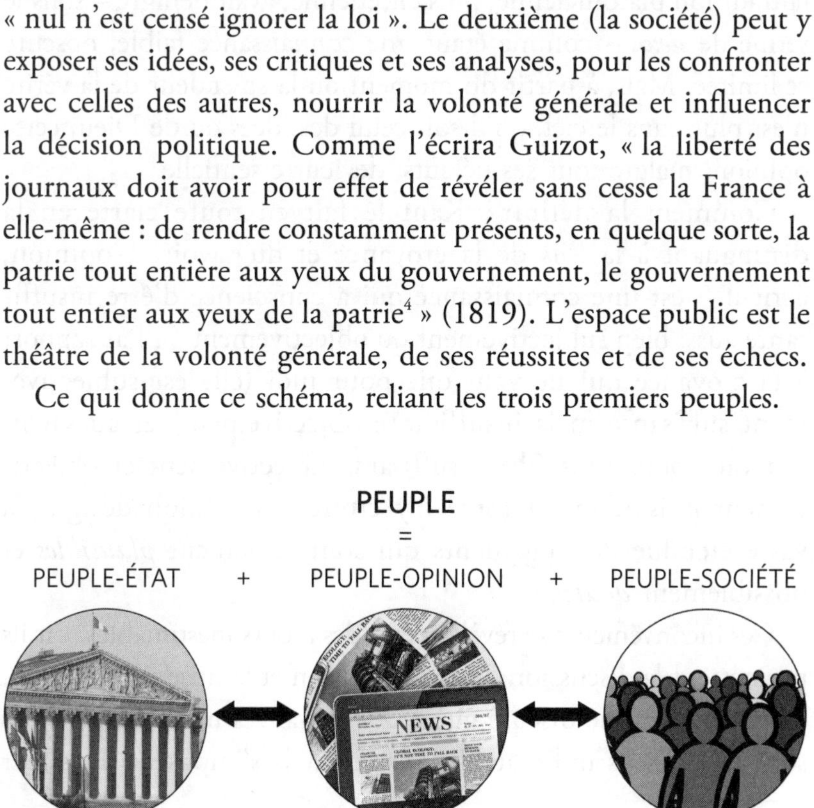

Figure 5.

Cet espace public a une longue histoire, mais sa reconnaissance officielle date de la Déclaration des droits de l'homme et du citoyen de 1789, et notamment de deux articles. L'article 10 : « Nul ne doit être inquiété pour ses opinions, même religieuses, pourvu que leur manifestation ne trouble pas l'ordre public établi par la loi » ; et l'article 11 : « La libre communication des pensées et des opinions est un des droits les plus précieux de l'homme : tout citoyen peut donc parler, écrire, imprimer librement, sauf à répondre de l'abus de cette liberté dans les cas déterminés par la loi… »

On a là une belle revanche pour ce terme d'opinion que toute la tradition platonicienne, puis chrétienne, avait dénigré – sous le terme de *doxa* – comme étant une connaissance faible, obscure et limitée. Mais, à partir du moment où la splendeur de la vérité n'est plus dans le ciel, qu'il soit celui des idées ou de Dieu, cette opinion, malgré tous ses défauts, devient essentielle.

Comment la définir ? Kant le fait en toute clarté en la distinguant à la fois de la croyance et du savoir. L'opinion, écrit-il, « est une connaissance qui a conscience d'être insuffisante aussi bien subjectivement qu'objectivement[5] ». Par rapport à la croyance qui ne vaut que pour moi (elle est subjectivement suffisante mais insuffisante objectivement) et au savoir qui vaut pour tous (il est suffisant subjectivement et objectivement puisqu'on est forcé d'y croire*), l'opinion désigne la vaste étendue des jugements qui sont seulement *plausibles* et possiblement *douteux*.

Ces inconvénients se révèlent être des atouts inestimables, car ils permettent la discussion, la confrontation et la mise en commun. Après tout, on ne discute guère des croyances ni des savoirs : ils sont en un sens indiscutables, parce qu'ils s'imposent dans leur

* Je crois forcément ce que je sais. Seule exception, peut-être : je sais que je vais mourir, mais j'ai beaucoup de mal à le croire…

évidence particulière pour les premières (par exemple, « je crois ou non en Dieu ») ou dans leur exactitude universelle pour les seconds (par exemple « 1 + 1 = 2 » ou « la chaleur dilate le fer »). Il n'y a là vraiment aucune matière à débat. On se passionnera en revanche pour les débats d'opinions, que ce soit en politique, en éducation, en art, précisément parce qu'il est difficile d'y démêler le vrai du faux, parce que rien ici n'en impose ni ne s'impose : il faut faire l'effort de convaincre les autres tout en résistant à leurs objections.

Historiquement, l'émergence de cet espace public correspond, sous sa forme moderne en Europe, à toute une série de phénomènes des XVIIe et XVIIIe siècles : depuis les salons ou les clubs jusqu'aux premiers journaux, en passant par la république des lettres, l'art de la conversation, les sociétés savantes, les grandes controverses, les académies de province, etc. Autant de manifestations qui témoignent du progrès l'idée simple qu'il n'y a pas de liberté de penser sans liberté de communiquer ses pensées : « Penserions-nous beaucoup, écrit encore Kant [*Qu'est-ce que s'orienter dans la pensée ?*, 1786], et penserions-nous bien, si nous ne pensions pas pour ainsi dire en commun avec d'autres, qui nous font part de leurs pensées et auxquels nous communiquons les nôtres ? »

Le XVIIIe siècle est aussi le siècle du décuplement des effets de l'invention de Gutenberg grâce à la machine à vapeur (par Watt, en 1769). Ce qui va permettre une extraordinaire diffusion de l'information et du savoir : journaux, livres, manuels scolaires. Tout cela devient moins cher et accessible à tous. La démocratie est inconcevable sans ce progrès technique qui permet l'(auto)éducation du peuple et l'information du citoyen. C'est la véritable naissance de l'opinion publique, condition nécessaire, mais non suffisante, de la démocratie. Pourquoi une telle réserve ? Parce que cette « reine du monde », comme dit

Pascal, peut aussi errer… Elle n'est pas seulement constituée d'opinions, mais aussi de passions qui – tout à la fois – déforment, renforcent, exagèrent, fédèrent, opposent les premières. Bref, l'espace public, mélange d'opinions et de passions, n'a pas toujours beau visage.

Le peuple contre lui-même : pathologies démocratiques

Le libéralisme pariait pourtant sur une sorte de cercle vertueux entre ces trois peuples. Il pensait qu'ils s'autolimiteraient mutuellement en empêchant la tyrannie de l'un sur les deux autres. Mais il faut reconnaître que cette sage harmonisation est fragile, et que le peuple tricéphale – toujours animé secrètement par l'unité – est constamment tenté de renouer avec l'homogénéité perdue. Cette nostalgie de l'Un nous permet de dresser un autre tableau, lui aussi assez exhaustif je crois, des pathologies démocratiques : chacun des trois visages va prétendre incarner à lui tout seul LE peuple. Et cela donne trois maux que je nommerai, faute de mieux, la propagande, la privauté et la transparence. Il faut en dire un mot avant de poursuivre l'enquête, car l'énigme est encore loin d'être résolue.

Propagande

La première maladie est la mieux identifiée, c'est la propagande. Le terme a une origine religieuse, puisqu'il résumait l'action de la *congregatio de propaganda fide*, c'est-à-dire la congrégation chargée de propager la foi et la droite opinion. Passé en politique, son usage est d'abord purement descriptif – ce sont, comme on dit aujourd'hui, les éléments de langage destinés à orienter l'opinion – avant d'acquérir son sens péjoratif actuel de manipulation*. En régime démocratique, il y a propagande quand le peuple-État gonfle au point d'absorber les deux autres. On le voit sur la figure 6 : 1) La propagande est dictatoriale quand elle dissout le peuple-opinion par le contrôle de l'espace public ; 2) Elle devient totalitaire lorsqu'elle absorbe aussi le peuple-société en détruisant jusqu'au plus intime de la sphère privée.

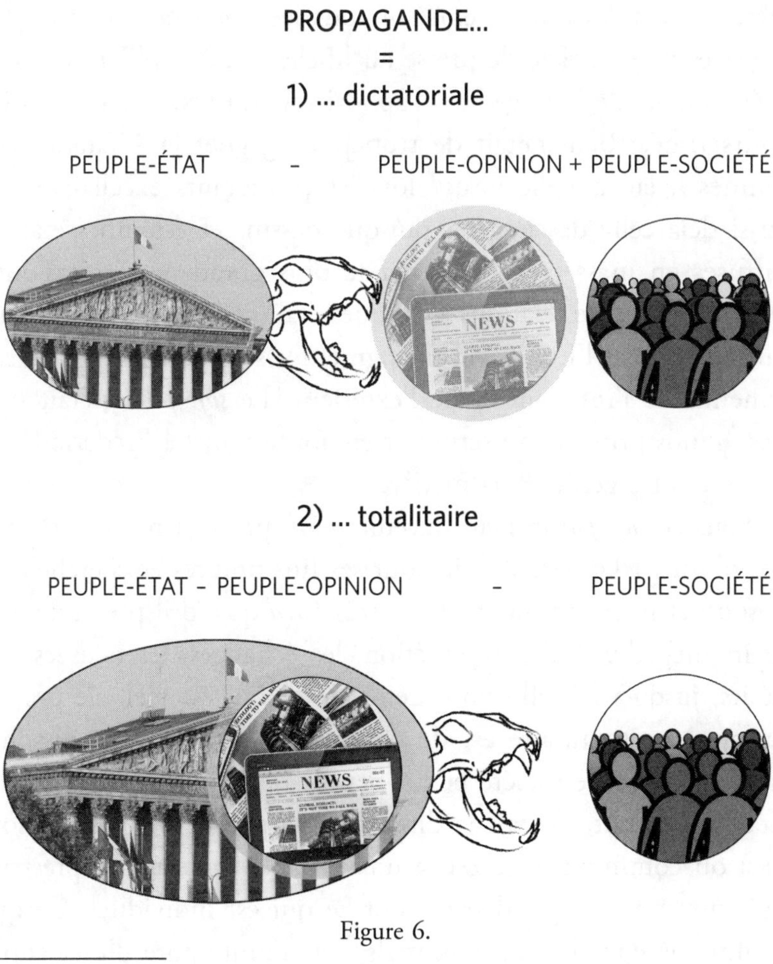

Figure 6.

* Schumpeter ajoute un quatrième sens : « Par propagande il faut entendre toute déclaration émanant d'une source que nous n'aimons pas » (J. Schumpeter, *Capitalisme, socialisme et démocratie*, Payot, 1961, note 1, p. 383).

Richelieu est le génial inventeur de la propagande dictatoriale, au moment même où l'espace public commence à émerger en France. Il est celui qui, le premier, eut l'idée non pas d'abolir l'opinion publique naissante, mais de l'incorporer comme instrument de son pouvoir[6]. Certes, la censure était toujours forte, mais il avait réuni autour de lui une véritable usine d'écriture, rassemblant des auteurs réputés et talentueux – Corneille en était –, capables d'intervenir sur tous les sujets et dans tous les registres : de l'article de presse au libelle, du pamphlet au traité théologique, de la tragédie à l'aphorisme, du texte de loi au discours rimé. Rien n'était de trop pour gagner la « bataille des plumes », en laquelle jusqu'alors les protestants excellaient. Et aussi déjà celle des images, puisque dessins et estampes étaient diffusés en masse pour toucher le plus grand nombre. Toute cette industrie de relations publiques était concentrée sur un seul but : renforcer l'État royal et augmenter sa puissance contre ses ennemis de l'intérieur et de l'extérieur. Le *soft power* était né ! Les grands princes en useront et en abuseront, tel Frédéric II de Prusse, autre génie en la matière.

Mais ce *soft power* peut devenir *hard* quand il ne se contente pas d'utiliser l'espace public pour ses fins propres et cherche à se le soumettre entièrement ; voire très *hard* quand il prétend aussi régir intégralement la production, les échanges, les pensées, les désirs, jusqu'à la définition même de ce qui est réel. Le propre du système totalitaire est de conduire à cette double dissolution : du peuple-société et du peuple-opinion dans le peuple-État, ou plutôt, devrais-je dire, dans le peuple-parti, qu'il soit nazi ou communiste. C'est là un véritable rouleau compresseur qui, sur son passage, détruit tout ce qui est individuel. Ce qui l'anime, là encore, c'est la nostalgie de l'unité pure d'un peuple mystique, dont le parti de classe ou de race est censé constituer la forme exclusive. Le XXe siècle nous a rendus vigilants sur cette hypertrophie du peuple-État. Et, dans les démocraties libérales au moins, les garde-fous semblent bien installés.

Privauté

La deuxième maladie vient de l'hypertrophie d'un autre peuple, le peuple-société. Celui-ci enfle au point d'absorber les deux autres. C'est alors le triomphe du « privé », sous ses deux formes – l'intime et l'économique –, sur le « public », c'est-à-dire sur l'espace commun d'échange d'idées. Pour la nommer, j'utiliserai volontiers le terme suranné de « privauté », soit cette attitude qui consiste à prendre tout à la légère et de manière toujours familière quelles que soient les circonstances. Le privé grignote l'espace public qu'il finit par transformer en un marché de pur divertissement (c'est la « société du spectacle ») ; mais il dévore aussi l'État qui se réduit à n'être plus qu'une simple chambre d'écho des émotions ou des intérêts particuliers (figure 7). Lobbying efficace, d'un côté, et politique compassionnelle associée au triomphe du politiquement correct, de l'autre : je mets tout cela dans le même sac. Le peuple-société veut que l'espace public soit son reflet exact et que l'État obéisse à *tous* ses désirs, sans voir qu'il perd avec cette double exigence tout ce qui rend la vie collective possible. Car l'*intérêt général* est très différent des *désirs de tous*. Ce sont des dérives que l'on voit tous les jours, mais je dirai, là encore, que nos démocraties sont alertées contre elles et disposent à la fois d'une grille d'analyse et d'une série d'antidotes. D'ailleurs le discours antilobby ou antidémagogique est le fonds de commerce des intellectuels critiques : il leur assure à coup sûr une pleine visibilité… médiatique !

Ainsi, ils ne manqueront pas d'être choqués d'entendre Patrick Le Lay, alors P-DG de TF1, affirmer : « Ce que nous vendons à Coca-Cola, c'est du temps de cerveau humain disponible »,

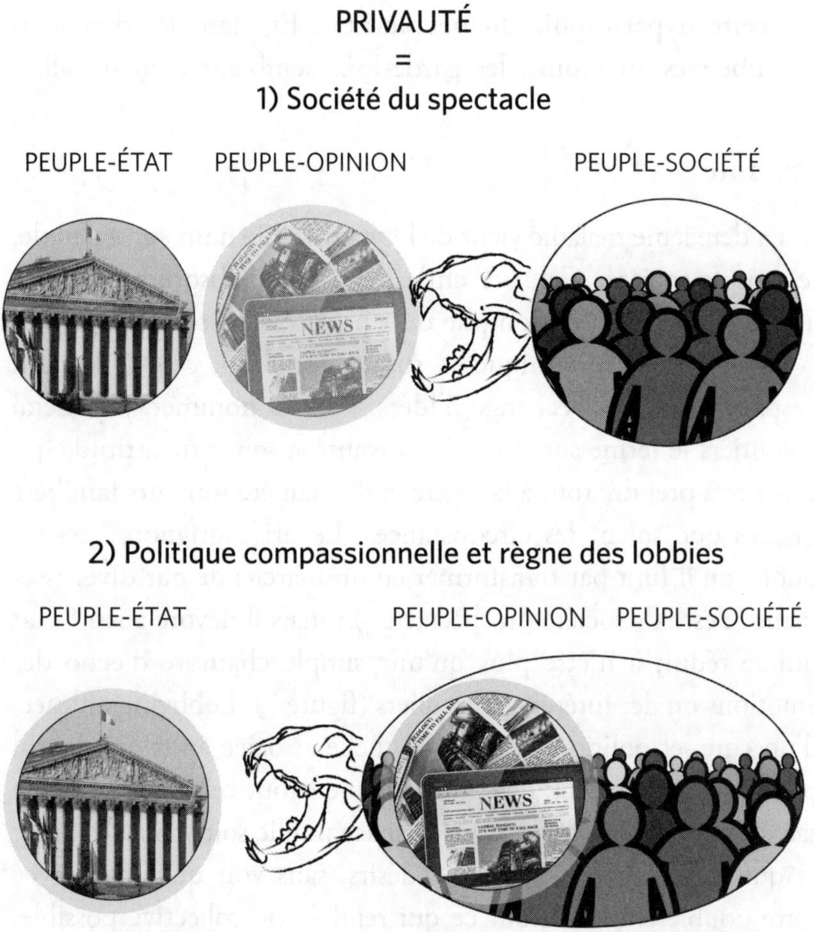

Figure 7.

invitant à penser que la télévision relève moins de l'espace public que de la pure consommation*. Distraire pour favoriser

* La phrase exacte mérite toutefois d'être citée, car elle précise le contexte du propos et en dégonfle la portée polémique : « Il y a beaucoup de façons de parler de la télévision. Mais dans une perspective *business*, soyons réaliste : à la base, le métier de TF1, c'est d'aider Coca-Cola, par exemple, à vendre son produit. Or, pour qu'un message publicitaire soit perçu, il faut que le cerveau du téléspectateur soit disponible. Nos émissions ont pour vocation de le rendre disponible : c'est-à-dire de le divertir, de le détendre pour le préparer entre deux messages. Ce que nous vendons à Coca-Cola, c'est du temps de cerveau humain

les affaires ; transformer la culture, les idées, la politique en un *show* permanent ; exiger un gouvernement émotionnel ; remplacer le gouvernement par la « bien-pensance » ; promouvoir la morale en lieu et place de la politique ; valoriser les identités particulières… voilà quelques travers de la « privatisation » de l'espace public et de l'État. On continue d'en constater les effets mais, là encore, nous sommes prévenus et parfois vigilants.

Transparence

> « L'opinion, reine du monde, n'est point soumise au pouvoir des rois ; ils sont eux-mêmes ses premiers esclaves. »
>
> Jean-Jacques ROUSSEAU, lettre à d'Alembert[7].

La troisième pathologie nous surprend davantage, car elle est à la fois plus récente et tout à fait imprévue. Elle arrive quand le peuple-opinion – pourtant censé assurer l'équilibre des deux peuples – se met à son tour à se gonfler d'orgueil. Son hypertrophie le pousse à absorber la société comme l'État. Tout alors devient com'. D'un côté, l'intimité est surexposée dans le flux des réseaux sociaux ; de l'autre, l'étatique se transforme, comme disait déjà Platon, en pure théâtrocratie[8]. Le maître mot de cette dérive est : *transparence*. Son succès est étrange, et sa prétention colossale. On croit qu'il désigne la victoire de la *publicité* (au sens du XVIIIe siècle : « rendre public »), alors qu'il la dénature. La première était l'idéal des Lumières ; mais, comme on sait, il n'y a pas de lumière sans ombre. Or ce sont toutes les zones d'ombre que la transparence veut abolir. On frise alors, là encore, l'idée totalitaire, cet espoir fou d'accès en temps « réel » à la vérité toute nue, cette attente d'une fusion entre le verso et le recto des choses,

---

disponible. Rien n'est plus difficile que d'obtenir cette disponibilité » (in *Les Dirigeants face au changement*, Éditions du Huitième jour, 2004).

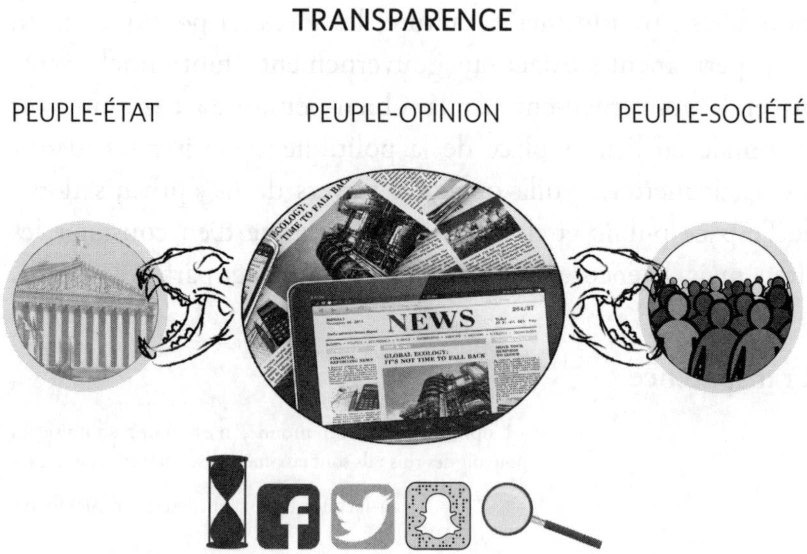

Figure 8.

cette aspiration à un monde qui serait tout à fait plat. Avec la transparence, écrit Guy Carcassonne, « la discrétion [devient] suspecte, la pudeur maladive, l'opacité illégitime, le secret monstrueux[9] ».

La révolution du Web décuple la puissance du peuple-opinion qui, d'instance médiatrice, devient puissance directrice, voire tyrannique. Le Web pousse les murs, enlève le plafond et détruit le plancher de l'espace public. Avec la puissance algorithmique, il n'y a plus de *gate-keepers* – de gardien des frontières privé-public, de régulateur des excès, ni de puissance arbitrale. On s'en est d'abord réjouis ; on commence à sérieusement s'en inquiéter.

L'emblème de cette troisième pathologie pourrait être WikiLeaks* et son fondateur charismatique Julian Assange.

* *Wiki* est un terme hawaiien signifiant « rapide ». Il est choisi par l'informaticien Ward Cunningham pour créer WikiWikiWeb (www) en 1995. C'est la première plateforme permettant à des programmeurs de mutualiser leurs informations et leurs échanges.

Né en 1971, le cybermilitant australien, réfugié à l'ambassade d'Équateur à Londres depuis 2012, défend et promeut une position libertaire appliquée à la société de communication. En 2006, il crée une plateforme destinée à accueillir des données numériques massives émanant de « lanceurs d'alerte », dont l'anonymat et la diffusion sont garantis par un système sophistiqué, mêlant cryptage, dissémination des serveurs et réseau de « sites miroirs ». Ces données sont mises en ligne à l'état brut ou transmises à des médias traditionnels (*New York Times*, *The Guardian*, *Le Monde*, *El País*, *Der Spiegel*...), qui en font un traitement éditorial.

Au tableau de chasse de WikiLeaks, la publication des comptes secrets de la banque suisse Julius Bär, la diffusion de la liturgie ésotérique de l'Église de scientologie (vendue à prix d'or aux adeptes), la mise en ligne d'une vidéo montrant une bavure américaine de 2007 en Afghanistan (Collateral Murder, avril 2010), puis de 75 000 documents classés de la guerre en Afghanistan (Warlogs), les télégrammes de la diplomatie américaine (Cablegate), les fichiers de la politique de détention américaine, les écoutes des responsables politiques européens par la NSA, les e-mails du parti démocrate et de sa candidate en 2016, Hillary Clinton. Sur le site, on trouve deux devises : « Nous n'avons jamais perdu une source » ; « Nous n'avons jamais perdu un procès ».

Soit, mais pour quoi faire ? La force du projet d'Assange est de partir d'une conviction partagée par tout membre d'un espace public démocratique : « On ne nous dit pas tout ! » Sentiment paradoxal à l'âge de la surinformation, mais qui montre que, plus on est informé, plus on a le sentiment d'être manipulé. C'est le point de départ, très convaincant, de la démonstration de ceux qu'on appelle les « cypherpunks » ou les pirates crypteurs. Il existe, dans les sociétés hypermodernes, une asymétrie d'information entre, d'une part, les États et les entreprises (les gros) et, d'autre part, les citoyens et les consommateurs (les petits). Cette asymétrie, déjà énorme, ne cesse de s'accroître du fait de l'augmentation quantitative des données (le big data). Elle est source de domination, mais surtout elle nuit au bon fonctionnement du marché, car elle fausse la libre concurrence. Eh oui, on oublie souvent, surtout en France, qu'Assange est un libertarien affirmé[10] : un horrible néolibéral ! L'organisation des fuites (*leaks*) à partir des failles des États ou de banques trop sûres de leur puissance et de leur impunité permet donc de rebattre les cartes pour une concurrence redevenue saine.

Là n'est pourtant pas le seul objectif de WikiLeaks. Son action n'est pas seulement informative contre les puissantes organisations, elle est aussi punitive. C'est là que la publicité dérive en « transparence ». Là où l'une se contente de « rendre public », l'autre entend « rendre justice », c'est-à-dire juger, condamner et exécuter… Le lanceur d'alerte se mue en procureur et en justicier. Défenseur acharné de la vie privée, la bande de Julian Assange n'hésite pas à violer celle de ceux qu'elle juge coupables (sans autre forme de procès*). Sa ligne de conduite est simple : aucune « censure » à la divulgation des documents quels qu'ils soient, aucun tri, aucune réserve. Numéros de comptes bancaires dévoilés, échanges de mails publiés en masse, identités et adresses révélées, agents infiltrés, correspondants et indicateurs désanonymés : rien n'est filtré ; aucun principe ne vient stopper le tsunami de la transparence. Les données sont livrées brutes sous couvert d'une neutralité affichée mais peu plausible quand on voit les cibles privilégiées.

* Voir les innombrables exemples donnés par l'ancien numéro deux de WikiLeaks, Daniel Domscheit-Berg, qui a rompu avec Assange en 2010 (*Inside Wikileaks*, Grasset, 2011). L'auteur se demande si WikiLeaks n'est pas devenu une secte : « C'était devenu un système dans lequel plus aucune critique de l'intérieur n'était possible. Toute erreur venait forcément de l'extérieur. Le gourou était intouchable et ne devait pas être remis en question. Nous étions menacés de l'extérieur, ce qui renforçait la cohésion interne. Quiconque formulait trop de critiques était puni, menacé d'isolement ou amené à comprendre qu'il risquait des représailles. » (Voir aussi D. Leigh et L. Harding, *WikiLeaks : Inside Julian Assange's War on Secrecy,* The Guardian Books, 2011.)

Les États-Unis arrivent en tête. Pourquoi ? Parce que c'est plus facile, moins dangereux et plus porteur : le buzz est garanti puisqu'il y a un espace public. En revanche, aucune fuite concernant la Chine, la Russie ou l'Iran... C'est tout le paradoxe de WikiLeaks : au nom de la liberté, il ne s'attaque qu'aux régimes les plus libéraux. Depuis mars 2017, avec Vault 7, WikiLeaks divulgue les outils que la CIA met en œuvre dans le domaine de la surveillance électronique et la cyberguerre. Ce qui a conduit Mike Pompeo, alors nouveau patron de la CIA (et devenu depuis le soixante-dixième Secrétaire d'État américain), à déclarer : « Il est temps d'appeler WikiLeaks par son nom : c'est un service de renseignement non étatique hostile aux États-Unis et encouragé par des États comme la Russie[11]. » Comment en douter ? Délation, partialité, complaisance... WikiLeaks est donc bien loin de la pureté qu'on attribue d'ordinaire aux « lanceurs d'alerte ». D'ailleurs, les apôtres de la fuite n'apprécient guère qu'on mette le nez dans leurs affaires. La transparence, en effet, n'aime pas la publicité.

Bien avant l'invention de l'Internet, le théoricien de la psychologie des foules Gabriel Tarde distinguait avec soin la foule du public[12] : alors que le public est un groupe virtuel, organisé autour d'idées ou d'intérêts partagés, constituant un monde commun élaboré, la foule s'appréhende comme un groupe spontané, immédiatement défini par ses passions et ses réactions. Assiste-t-on, avec le Web, au retour de la foule contre l'opinion ? La *société de transparence* serait-elle devenue le nouvel horizon indépassable de notre temps ? Ce serait une très mauvaise nouvelle, car il faut se convaincre que, sous des abords séduisants et « citoyens », la transparence est l'ennemie de la démocratie. Ses adeptes s'appellent d'ailleurs, les Anonymous, les Pirates ou les hackers, puisqu'ils visent à déconstruire autant la société civile que l'État.

*

« Souvent la peur d'un mal nous conduit dans un pire », disait Boileau (*Art poétique*, I). Et le démocrate aime à se faire peur ; il y retrouve les frissons que la prospérité et l'absence d'ennemi mortel lui font parfois regretter. Aussi ne faudrait-il pas trop s'effrayer de chacun de ces trois maux. Propagande, privauté, transparence : ce sont, certes, là des maladies graves, mais – gardons notre sang-froid – aucune à elle seule ne parvient à faire prophétiser la mort de la démocratie. Et il ne faudrait pas que, sur la base de ce diagnostic, les ennemis de la propagande cherchent à détruire un peuple-État en très petite forme ; que les adversaires du « privé » dénoncent un peuple-société en plein doute ; que les contempteurs de la transparence dénigrent un peuple-opinion bouleversé par les innovations technologiques de la troisième révolution industrielle.

En fait, ces trois pathologies coexistent de manière chronique, ce qui laisse à penser qu'aucune n'est vraiment mortelle. Mais, tout en étant optimiste sur le pronostic vital, il faut tout de même soulager les maux bien réels qu'elles provoquent et, pour cela, trouver un nouvel équilibre entre les trois peuples, dont les rapports continuent d'être instables, en dépit du schéma libéral. Il faut donc dépasser la sainte trinité des visages du peuple. Comment faire en sorte que société, État et opinion restent sagement à leur place sans déborder ni imposer leur hégémonie aux deux autres ?

Le quatrième peuple est une méthode

C'est là qu'il faut opérer un changement de regard. Jusqu'à présent, pour résoudre l'énigme du gouvernement démocratique, je cherchais à *situer* le peuple dans des lieux ou à l'identifier dans des visages. Ce peuple mystérieux, j'espérais le trouver dans le cœur des logis, dans la boutique, à l'usine ou au bureau, dans la rue ou au Café du Commerce, à l'Assemblée ou au Conseil des ministres, voire dans les salles de rédaction, sur les plateaux de télévision, dans le flux des réseaux sociaux, les manifestations de la rue. Chaque fois, bien sûr, c'est un échec. Comme dans la chanson pour enfants, on crie : « Peuple y es-tu ? Entends-tu ? Que fais-tu ? » Et le peuple n'y est pas !

Un autre regard sur le peuple

Il faut donc modifier la manière de chercher en admettant qu'on ne trouvera jamais le peuple nulle part. Même pas dans la somme de ses trois figures, puisque chacune est portée à dévorer les deux autres. Changeons donc de regard ! Ce dont la démocratie a besoin pour fonctionner, c'est moins d'un *visage* que d'un ensemble de *règles* permettant aux trois peuples de coexister de manière équilibrée. D'où l'idée d'un quatrième peuple, qui ne serait plus une figure, mais une *méthode.* Pour le dire simplement : le peuple ce n'est ni le point de départ ni le point d'arrivée de la démocratie, mais son cheminement (voir encadré). L'idée semble malaisée à concevoir tant nous nous sommes habitués à penser le peuple comme une substance presque charnelle mais je veux montrer qu'elle peut être très féconde. Car considérer le peuple de la démocratie comme une méthode de construction de la démocratie, comme une règle du jeu pour le gouvernement du peuple, nous fera éviter bien des écueils. Quelle est cette règle du jeu ?

Le peuple comme « méthode »

Dans le vocabulaire technique de la philosophie, cette idée d'un peuple-méthode renvoie à ce que Kant, dans la *Critique de la raison pure*, appelle le « schème ». Il s'agissait pour lui de donner une solution à un très vieux problème : celui du type de réalité que l'on peut accorder aux idées générales (ou concepts). Prenons le concept d'abeille (Platon, *Ménon*, 72b) : ce concept existe-t-il indépendamment des abeilles particulières que nous voyons ? Si oui, comment l'imaginer (car personne n'a jamais vu voler le concept d'abeille ni goûté à son miel) ? Et si non, comment fait-on, sans lui, pour reconnaître qu'une abeille est une abeille ? Le problème semble insoluble. Pour s'en sortir, Kant propose de penser le concept d'abeille non comme une image ou une idée, mais comme une méthode de construction : c'est, dit-il, l'ensemble des opérations que notre esprit effectue – sans que nous en ayons conscience – et qui nous permet de « reconnaître » qu'une abeille (particulière) est une abeille (concept) et non une guêpe ou un bourdon. Notre esprit reconstruit, pour ainsi dire, l'abeille pour pouvoir la percevoir. La méthode de construction est universelle, même si son résultat est toujours particulier (puisque aucune perception d'abeille réelle n'est tout à fait la même qu'une autre). Ce que Kant appelle schème est cette méthode générale de construction toujours située dans le temps[13]. Appliqué au peuple, cela donne cette idée que le peuple n'est pas d'abord une substance, mais une méthode de construction de la démocratie : bref un certain *art de gouverner*.

Les règles de la méthode démocratique

On peut la définir en quatre moments. Articulés entre eux, ils permettent de distinguer de manière infaillible un régime démocratique d'un régime qui ne l'est pas. En voici la formule, avant de la détailler. Pour qu'un peuple démocratique existe, il faut, dans le cadre d'un État de droit (c'est la condition première d'une règle du jeu) : 1) des élections équitables ; 2) une délibération ouverte ; 3) des décisions nettes ; 4) une reddition régulière des comptes.

Cette liste a à la fois une longue histoire et une logique systématique. On en trouve déjà des traces chez les penseurs antiques, notamment chez Aristote quand il cherche à définir la citoyenneté (*Politique*, III, 1, 1275a-22)[14]. Mais cette généalogie importe moins que sa fécondité, car elle permet de concevoir le peuple de la démocratie moins par ses *visages* que par ses *fonctions*. Quelles sont-elles ? Le peuple-méthode se définit à la fois comme *autorisateur* (qui, par l'élection, confère l'autorité à agir), comme *délibérant* (qui contribue à préparer la décision), comme *décideur* (qui choisit et agit, par l'intermédiaire de ses représentants) et comme *contrôleur* (qui demande des comptes pour les actions effectuées à ces mêmes représentants).

L'inventaire de ces fonctions va me permettre de justifier cette liste. Trois remarques.

D'abord, ces quatre moments sont nécessaires. S'il en manque un seul, on peut dire que la démocratie est prise en défaut, et que le peuple est absent ou amputé. Prenons quelques exemples. La République islamique d'Iran contient formellement trois des quatre moments : 1) les résultats des élections n'y sont pas prévus d'avance ; 2) la force de décision est là avec ses contre-pouvoirs (juridique et religieux) ; 3) il y a une forme de reddition des comptes, puisqu'on y voit des « alternances politiques ». En revanche, l'espace public n'est ni ouvert, ni pluraliste, ni libre. Autre exemple, la Fédération de Russie respecte plus ou moins trois étapes du peuple : il y a des élections (avec, il est vrai, une campagne peu équitable et des résultats sans surprise), un espace public (risqué pour ceux qui osent aller « trop loin ») et des décisions sont prises (avec peu de contre-pouvoirs visibles) ; mais le moment de la reddition des comptes fait défaut, puisque Vladimir Poutine, parvient, depuis dix ans à contourner, sans contestation majeure, la règle constitutionnelle de limitation des mandats. Autre exemple : la République populaire de Chine n'a vraiment rien d'une démocratie, malgré sa Constitution (art 1er : « La République populaire de Chine est un État socialiste de

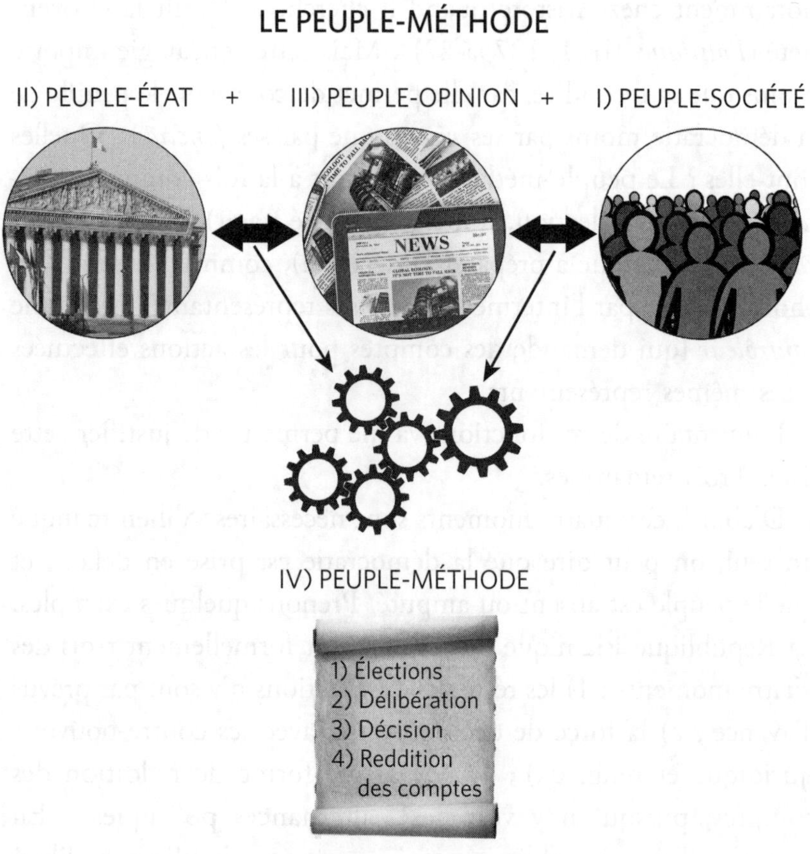

Figure 9. Le peuple-méthode

dictature démocratique populaire dirigé par la classe ouvrière et fondé sur l'alliance entre ouvriers et paysans »). Il n'y a aucune trace publique d'élections (1), ni de délibération (2), ni de reddition de comptes (4). Pourtant, ces trois moments sont présents de manière embryonnaire et opaque au sein du Parti communiste chinois (85 millions de membres !), qui prétend incarner le véritable peuple. Celui-ci avait établi, depuis 1993, un principe de rotation des charges, qui, limitait la mission d'un président à dix ans. Cette disposition (très démocratique dans son esprit) vient d'être remise en cause par Xi Jinping, devenu en 2018 le nouveau Grand Timonier à vie, alors que son « mandat » aurait dû s'achever en 2023.

Deuxième remarque : le peuple-méthode est celui qui permet d'assurer des relations fluides entre la société, l'État et l'opinion. Il est non seulement le facilitateur, mais aussi, celui qui fait vivre les trois visages du peuple. Ainsi, au cours des élections, on voit les trois peuples à l'œuvre : le peuple-société qui fournit les électeurs et les candidats ; le peuple-État qui garantit l'équité et le bon déroulement du suffrage ; le peuple-opinion qui offre le théâtre pour l'affrontement des partis et des idées.

Même chose pour la délibération. Les débats publics qui préparent les décisions politiques se déroulent dans trois sphères délibératives. Au niveau du peuple-État, il y a une délibération institutionnelle, celle des assemblées et des conseils. Mais celle-ci n'aurait que peu d'effet sans l'écho du peuple-opinion, car c'est dans l'espace public et médiatique, que sont aussi discutés et critiqués les projets. Et, en outre, au cœur de la société, il y a une délibération civile, qui concerne les personnes privées. Ce peuvent être, par exemple, les lobbies d'intérêts ou les lobbies d'idées (ONG), qui tentent d'influencer les choix politiques. Chacune de ces trois délibérations participe à la prise de décision en démocratie. On peut, certes, se plaindre qu'un tel processus soit lourd et long, mais gardons à l'esprit que, quand il est amputé ou absent, c'est le signe qu'on entre en dictature.

Quand arrive le moment de la décision, là encore nous retrouvons les trois peuples en action. Sans doute celle-ci est-elle le privilège du peuple-État, qui en a la responsabilité ; mais elle ne saurait valoir sans être rendue publique, ce par quoi elle a besoin du peuple-opinion, et sans susciter un minimum d'adhésion, ce en quoi elle mobilise le peuple-société.

Enfin, la reddition des comptes vient boucler la boucle. Après avoir été soumis aux décisions du peuple-État, le peuple-opinion et le peuple-société retrouvent leur prééminence grâce à leur pouvoir de contrôle et d'évaluation *a posteriori*. C'est l'heure des bilans ; l'élu remet son mandat en jeu et, s'il est battu, il quitte ce pouvoir dont il n'est jamais propriétaire. La démocratie, c'est aussi cette expérience de la fin du pouvoir : l'élu est voué à être déchu. Après le sacre de la campagne, la passion des débats contradictoires et le poids des décisions, vient le temps de faire ses cartons.

Tel est le rythme de la vie démocratique, qui fait exister le peuple authentique : du vote aux débats ; des débats aux actes ; des actes aux comptes ; des comptes au vote…

Troisième remarque : ces quatre moments de la démocratie doivent être non seulement articulés, mais proportionnés entre eux. Et c'est là le plus grand défi de l'art politique démocratique, car la réussite de l'un risque de sonner le glas des autres. Une campagne pleine de promesses permettra peut-être de l'emporter, mais vouera le vainqueur à l'impuissance d'exécution et à une impossible reddition de comptes. De même, une délibération sans fin empêchera la prise de décision, tout comme une décision sans délibération interdira son application. Enfin, si la reddition de comptes prend trop le pas sur le reste ; si elle intervient de manière trop précoce ou trop fréquente, elle bloquera dans l'œuf tout projet de long terme.

Bref, le défi de l'art politique démocratique est gigantesque. Il exige la maîtrise parfaite de quatre arts de gouvernement, tous différents, complexes et parfois contradictoires : gagner des élections, conduire une délibération, prendre décision, savoir rendre les comptes ! Et si on les transposait – à la manière des Anciens – en catalogue de vertus princières, cela donnerait ce portrait improbable d'un chef qui devrait avoir l'énergie de la conquête, la patience de la discussion, la fermeté de la décision et l'humilité de la remise en question.

C'est là où l'on peut s'inquiéter de voir la méthode démocratique s'être quelque peu déréglée. Prenons la France. Aujourd'hui, on y adore les élections. On les aime tant qu'on aspire même à voter pour choisir non seulement les élus, mais les candidats à l'élection et, peut-être, demain – pourquoi pas ? – les prétendants aux primaires. Ce moment électoral tend à l'hypertrophie. Il sature l'espace public, tétanise le fonctionnement de l'État et use les candidats avant même le suffrage. En France, on idolâtre aussi la délibération, tellement d'ailleurs qu'on oublie parfois que son but est de prendre une décision ; et que s'il faut délibérer, c'est qu'aucune décision n'est parfaite. On adule également la reddition de comptes, au point qu'on la souhaiterait permanente, voire – je le dis *cum grano salis* – anticipée ! Cette triple adoration de l'électoral, du délibératif et du contrôle finit par produire une victime : la décision. Et c'est la source du plus grave des déséquilibres contemporains au sein des démocraties libérales. La méfiance libérale à l'égard du pouvoir et de ses abus produit un effet pervers : l'impuissance démocratique. La démocratie se retourne contre elle-même en une dialectique infernale : c'est le désir hyperbolique des particuliers de maîtriser leur destin qui finit par empêcher le peuple d'être maître du sien…

Il faut donc trouver les moyens d'un rééquilibrage des quatre arts politiques démocratiques. C'est ce que je tenterai de proposer par la suite. Mais, avant d'y venir, il manque encore une étape à ma petite théorie du grand peuple et de ses cinq formes.

Le cinquième peuple est un récit

Peuple-société, peuple-État, peuple-opinion, peuple-méthode : avec ces quatre peuples et leurs rapports articulés, avons-nous atteint la bonne équation pour découvrir le vrai peuple de la démocratie ? Pas tout à fait. Car si on a gagné en cohérence, on a perdu en substance. Même s'il réconcilie des niveaux séparés, il est difficile de reconnaître le peuple dans une méthode. Et l'on s'exposerait par trop aux critiques populistes et démagogiques (ici parfaitement justifiées) si l'on s'en tenait à cette conception seulement formelle et procédurale. Le peuple n'est donc pas seulement une méthode, c'est aussi et surtout l'histoire de sa mise en œuvre. Cet ensemble de fonctions ne vaut que s'il est réalisé dans l'espace et dans le temps, sur un territoire et dans une généalogie. Bref – et l'on peut désormais utiliser cette formule sans risque –, s'il est incarné.

C'est le cinquième peuple. Celui qui vient habiter à sa manière – toujours singulière – la méthode démocratique. Celui qui est la synthèse des quatre autres dont il conserve en son sein toutes les dimensions. Je l'appellerai le *peuple-récit*.

LE PEUPLE-RÉCIT
Synthèse des quatre peuples :
Société, État, Opinion, Méthode

Figure 10. Le peuple-récit.

Les belles histoires des démocraties

Je touche là une zone à risque : la polémique est toute prête à s'enclencher et les lames sont déjà affûtées. À ma gauche, les partisans de l'histoire ouverte ; à ma droite, les tenants du « roman national ». Pour les uns, toute histoire de France est vouée à être nationaliste, au pire sens du terme, c'est-à-dire mélange de haine de l'étranger et de chauvinisme rance. Pour l'éviter, ils font l'éloge du métissage contre la pureté et de la différence contre l'identité. Pour les autres, le discours national est un fondement du peuple-État : ils cherchent à en entretenir la flamme contre les illusions du multiculturalisme.

Je me garderai de les renvoyer dos à dos. Car la première position me semble toujours aberrante, tandis que la seconde n'est nocive que par excès. Pour déconstruire l'identité, encore faut-il qu'elle existe, robuste et claire. L'histoire ouverte a besoin de ce qu'elle dénonce pour s'affirmer. Et, dans son éloge naïf de l'altérité, elle refuse de considérer qu'il y a bien des manières de concevoir l'identité. On peut le faire de façon dogmatique ou critique, figée ou dynamique, agressive ou pacifique. L'État, tout neutre qu'il soit en régime libéral, reste le garant du récit national, le pivot de la réflexivité collective. On ne peut vivre ensemble sans partager une même histoire, ce qui n'interdit ni la discussion ni l'esprit critique. Nous savons depuis Solon que les Constitutions ne valent que pour un peuple et pour un temps ; depuis Montesquieu que les lois ont un esprit. On peut donc penser que les modes de gouvernement aussi possèdent une âme.

Quelques exemples pour s'en convaincre.

Aux yeux d'un démocrate français, une élection présidentielle américaine est un scandale. D'abord, elle n'est pas directe, et il y arrive que le vainqueur ait réuni moins de voix que le perdant. Une élection sénatoriale lui semble tout aussi baroque puisque chaque État américain élit deux sénateurs, quelle que soit sa population : aussi bien la Californie et ses 40 millions d'habitants que le Wyoming qui en compte à peine 600 000. Mais pour un Américain, ces anomalies sont largement compensées par une évidence fondamentale : le respect du caractère sacré de la Constitution. Conçue en 1786 pour une population de 3 millions d'habitants dans un esprit aristocratique, elle continue de fonctionner pour 300 millions de citoyens. La changer, même en détail, serait l'affaiblir, et la démocratie américaine a trop absolument besoin de ses fondements relatifs pour risquer de la mettre en péril.

À l'inverse, pour un Américain ou un Allemand, le régime républicain français et son président paraîtront tout sauf démocratiques.

Les ors, les cérémoniaux, l'ampleur du pouvoir présidentiel même, tout cela les persuade que le roi de France n'est mort qu'en apparence. Ce qu'ils peinent à comprendre, c'est que la France, comme disait Bainville, est une création royale : elle n'existe que par l'État ! Et cet État royal a fini par devenir républicain puis démocrate, sans perdre tout à fait son style originel. Ici plus qu'ailleurs, la représentation n'est jamais une simple délégation, elle est toujours aussi incarnation. Le pouvoir se doit d'être lointain, vieux et grand, tout en étant très proche, attentif et plein de sollicitude. On prête à un paysan du début du XIXe siècle, cette formule œcuménique : « La république, moi je veux bien, pourvu que ce soit Napoléon qui soit roi… » Parfait condensé de l'histoire de France !

Autre exemple : pour des Européens continentaux, le spectacle donné par la Chambre des communes anglaise relève de l'ethnologie[15]. Bien loin du schéma de l'hémicycle français, on y voit des députés, face à face, s'invectiver sans égards, émettre d'étranges grognements et se lever à tour de rôle dans une sorte de danse rituelle. Mais c'est qu'une ancienne tradition y interdit les applaudissements et que l'on ne peut manifester son approbation que par des « *Hear ! Hear !* », héritage d'un ancien « *Hear him !* ». Le 10 Downing Street, petite maison bourgeoise et siège du Premier ministre, manque singulièrement d'éclat si on le compare même à l'hôtel Matignon. Mais c'est qu'au Royaume-Uni, l'apparat et le faste sont réservés à l'autorité royale ; le « cabinet » doit savoir rester à sa place… du côté des « commodités ».

La « démocratie des autres » (Amartya Sen)

Je continue.

Pour des Occidentaux, la démocratie indienne est un gigantesque paradoxe. D'un côté, elle mérite bien son titre de « plus grande démocratie du monde » avec son corps électoral de 815 millions d'inscrits et environ 500 millions d'électeurs effectifs (en 2014). Le régime est bien établi, puisque hormis vingt et un mois d'état d'urgence entre 1975 et 1977, il n'a connu aucun changement constitutionnel majeur depuis son indépendance en 1947. Au total, ce furent 16 élections générales conduites dans des conditions de liberté et d'équité ; mais aussi de pluralisme, puisque le multipartisme n'a cessé d'y progresser. L'alternance de 1977, qui renverse la suprématie du Parti du Congrès dominé par les successeurs de Nehru (mort en 1964), permet une véritable ouverture politique, même si c'est au prix d'une forte instabilité. Enfin, l'espace public est aussi garanti par la présence d'une presse libre et puissante, dont les tirages font frémir d'envie toutes les rédactions occidentales.

Et pourtant, d'un autre côté, le régime indien, qui a choisi de se démocratiser avant de se développer économiquement, reste fragile. Le pays connaît des inégalités colossales (un quart de la population vit au-dessous du seuil de pauvreté de 1,25 euro par jour), une corruption endémique, des conflits religieux très violents, une justice embryonnaire (un juge pour 10 millions d'habitants !) et surtout un système de castes qui semble totalement incompatible avec l'esprit de la démocratie*.

L'Inde trace donc une voie singulière de démocratisation. L'héritage administratif anglais (basé sur l'Indian Civil Service) s'est combiné à une forte tradition culturelle d'esprit démocratique et de recherche du compromis. On peut être inquiet sur son avenir mais rien ne peut laisser dire qu'il ne s'agit pas d'une démocratie. Sans doute est-elle moins libérale et moins laïque que

* Il se pourrait pourtant que ce soit ce système qui ait contribué à la seconde révolution démocratique. Alors que le Parti du Congrès était fondé sur une alliance de type clientéliste entre les hautes élites et les basses castes, les classes moyennes (OBC = *other backward classes*) contestent ce système et poussent au renforcement de la démocratie en suscitant l'alternance. Régionalisme, ethnonationalisme hindou viennent alors au centre des débats jusqu'à la victoire sans partage du BJP (Bharatiya Janata Party : Parti du peuple indien) de Modi en 2014. (*Cf.* C. Jaffrelot, « Pourquoi la démocratie en Inde ? », *Débat*, 2009, 153, p. 141 ; A. Sen, *La Démocratie des autres*, Rivages, 2006.)

sous Nehru qui se qualifiait lui-même de dernier dirigeant anglais de l'Inde, mais elle reste démocratique avec ce visage hideux que peut prendre la tyrannie de la majorité : faut-il rappeler l'année 2002 qui a vu la province du Gujerat être le théâtre d'un nettoyage ethnique, véritable pogrom d'État ?

Ces exemples le montrent : les voies d'accès à la démocratie sont multiples, singulières et fragiles. Pour qu'elles y conduisent, il faut qu'on retrouve toujours au moins une société, un État, un espace public et les quatre opérations qui les mettent en lien : des élections ouvertes, une délibération publique, un espace de décision efficace et une reddition régulière de comptes. Les ingrédients sont les mêmes, mais les recettes varient.

Ce peuple-récit exige un ultime art politique qui vient couronner les autres : celui de raconter des histoires. La formule sert en général à dénigrer l'homme politique, identifié à l'enfumeur en chef ou au baratineur de comptoir, mais la démocratie est trop souvent engluée dans le présentisme pour se priver de cette mise en perspective. Car le récit est le moyen par lequel un peuple prend conscience de lui-même et s'inscrit dans le temps long. C'est ce qu'on peut appeler une « identité narrative nationale », qui aurait tout à fait à voir avec l'art du roman quand celui-ci est un chef-d'œuvre : il y faut du style et du savoir, de la poésie et de la réflexion, de l'émotion et une bonne dose d'esprit critique. Et comment ne pas voir que ce talent est toujours la caractéristique des grands dirigeants : connaissance intime du passé, compréhension fine des enjeux du présent et vision sûre de l'avenir. Par où l'on retrouve, enfin, une forme d'unité pour le peuple, car rien ne rassemble autant que de raconter ou d'écouter des histoires. Simplement, cette unité narrative n'a aucun des inconvénients des tentatives unitaires que nous avons rencontrées : elle ne cherche pas à éliminer les autres visages du peuple ; elle les met en scène dans une dramaturgie commune.

Conclusion pour la théorie des cinq peuples

Cinq peuples pour penser LE peuple de la démocratie, cela paraît excessif. C'est cinq réponses pour une seule question : « Qui est le peuple ? » Quel est l'intérêt d'une telle complexité ?

1) Il est d'abord de rappeler que la démocratie n'est pas à la portée du premier venu : c'est un régime compliqué et exigeant. Et pour ceux qui ne veulent pas faire l'effort, la dictature est toute conseillée. Après tout, se soumettre à un régime autoritaire est très simple ; agir comme on a toujours fait est une évidence ; obéir à un chef dont la personne apparaît irradiée par la transcendance ne pose aucun problème. En revanche, s'imposer des gouvernants qui vous ressemblent, reconnaître que l'autorité est une nécessité intérieure et collective, obéir à des lois qui ne sont qu'humaines : tout cela demande une rigueur et une discipline sans pareil. Disons-le trivialement : la démocratie, ce n'est pas fait pour les nuls, et le peuple doit être à la hauteur. Il est arrivé parfois que ce ne soit pas le cas : en Allemagne, en 1933 ; en France, en 1940. Par où l'on voit l'ampleur du défi : le peuple *de la* démocratie doit constamment se façonner comme peuple *pour la* démocratie.
2) Deuxième acquis de cette théorie des cinq peuples : elle est la seule, selon moi, qui permette de donner sens à la définition de Lincoln : s'il existe un gouvernement du peuple, par le peuple, pour le peuple, c'est parce que le peuple lui-même implique un mode de gouvernement. La démocratie est une manière de gouverner et une façon de faire le peuple. L'idée est loin d'être anodine, car elle invite à penser qu'un peuple ne peut vraiment exister qu'en démocratie. C'est en ce sens

que l'on peut soutenir que la démocratie (telle que je viens de la définir) est *le meilleur des régimes*, c'est-à-dire le plus conforme aux aspirations profondes de l'humanité.

3) Troisième acquis : la démocratie ainsi définie est « libérale ». Je sais bien que le mot est aujourd'hui une quasi-insulte dans l'espace public français mais il n'y en a pas d'autre dans la tradition philosophique pour désigner – en toute rigueur – un régime qui distingue la société de l'État, qui reconnaît l'individu comme valeur suprême, qui cherche à limiter la puissance publique sans perdre l'efficacité politique, qui fait l'éloge de la neutralité dans tout ce qui ne relève pas de la sphère privée[16]. Tant que nous serons aveugles sur la dimension essentiellement libérale de notre système, nous aurons beaucoup de mal non seulement à le comprendre mais aussi à le perfectionner.
4) Quatrième acquis, enfin : cette formule des cinq peuples révèle l'extrême difficulté de l'art politique démocratique. Pour Machiavel, celui-ci se réduisait à deux objectifs déjà difficiles : la conquête et la conservation du pouvoir. En démocratie, il faut en outre gagner les élections, faire vivre le débat, décider et agir sous le regard permanent du public, lui rendre des comptes et raconter son histoire. Pris séparément, aucun d'entre eux n'est aisé ; mis ensemble, ils semblent impossibles à concilier. Serait-ce un pentathlon infernal où les qualités à déployer dans une discipline empêcheraient de réussir dans les quatre autres ! Nous autres, citoyens, devons en prendre conscience : *jamais l'art politique n'a été aussi difficile qu'en démocratie.*

Or cette difficulté extrême, parce qu'elle est méconnue, vient alimenter la déception des citoyens à l'égard de la démocratie libérale. Ils jugent celle-ci incapable de remplir sa sublime promesse. D'où la tentation d'aller explorer des modèles concurrents qui, sans renoncer à l'idéal de gouvernement du peuple, cherchent à le réaliser d'une autre manière. Ces modèles envisagent d'autres types d'art politique, soit plus participatifs, soit plus directifs, soit plus « enchanteurs ». Contre le peuple « pentagonal », ils renouent avec la séduction du peuple Un. Peu importe qu'ils l'appellent « participation citoyenne », « chef charismatique » ou « splendeur d'une vérité révélée », ils trahissent le subtil équilibre de la démocratie contemporaine.

Avant d'élucider les nouvelles règles de son art politique, je voudrais examiner ces contre-modèles – car, sous des apparences séduisantes, ils me paraissent, chacun à leur manière, être des dangers pour la démocratie. C'est là d'ailleurs une grande nouveauté : ses adversaires se présentent désormais moins comme des anti- que comme des hyperdémocrates !

Pour ceux qui, amateurs de spéculation philosophique, apprécient les belles constructions logiques, je résumerai cette théorie des cinq peuples sous la forme d'une « quintuple synthèse étoilée ».

En voici le commentaire. Les deux premiers peuples (société et État) se font face dans une opposition complémentaire mais frontale (comme la différence et l'identité). Le peuple-opinion permet d'établir une première synthèse (dialectique) en articulant les deux premiers peuples sans rien perdre de leur substance. Mais, avec cette introduction d'un tiers terme, la dynamique logique n'est pas stabilisée puisque chacune des trois figures du peuple cherche à dominer, voire à dissoudre, les deux autres (chaque différence prétend à l'identité exclusive). D'où l'émergence d'un quatrième peuple qui ne contient rien d'autre que les règles permettant d'établir des relations équilibrées entre les trois premiers : ce quatrième peuple respecte les différences des trois premiers, mais assure aussi l'unité de l'ensemble. Il présente une synthèse supérieure, tout à fait cohérente, mais qui a l'inconvénient d'être formelle et désincarnée (car seulement procédurale). Il faut donc une ultime synthèse qui regroupe à la fois la substance des trois premiers peuples et la méthode du quatrième : ce qui a lieu dans le peuple-récit. Car le récit est autant une méthode (une forme) qu'une matière (un fond). Il y a une structure narrative universelle, mais les histoires sont toujours singulières. CQFD[17] !

CHAPITRE 2

Quel pouvoir ?

La démocratie libérale et ses ennemis

> « Cette fatidique faiblesse est-elle inhérente à toutes les républiques ? Un gouvernement est-il nécessairement trop fort pour les libertés de son peuple ou trop faible pour se maintenir ? »
>
> Abraham LINCOLN, 4 juillet 1861.

> « Si l'État est fort, il nous écrase ; s'il est faible, nous périssons. »
>
> Paul VALÉRY.

De nos jours tout s'évalue, tout se note et tout se classe : les élèves, les lycées, les salariés, les managers, les politiques, les hôpitaux, les séjours hôteliers, les chauffeurs de taxi, les commerçants comme les clients, les services comme les usagers. Qu'elle est troublante cette frénésie de hiérarchie à l'âge de l'égalité ! C'est sans doute parce que, dénués de tout repère absolu, les « alter-égaux » que nous sommes recherchent dans la reconnaissance d'autrui le seul signe possible de leur justification ici-bas. Est-ce que nous le valons bien ? Seul le regard des autres nous le dira… ou non.

Dans ce contexte de classement hyperbolique, il n'est pas surprenant que l'on trouve aussi un classement des États à partir de leur « taux de démocratie ». Le magazine anglais, *The Economist*[1], en a été l'initiateur en élaborant à partir de 2006 un panorama des régimes mondiaux sur la base de soixante critères regroupés en cinq catégories : le processus électoral et le pluralisme, les libertés civiles, le fonctionnement du gouvernement, la participation politique et la culture politique. La note s'établit sur 10 et distingue quatre mentions : très bien pour les « démocraties excellentes » qui ont une note supérieure à 8 ; bien pour les démocraties imparfaites (notées de 6 à 8) ; très passable pour les régimes hybrides (4 à 6) et blâme pour les pays autoritaires (évalués en dessous de 4). Le résultat de l'examen n'est pas sans intérêt. Le meilleur élève est la Norvège, qui, avec 9,93, obtient les félicitations du jury. Le cancre absolu est la Corée du Nord avec 1,08/10. Entre eux, 167 pays du monde sont classés. On peut être réservé sur le mode de calcul et le choix d'indicateurs, qui sont discutables et pas très cohérents ; mais, cela donne au moins une impression d'ensemble.

Il n'y aurait donc dans le monde que 20 démocraties authentiques (soit environ 5 % de la population mondiale), mais tout de même 59 démocraties imparfaites (pour presque 45 % des êtres humains). La moitié de l'humanité vit donc en démocratie acceptable. 37 régimes sont dits hybrides (18 % de la population) et le reste (32 %) de la population mondiale subsiste dans 51 tyrannies. La France, en 2016, était au 24e rang, avec 7,92/10 à égalité avec la Corée du Sud. Ces deux pays, pour 0,8 point, n'ont pas droit à la cour des grands ! Il manque 2 points aux États-Unis et 1 au Japon (premier pays asiatique). L'Inde avec 7,81 dépasse la Belgique (7,77). Le premier pays sud-américain est l'Uruguay (noté 8,17 et 19e) ; le premier africain est le Bostwana (27e rang avec 7,87).

Une autre étude élaborée par la fondation Freedom House (dans son rapport 2017[2]) recoupe relativement cette lecture et présente en outre l'intérêt de montrer une évolution peu réjouissante. Après une phase de montée en puissance après 1989, la démocratie apparaît en reflux dans de nombreux endroits du monde[3].

Les trois déceptions démocratiques

L'élaboration de tels indicateurs pose d'innombrables questions et pourrait faire l'objet de bien des critiques. Mais si on les prend dans leur globalité, le bilan est donc mitigé. Il peut nourrir l'analyse des satisfaits comme des déçus, des optimistes comme des pessimistes. Toutefois, comme, de nos jours, le pessimiste bénéficie toujours d'une forme d'autorité crépusculaire, nous devons plutôt être « inquiets » quant au devenir de la démocratie. Sommes-nous entrés dans l'ère du déclin démocratique, voire dans un âge postdémocratique (selon Colin Crouch[4]) ? Personnellement, je ne le crois pas, mais il faut reconnaître qu'il existe aujourd'hui une triple déception à l'égard de son idéal que l'on peut résumer par cette formule : la démocratie libérale souffre d'une terrible *crise de la représentation*, d'une grave *impuissance publique* et d'un profond *déficit de sens*. Autrement dit, elle aurait perdu, en cours de route, à la fois le peuple qui la fonde, le gouvernement qui la maintient et l'horizon qui la guide.

Les trois maux sont compatibles. Cependant, selon le symptôme qui semblera le plus grave, chacun choisira une des trois thérapies disponibles sur le marché des idées d'aujourd'hui.

Pour les uns, c'est la crise de la représentation qui prime. Elle révèle une véritable trahison du *demos* par le *cratos*, fruit d'un déficit de contre-pouvoirs mais aussi d'un éloignement croissant entre la sphère de décision et les citoyens. Il convient donc d'instaurer une démocratie plus électorale, plus délibérative, plus participative, qui permettrait un contrôle (moral, juridique et politique) accru des gouvernants par les citoyens. Bref, une démocratie plus démocratique, directe, participative, voire « radicale » : là serait le salut !

Pour d'autres, c'est l'impuissance publique qui est le plus à craindre. Elle révèle une totale déliquescence de la souveraineté. Absence de décision à l'intérieur, bureaucratie, laxisme aux frontières, soumission aux diktats économiques et juridiques d'instances internationales non élues, espace public capté par la technocratie ; tout cela alimente le désir du retour d'un vrai *cratos* remis au service du vrai *demos*. La démocratie illibérale : là serait le salut !

Pour les derniers, la démocratie libérale, parce qu'elle va de pair avec le capitalisme et la sécularisation, représente l'apothéose du matérialisme athée. La vie humaine atomisée, coupée de toute transcendance, s'enferme dans l'abrutissement et la décadence. Son mode de vie se prétend universel mais cache en vérité des choix exclusivement occidentaux, destructeurs des cultures et des religions concurrentes. Il serait urgent de renouer avec la transcendance. La théodémocratie : là serait le salut !

Démocratie radicale, *démocratie illibérale*, *théodémocratie* : la montée en puissance de ces trois modèles concurrents de démocratie est un phénomène nouveau qui révèle d'un côté, l'aspiration universelle à la démocratie, de l'autre, la confusion totale du concept.

Il a aussi pour effet de bouleverser le paysage politique en brouillant le traditionnel clivage gauche/droite. Car, dans le camp de la démocratie radicale, on retrouve aussi bien des anarchistes devenus *geek* que des libertariens illuminés ou des socialistes autogestionnaires ; celui de l'illibéralisme couvre un champ qui va des admirateurs de Hugo Chávez à ceux de Recep Tayyip Erdogan, en passant par les adeptes d'un ex-libéral comme Viktor Orbán ou d'un autoritaire assumé comme Vladimir Poutine. Quant à celui de la théodémocratie, il fait communier les fondamentalistes religieux de tout poil avec les révolutionnaires en panne d'avenir radieux et d'opprimés à défendre : religions de salut terrestre et politiques de l'au-delà se retrouvent main dans la main. Leur point commun à tous est une même détestation du libéralisme et la conviction que, bien mieux que lui, ils sauront réaliser l'idéal démocratique. À mes yeux, ce sont trois impasses mais aussi – et c'est surtout cela qui importe – trois défis qu'il s'agit de relever.

Les séductions de la démocratie « radicale »

> « S'il y avait un peuple de dieux, il se gouvernerait démocratiquement. Un gouvernement si parfait ne convient pas à des hommes. »
>
> Jean-Jacques Rousseau, *Du contrat social* (III, 4).

Quand, à la fin du XVIIIe siècle, les inventeurs de nos régimes contemporains – les « Pères fondateurs » aux États-Unis et Sieyès en France – imaginent le système représentatif, ils ont en tête deux repoussoirs : l'absolutisme des princes et la démocratie des peuples. Ce dernier terme était à l'époque (et depuis Platon) clairement péjoratif, synonyme de désordre et/ou de démagogie, mais surtout de destruction des libertés. Car la démocratie était, à leurs yeux, capable ou coupable d'« offrir au peuple en masse l'holocauste du peuple en détail », d'« asservir la minorité à la majorité » (Benjamin Constant), bref de sacrifier la liberté sur l'autel de l'égalité. Ils voyaient dans l'absolutisme démocratique une forme pire que l'absolutisme monarchique, puisqu'il ne souffrait plus aucune des limites traditionnelles ou religieuses qui bornaient jadis le pouvoir des monarques, tout autoritaires qu'ils fussent.

Outre cette objection de principe, il y avait trois autres arguments plus concrets, qui interdisaient d'envisager la possibilité même d'une démocratie directe. C'était, d'abord, la taille du pays et l'ampleur de la population qui excluaient de réunir dans une assemblée la totalité des citoyens. Il y avait, ensuite, le faible niveau d'instruction qui empêchait d'envisager un gouvernement populaire éclairé. Enfin, il fallait bien reconnaître que les citoyens, contraints de gagner leur vie, n'avaient pas assez de loisirs pour participer en permanence aux affaires de la cité. Ces trois raisons fermaient la porte à la démocratie directe, même pour ceux qui en rêvaient secrètement.

Il n'en va plus de même aujourd'hui. Les progrès de l'instruction, les transformations du travail et l'avènement d'Internet semblent lever les procès en impossibilité d'une démocratie directe. Du coup, certains se reprennent à rêver d'un régime authentiquement populaire où l'exercice se ferait sinon de manière directe, à tout le moins, avec une participation et un contrôle civique accrus. Entre-temps, le terme de démocratie (grâce à Tocqueville) est devenu positif et, ce faisant, chacun peut noter l'écart entre la sublime promesse « d'un gouvernement du peuple par le peuple pour le peuple » et la médiocrité de la réalisation.

C'est cette déception qui inspire aujourd'hui un nombre impressionnant d'initiatives et d'innovations « citoyennes » visant, souvent à l'écart des institutions « établies » (pardon pour le pléonasme), voire contre elles, à « démocratiser la démocratie ». La quête de cette *démocratie radicale* nourrit aussi une foultitude d'ouvrages d'auteurs venant d'horizons très variés : du postmarxisme à l'anarchisme, de la social-démocratie aux positions libertariennes. Mais tous se retrouvent pour dénoncer la « mal-représentation » contemporaine ; la dépossession par une oligarchie étroite et bornée du pouvoir civique. Tous s'accordent sur la recherche d'un nouveau gouvernement, qui serait enfin *citoyen*, et non plus seulement *politicien*.

Pour eux, le changement devrait concerner toutes les étapes de la méthode démocratique. Au moment des élections, les choix devraient être plus ouverts grâce à la généralisation des primaires, la consultation des citoyens sur les programmes, la prise en compte du vote blanc, la limitation des mandats, l'interdiction des cumuls, voire la promotion du tirage au sort. La délibération, elle aussi, pourrait être améliorée en quantité et en qualité, grâce aux plateformes civiques et autres applications numériques permettant aux citoyens de donner leur avis toujours et sur tout. De même, ceux-ci devraient être davantage impliqués dans les processus de décision, comme c'est le cas, par exemple, pour les budgets participatifs. Enfin, le contrôle des responsables demanderait à être considérablement renforcé par des examens permanents et scrupuleux. Leur mandat devrait être limité et restreint. Leur salaire réduit. Certains exigent même qu'on puisse renvoyer les élus avant terme, dès qu'ils ne donnent plus satisfaction. D'autres, qu'on puisse, dans certains cas qui sont de conscience, s'opposer aux décisions même quand elles sont prises à la majorité.

Bien sûr, je rassemble ici une très grande variété de revendications, mais on y retrouve deux points communs : une méfiance profonde à l'égard du pouvoir politique et une adoration de la toute-puissance individuelle. Dans l'histoire de la pensée politique, cela a un nom : l'anarchisme.

Or il faut rappeler que cette doctrine puissante et cohérente n'a strictement rien à voir avec la démocratie. D'ailleurs, un de ses théoriciens les plus fameux, Joseph Proudhon, affichait comme programme la « dissolution des pouvoirs politiques ». Voici son credo : « Plus de gouvernement !… Ni monarchie, ni aristocratie, ni même démocratie, en tant que ce troisième terme impliquerait un gouvernement quelconque, agissant au nom du peuple et se disant peuple. Point d'autorité, point de gouvernement, même populaire ; la Révolution est là[5] ».

Au lieu de faire l'éloge du désordre – comme on le pense trop souvent –, l'anarchisme entendait instaurer un ordre plus solide et durable. D'ailleurs, à ses yeux, le pouvoir a toujours été le principal fauteur de trouble puisque dès qu'il y a pouvoir, il y a guerre pour sa conquête, donc désordre. C'est pourquoi à la place de ce gouvernement, inévitablement voué à sacrifier l'harmonie collective et la liberté individuelle, Proudhon prônait une « organisation des forces économiques et sociales par le contrat », à travers un système de coopératives, de mutuelles et de fédérations.

Dans l'anarchie fédérative, écrit Proudhon, chacun serait « également et synonymement producteur et consommateur, citoyen et prince, administrateur et administré ». Par où l'on voit que le pouvoir politique n'est pas tant détruit (car il faudrait pour cela user de violence) que divisé à l'infini ; les contraintes ne disparaissent pas, mais sont désormais à la portée et à la maîtrise de chacun ; la liberté n'est pas *absolue* mais seulement limitée par les contraintes naturelles (et non arbitraires) de la vie collective. L'anarchisme, c'est la politique *peer to peer*.

Le modèle est puissant mais reconnaissons qu'il n'a rien à voir avec la démocratie, puisque le peuple ici n'est rien d'autre (ni plus ni moins) que la somme des individus, c'est-à-dire la société *de facto*, qu'il suffit de laisser être telle, sans contrainte, pour qu'elle soit harmonieuse.

Rêve fou ? Utopie délirante ? Projet archaïque ? Sans doute. Mais l'avènement d'Internet vient de donner à cette doctrine une nouvelle jeunesse. Forums numériques, applications citoyennes (*civics techs*), *blockchain* généralisée*, etc., sont autant de promesses de régénération politique. La démocratie 2.0 (ou la République 6.0)

---

* Sur la *blockchain*, voir chapitre 3, p. 161.

sera-t-elle plus collaborative, participative, interactive ? et pour quel peuple ?

Quitte à jouer le rabat-joie, je vais m'efforcer dans ce livre de décevoir les espoirs des déçus de la démocratie libérale et de tous ceux qui pensent qu'une autre démocratie est possible. Car le risque, en voulant radicaliser la démocratie, c'est de la perdre. Ou, du moins, d'égarer en route ce qui est son principe premier, à savoir la liberté collective. On croit en effet être plus libre quand on peut choisir tout, dire tout, décider de tout, même de congédier ses serviteurs dans l'instant ! C'est confondre la liberté du citoyen avec celle du consommateur. Or le contrat social n'est pas un contrat commercial ; le peuple souverain n'est pas la somme des clients-rois ; la démocratie n'est pas un produit étiqueté « satisfait ou remboursé ». Elle est un principe d'orientation du destin collectif.

J'ajoute que rien n'est plus facile à détourner que la participation « citoyenne ». Dès qu'elle est mise en place, elle est captée par quelques-uns : ceux qui ont du temps, de l'argent, des idées bien arrêtées et de bons réflexes de militants. Alors, les minorités déterminées peuvent aisément – comme c'est déjà d'ailleurs parfois le cas – tyranniser la majorité. C'est contre ces dangers que furent inventées les institutions représentatives. Elles doivent protéger aussi bien la majorité silencieuse des minorités actives que les minorités passives des majorités oppressives. Son but est d'établir des médiations pour éviter que le peuple ne soit la victime de ses propres passions, de mettre de la distance entre ce que les citoyens voudraient immédiatement et ce qu'ils décident politiquement. Montesquieu le notait déjà, bien avant les révolutions modernes : « Comme dans un État libre, tout homme qui est censé avoir une âme libre doit être gouverné par lui-même, il faudrait que le peuple en corps eût la puissance législative : mais, comme cela est impossible dans les grands États, et est sujet à beaucoup d'inconvénients dans les petits, il faut que le peuple fasse, par ses représentants, tout ce qu'il ne peut faire par lui-même[6]. » La plus grande prudence est donc requise à l'égard des innovations démocratiques, qui risquent de jeter le bébé de la liberté avec l'eau sale de la mal-représentation. De Gaulle appelait cette dérive la « démocrassouille* » : quand la démocratie radicale se nourrit d'un rêve libertaire, qui n'est plus guère démocratique.

Changer la forme de la démocratie en la radicalisant me semble donc très périlleux. Pourtant la déception est là qu'on ne peut pas nier. Simplement elle concerne moins la forme que le fond. Ce qui fait le succès (relatif) du « radicalisme démocratique » – bien au-delà des vieux militants gauchistes en quête de rédemption –, c'est qu'il rencontre l'idée hypermoderne que la vie privée a plus de valeur que la vie politique. C'est là un point que Luc Ferry développe avec force et pertinence : « La vie affective sous toutes ses formes, l'éducation des enfants, le choix d'une activité professionnelle enrichissante aussi bien sur le plan personnel, le rapport à la maladie et à la mort occupent une place infiniment plus éminente que les considérations d'utopies politiques au demeurant introuvables. Nous vivons bien davantage dans un film de Woody Allen que dans un discours de Fidel Castro[7]. »

La politique moderne s'était construite sur le modèle du sacrifice du privé au public quel qu'il soit : nation, révolution, progrès… La politique hypermoderne renverse la priorité. Pour elle, la démocratie n'est une fin que parce qu'elle semble le meilleur moyen d'une vie réussie. On a seulement tort de penser que cet individualisme est étroit, borné et purement consumériste. Le « crépuscule du devoir », comme l'écrit Gilles

* Contre laquelle la Ve République est conçue : « Nous avons essayé d'inventer un nouveau régime, une troisième voie entre l'oligarchie et la démocratie : le gouvernement du peuple par le peuple et par ceux à qui le peuple accorde et maintient sa confiance » (cité par A. Peyrefitte, *C'était de Gaulle*, De Fallois/Fayard, 1994-1997, t. 3, partie I, chapitre 12).

Lipovetsky, ne signifie pas la disparition de l'engagement mais suppose que celui-ci se déplace des grandes causes transcendantes aux petites causes personnelles et ponctuelles. Ces dernières, contrairement à ce qu'on pourrait croire, ne sont pas si médiocres, car, de proche en proche, en pensant à sa vie, à ses enfants et aux enfants de ses enfants, on aboutit à l'universel de demain : l'espoir d'un monde en paix, l'aspiration à une prospérité maintenue, le souci d'une existence dans un environnement préservé. Voilà ce que nous devons tenter de garantir aux générations futures qui sont déjà là sous nos yeux. Voilà pourquoi il faut garder du pouvoir au lieu de plaider pour la multiplication de contre-pouvoirs. Alors l'égoïsme étroit du départ devient *in fine* solidarité universelle. L'individu sait très bien qu'il ne peut être individu tout seul et que le « self-made-man » est un délire. Il sait qu'il a besoin de la société pour pouvoir être un individu, et c'est pourquoi la société a besoin du pouvoir de l'État.

Autrement dit, sous des habits d'anarchisme, le projet de « radicaliser la démocratie » cache, me semble-t-il, un désir de revenir à sa *racine*, à savoir la vie individuelle. C'est pour cela qu'il trouve un écho, bien au-delà des cercles militants cyniques. Mais c'est une erreur profonde de penser qu'il faudrait pour cela dénoncer, bouleverser, voire détruire, les institutions en place. Sans doute faut-il les repenser avec ce nouvel horizon à l'esprit, mais gardons-nous d'un désir mortifère de table rase.

On pourra m'objecter que cette critique est conservatrice d'esprit et que je refuse *a priori* des expérimentations innovantes qui n'ont pas encore porté leurs fruits. Fort bien ! Je pose donc cette question : quels sont aujourd'hui les pays dans lesquels les principes de la « démocratie radicale » seraient appliqués ? Si j'excepte quelques cas locaux et ponctuels, trop particuliers pour être généralisés (Chiapas, Rojava*...), je vois, dans le monde, trois situations qui semblent s'approcher de ce à quoi rêvent les radicaux-démocrates : la Suisse, la Californie et l'Islande. Voyons si ces trois « États » ont des leçons à nous donner.

La Suisse : éloge de la votation

« L'Italie sous les Borgia a connu trente ans de terreur, de meurtres, de carnage... Mais ça a donné Michel-Ange, de Vinci et la Renaissance. La Suisse a connu la fraternité, cinq cents ans de démocratie et de paix. Et ça a donné quoi ?... Le coucou ! » Cette fameuse réplique, tirée du film *Le Troisième Homme* (1949), dit l'essentiel. Pour faire la République helvétique, il a fallu du temps, beaucoup d'argent, mais surtout qu'elle soit oubliée des fracas de l'histoire.

La Suisse se décrit souvent comme « *Willenstaat* », un État formé d'une volonté commune. De 1291 à 1979, date de la création officielle du vingt-troisième canton suisse – celui du Jura –, ce pays s'est construit par agglomération de cantons. Au départ, il s'agissait de simples relations contractuelles, fondées sur des alliances militaires, des clauses d'arbitrage et des promesses d'entraide. Chaque canton s'organisait librement : certains vivaient dans des démocraties directes où les décisions revenaient à l'assemblée des citoyens (*Landsgemeinde*) ; d'autres, surtout des cantons-villes, comme Zurich ou Berne, étaient des oligarchies. À la suite de la bataille de Marignan, les Suisses, défaits par les Français, après avoir fait trembler les puissances européennes, font le choix de l'isolationnisme, suivant le conseil d'un moine, Nicolas

* Le Rojava désigne la fédération autonome de la Syrie du Nord, constituée en mars 2016 à Rmeilane, regroupant, pour l'essentiel des populations kurdes. Son système politique est inspiré par le confédéralisme démocratique (ou communalisme kurde) théorisé par Abdullah Öcalan, cofondateur du PKK et actuellement emprisonné en Turquie. Öcalan a été profondément influencé par le penseur anarchiste américain Murray Bookchin. (*Cf.* M. Léonard, « Le Kurdistan, nouvelle utopie – un nouveau Chiapas au Moyen-Orient ? », *Revue du Crieur*, juin 2016, 4, p. 128-143.)

de Flue : « Craignez Dieu et vous serez forts : ne vous mêlez jamais des affaires des puissances qui vous entourent. N'élargissez pas trop la haie qui vous enceint. » Avec la Réforme, les liens entre les cantons sont distendus par les séparations religieuses. Avec la Révolution française, ils vont se renforcer. Les Français imposent en effet par les armes une « Constitution helvétique » (avril 1798). Cantons et confédération sont supprimés au profit d'une république unitaire, imitée de celle de l'an III. Mais la greffe jacobine ne prend pas, et Bonaparte décide de rendre à la Suisse sa forme cantonale confédérale (Acte de médiation). La véritable restauration ne vient pourtant qu'après la chute de l'Empereur, sans pour autant remettre en question les acquis : la Constitution écrite demeure, tout comme le suffrage universel, la séparation des pouvoirs, un Parlement représentatif et la garantie des droits fondamentaux. De 1798 à 1815, les cantons latins (Saint-Gall, les Grisons, Argovie, Thurgovie, Tessin, Vaud, Valais, Neuchâtel et Genève) viennent s'agglomérer plus clairement à un ensemble qui, pendant cinq siècles, avait été exclusivement germanique. L'idée d'unifier l'ensemble helvétique trouve son aboutissement en 1848 avec un projet de Constitution qui substitue à la confédération un véritable État fédéral, dirigé par un gouvernement de sept membres élus par le Parlement.

Mis à part les horloges et les banques, la marque de fabrique de la Suisse, c'est le référendum. Depuis 1848, il y en a eu tout de même 565. Ils sont de divers types. Parfois obligatoires, quand il s'agit de modifier la Constitution ou d'adhérer à des organismes internationaux, ils exigent une double majorité : celle des cantons et celle de la population (218 référendums et 160 acceptés). Ils peuvent aussi être facultatifs quand, dans les 100 jours qui suivent le vote d'une loi, au moins 50 000 citoyens signent une pétition pour la rejeter. Ce type de référendum a permis depuis 1848 de censurer 93 lois (sur 168 tentatives). Enfin, le référendum peut être d'initiative populaire pour modifier la Constitution dès lors que 100 000 signatures sont réunies dans un laps de temps de dix-huit mois.

Parmi les plus célèbres, il y a celui qui fit inscrire dans la Constitution l'interdiction de la construction de nouveaux minarets (adoptée à 57,5 % des voix, le 29 novembre 2009). Et le dernier en date (mars 2018) a rejeté à plus de 70 % des voix la proposition de suppression de la redevance pour l'audiovisuel public, de la TVA et de l'impôt fédéral direct…

L'autre trait suisse, c'est le régime du consensus. Il n'y a pas de majorité ni de minorité, ni vraiment d'alternance, mais une « formule magique » : les trois grands partis (radical [c'est-à-dire libéral], socialiste et démocrate-chrétien) détiennent chacun entre un quart et un cinquième des sièges ; un parti de centre droit obtient plus d'un dixième ; et une demi-douzaine de petits se partagent le reste. « Ça cuit lentement dans le pot », dit-on, pour qualifier cette cuisine politique. C'est le secret de la démocratie *consociationnelle* : au fond, tout le monde est d'accord ; les conflits sont minimes ; et il n'y a guère besoin de politique, ni d'ailleurs de « personnel politique ». Qui peut citer le nom d'un seul politique suisse, Guillaume Tell mis à part ? Cela n'empêche d'ailleurs nullement le populisme de fleurir – à travers le parti Union démocratique du centre dirigé par le milliardaire Christoph Blocher – preuve qu'il ne dépend ni du chômage (inexistant) ni de l'immigration (choisie et hautement qualifiée). Voilà la Suisse. Magnifique pays, où le peuple vote en faveur des impôts, déteste les conflits et entend s'isoler du monde : une singularité inimitable. Première leçon.

La démocratie sauce californienne : le pays des hackers-rois

« L'habitant des États-Unis apprend dès sa naissance qu'il faut s'appuyer sur lui-même pour lutter contre les maux et les embarras de la vie ; il ne jette sur l'autorité sociale qu'un regard défiant et inquiet, et n'en appelle à son pouvoir que quand il ne peut s'en passer » : le jugement de Tocqueville[8] n'a pas pris une ride. Il résonne particulièrement juste en Californie, ultime frontière de la conquête de l'Ouest, terre promise des derniers colons, paradis de l'aventure. On y retrouve cet anarchisme originel (défendu par les antifédéralistes de 1787), mêlé au goût d'entreprendre, à la passion de la réussite et à l'imaginaire messianique. C'est là que la « contre-culture » américaine a émergé ; c'est là qu'est né le rêve de l'homme augmenté, d'abord avec le mirage du LSD, puis, aujourd'hui, avec les technologies dites « de convergence » (nano-, bio-, Internet et intelligence artificielle) et demain avec d'autres utopies (voir encadré « Blue Frontier »). La Californie est un État unique dans les États-Unis. Près de 40 millions d'habitants, un PIB qui dépasse celui de la France et de l'Inde. Cela donne la sixième puissance économique du monde avec ses deux fleurons : Hollywood et la Silicon Valley.

Or cet État, qui est le plus peuplé, le plus riche et le plus innovant des États-Unis, est aussi celui qui se rapproche le plus de la démocratie directe. Il a mis en place depuis la fin des années 1970 des dispositifs « participatifs », rythmés par les *initiatives*, *propositions* ou *measures*. Inaugurées en 1911 pour lutter contre la corruption et la puissance des firmes, ces procédures se sont multipliées à partir de 1978 avec le vote de la « Proposition 13 ». Il s'agissait d'un projet élaboré par un élu de la droite californienne, Howard Jarvis, qui exigeait à la fois une réduction d'impôt et l'utilisation du référendum pour l'obtenir. La proposition, contre toute attente, fut adoptée à 65 % des voix, ralliant à elle toute la gauche californienne. Ce fut le départ d'une grande « révolte fiscale » : partout aux États-Unis furent organisés des référendums au niveau des États, et ce non seulement sur les impôts, mais désormais sur les sujets les plus variés. En Californie, le citoyen est consulté sur tout, au point que même les plus fervents démocrates fatiguent un peu.

C'est le cas de Marisa, électrice lambda de Californie, qui raconte comment s'est passé pour elle le vote du 8 novembre 2016[9]. Ce jour-là, elle devait choisir entre Hillary Clinton, Donald Trump, Gary Johnson (libertarien) ou Jill Stein (écologiste) pour la présidence des États-Unis, mais aussi entre deux candidates démocrates pour le Sénat. Elle devait, en outre, voter sur quarante-deux questions concernant l'échelon local et celui de l'État. Le guide d'explication de ces mesures faisait 536 pages ! Parmi ces questions, certaines étaient d'importance : faut-il abolir la peine de mort, durcir la législation sur les armes, légaliser la marijuana ? D'autres peut-être moins. Faut-il contraindre les acteurs de films pornos à porter un préservatif ? Doit-on augmenter le prix du paquet de cigarettes de 2 dollars ? Et il fallait aussi se prononcer sur la taxation des boissons gazeuses sucrées, l'allègement des frais hospitaliers et l'éducation bilingue à l'école ; sans parler des sujets ultratechniques sur le code de l'urbanisme, le droit pénal ou la finance.

On retrouve ici la logique anarchiste de la contre-culture américaine, gauche et droite réunies : antiparlementarisme, méfiance à l'égard des institutions et des élus, refus du *State-building*, déconstruction de tous les pouvoirs. Quel est le bilan ? La Californie est un État prospère, mais son service public est dans une situation calamiteuse, avec un gigantesque déficit budgétaire. Au printemps 2001, elle a connu une panne générale d'électricité, ses infrastructures sont dans un état déplorable ; aucun investissement public n'est fait en matière éducative ; des incendies à répétition surviennent faute d'entretien.

Certes, reconnaît le politologue américain Fareed Zakaria, « tous les problèmes de la Californie ne sont pas imputables à sa prédilection pour les référendums et les initiatives populaires. Mais la faillite de l'État est due en grande partie à cette forme extrême de démocratie ouverte, non hiérarchique, détachée des partis et raffolant de “propositions et contributions”. La Californie a engendré un système anarchique tel qu'aucune société civilisée n'en a jamais connu[10] ». Aujourd'hui, le budget de l'État a été limité par référendum (règle nominale), son utilisation échappe au contrôle de l'assemblée et du gouverneur, car de très nombreuses dépenses ont été sanctuarisées dans la Constitution de l'État, de sorte qu'il faut une supermajorité des deux tiers pour augmenter les impôts. De façon générale, les citoyens exigent toujours à la fois des réductions d'impôts et l'amélioration du service. L'ensemble des « votations » a produit un fatras de mesures contradictoires qui n'a fait l'objet d'aucun débat et d'aucune évaluation. Au bout du compte, plus personne n'est responsable de rien, puisque c'est l'entité abstraite du « peuple » qui décide de tout ! Chaque proposition doit faire l'objet d'une coûteuse campagne de communication et de lobbying, où la démagogie l'emporte sur l'intérêt général, quitte, d'ailleurs, à ce que les décisions soient ensuite invalidées par les tribunaux. Comment se dit « démocrassouille » en anglais ? Deuxième leçon.

Blue Frontier : l'île libertarienne *made in California*

Le Seasteading Institute est un organisme californien d'inspiration libertarienne, financé par Peter Thiel, fondateur de Paypal. Un de ses projets les plus fous est de créer une île artificielle dans les eaux paradisiaques de la Polynésie française. Il s'agira d'une plateforme de la taille d'un terrain de foot reliée à la terre, qui serait comme la première « pierre » de futurs archipels après la montée des eaux. Cité-navire écologique, hypertechnologique, Blue Frontier est aussi un projet politique, inspiré de la « bible » libertarienne : *La Grève* (1957) de la philosophe d'origine russe, Ayd Rand. Le héros John Galt, dégoûté du socialisme rampant, se retire dans une vallée élitiste et industrieuse qui « n'est ni un État ni une société, mais juste une association d'hommes réunis de leur plein gré dans leur propre intérêt ». Ici, à la place d'une vallée, ce seront des îles : tout y sera régi par les innovations technologiques ; la *blockchain* sera installée à tous les étages, ce qui rendra inutiles l'administration et même l'État ; la cryptomonnaie remplacera les banques. En lieu et place de l'incertain « contrat social », ce petit « paradis » sera conçu comme un assemblage de Lego où chaque bloc sera libre de choisir sa place. Cet archipel de la liberté est prévu pour 2022. On y retrouve ce que furent certaines expérimentations politiques des pirates de jadis.

L'Islande : ses casseroles et sa Constitution 2.0

En 2008, comme le reste du monde, l'Islande connaît une crise brutale. Cette petite île de 330 000 habitants connaissait une période de croissance sans précédent qui lui avait permis d'atteindre un niveau de vie parmi les plus élevés du monde. Mais les recettes de la réussite étaient manifestement fragiles et parfois douteuses : endettement, spéculation, corruption. En quelques jours, la couronne islandaise perd 60 % de sa valeur, les faillites se multiplient et le chômage apparaît subitement. En octobre 2008, un petit groupe d'habitants, armés de cuillères et de casseroles, se rassemble sur la place devant le Parlement. La protestation se renforce au point que le gouvernement est contraint à la démission en janvier 2009 : c'est la « révolution des casseroles » !

Tous les débats se concentrent sur la réforme de la Constitution. Celle-ci avait été adoptée hâtivement en 1944, au lendemain de l'indépendance du pays vis-à-vis du Danemark. Le nouveau gouvernement de gauche fait le choix de déléguer directement aux citoyens la rédaction de la nouvelle loi fondamentale. La procédure est la suivante : une première assemblée de citoyens tirés au sort (mais respectant des quotas) est chargée de définir les valeurs fondatrices et les grandes orientations pour l'avenir de l'Islande ; ensuite un comité chargé de la rédaction du texte est élu (novembre 2010) ; il est composé de citoyens non professionnels de la politique ; à toutes les étapes de cette élaboration, le peuple est invité à participer par des contributions sur Internet.

D'avril à juillet 2011, ce comité a travaillé sur le projet nourri par 3 600 contributions et commentaires. Les partisans de ce processus parlent de la « première Constitution 2.0 du monde ». Le nouveau texte adopté à l'unanimité de ses membres a été remis au Parlement en juillet 2011. Il introduit le référendum d'initiative populaire, promeut l'indépendance des agences gouvernementales, définit les ressources naturelles comme « biens communs ». Le 20 octobre 2012, 67 % des électeurs expriment leur soutien au projet. Mais la Constitution islandaise prévoit que toute révision doit être approuvée à deux reprises par le Parlement : une première fois par le Parlement en place et une seconde fois suite à des élections législatives anticipées (donc devant un second Parlement). Or le texte coélaboré n'a jamais pu être soumis au vote, du fait de l'opposition d'une partie importante des élus. Le Parti pirate, qui a émergé dans le contexte de la révolution des casseroles, et surtout après les révélations WikiLeaks (dont il est très proche), appelle à l'installation de cette nouvelle Constitution. Birgitta Jonsdottir en est le leader charismatique.

Cette révolution des casseroles et la Constitution 2.0 ont suscité un enthousiasme débordant chez ceux qui espèrent radicaliser la démocratie, mais un enthousiasme que l'on peut juger avec le recul quelque peu exagéré. En fait, la participation effective au processus électoral a été faible (inférieure à 36 % ce qui est moins que la moyenne habituelle pour ce pays) et la participation à l'élaboration du texte *via* Internet a été minuscule (seulement 3 600 commentaires ou contributions ont été recueillis ce qui, sur 318 000 habitants, représente 1,1 %). En outre, des irrégularités juridiques ont été notées (y compris par la Cour suprême) dans toutes les étapes du processus et surtout dans le résultat. Ainsi, par exemple, le « droit à la vie » (article 7) a été proclamé comme principe fondamental, sans que soient perçues ses répercussions possibles sur le droit à l'avortement. L'analyse de cohérence juridique des 114 articles du texte par la commission de Venise du Conseil de l'Europe est très sévère à l'égard de la qualité même du texte[11]. Le choix des critères de représentativité des rédacteurs était problématique et discutable. En fait, cette coélaboration participative originale dans son principe a été aussi perçue par une partie de la population comme une appropriation du processus par une forte minorité active qui savait se faire entendre et qui s'est échinée à déconsidérer ses adversaires (notamment le Parti de l'indépendance, plutôt conservateur) au nom du progrès, du mouvement et de l'innovation. La situation politique islandaise demeure très instable, sans majorité nette. Aux dernières élections législatives d'octobre 2017, le Parti de l'indépendance reste en tête (25,2 %) et le Parti pirate, donné un moment favori, n'est arrivé qu'en sixième position avec 9,2 % des voix. Quel dommage que le peuple ne soit pas (radicalement) démocrate ! Troisième leçon.

Suisse, Californie, Islande : ces trois exemples, très différents, ne plaident guère, à mes yeux, en faveur d'une démocratie radicale. Ce sont trois situations très singulières qui ont pour unique point commun une extrême richesse : trois des plus gros PIB par habitant du monde donnent un semblant de pouvoir à un peuple qui n'en use que très peu. Pour la Californie, c'est au détriment de l'intérêt général et parce que son hyperpuissance se joue, avec les GAFAM, sur le terrain autrement plus sérieux de l'économie mondiale. Pour la Suisse et l'Islande, pays provinciaux de l'histoire et communautés ultra-homogènes, il s'agit de conserver un semblant de frisson politique. La démocratie radicale convient peut-être à ces bulles apolitiques qui ont tout misé sur l'économie mais elle n'est pas généralisable au-delà des pays où la politique est un luxe ou un hobby.

Au fond, un des problèmes majeurs des démocraties libérales, c'est que l'idée anarchique y sape l'idée démocratique et que l'idéologie libertaire y remplace l'esprit du libéralisme. Mais il ne faudrait pas pour autant surestimer la menace, car il me semble que le diagnostic de Tocqueville reste profondément exact. Parce qu'il constatait l'aspiration profonde des sociétés individualistes à la tranquillité publique, il se déclarait « convaincu [...] que l'anarchie n'est pas le mal principal que les siècles démocratiques doivent craindre, mais le moindre ». « C'est plutôt, ajoutait-il, à travers le bon ordre que tous les peuples sont arrivés à la tyrannie[12]. » Si l'anarchisme reste un péril, c'est plutôt, par les *arguments* qu'il offre aux adversaires du libéralisme et par la *mauvaise conscience* qu'il produit dans les esprits. Face aux partisans de l'ordre, les défenseurs de la liberté se trouvent empêtrés dans leurs contradictions ; et c'est à cette confusion que les illibéraux entendent mettre bon ordre...

Les tentations de la démocratie illibérale

> « La démocratie n'est pas une fin, c'est un moyen. Elle est comme le tramway : une fois arrivé au terminus, on en descend. »
>
> Recep Tayyip Erdogan (alors maire d'Istanbul), 1996[13].

Face au projet radical-démocrate d'un *demos* sans *cratos*, nous avons celui, démocrate illibéral, d'un *cratos*, sinon sans *demos*, du moins avec un *demos* incarné dans un chef ! La notion de « démocratie illibérale » a été thématisée par le politique américain Fareed Zakaria dans un célèbre article paru dans la revue *Foreign Affairs* en 1997[14]. Elle est désormais largement utilisée mais cet usage fréquent, et toujours polémique, masque une genèse passionnante et souvent méconnue que je voudrais brièvement rappeler.

Partons du plus familier. En Europe, l'illibéral type est Viktor Orbán, Premier ministre de Hongrie. C'est un ex-dissident, héros de la lutte contre le communisme, qui devient Premier ministre en 1998 avec une étiquette libérale[15]. Après quatre ans de gouvernement, il est battu sèchement et reste huit années dans l'opposition, au cours desquelles il analyse les raisons de son échec. Il se représente en 2010 et son parti Fidesz obtient 53,7 % des suffrages sur la base d'un programme tout à fait neuf : interventionnisme économique, mainmise sur la presse, fermeture des frontières, conservatisme social. Dans son discours du 26 juillet 2014, au lendemain de nouvelles élections victorieuses, il prononce un discours d'une clarté parfaite[16] : « Jusqu'à présent, dit-il, nous connaissions trois formes d'organisation étatique : l'État-nation, l'État libéral et l'État-providence. Mais la question est : qu'est-ce qui va venir ensuite ? La réponse hongroise, c'est que l'ère d'un État fondé sur la valeur travail doit leur succéder… Le nouvel État que nous construisons en Hongrie n'est pas un État libéral, c'est un État non libéral. » Certes, ajoute Orbán, le principe libéral est très attractif : chacun est libre de faire tout ce qui ne nuit pas à la liberté des autres. Mais qui en décide ? En régime libéral, aucune instance n'est plus assez puissante pour imposer des limites, ce qui donne toujours raison au plus fort, au plus riche, au mieux placé. Il faut donc renouer avec un pouvoir fort quitte à ce que, entre deux élections libres, les libertés (notamment d'expression) soient limitées. Face à l'échec des démocraties occidentales impuissantes et décadentes, un autre modèle politique est à inventer pour l'avenir. Le libéralisme politique a cessé d'être l'horizon indépassable de notre temps. Ce discours d'Orbán a l'immense mérite d'exprimer en toute clarté ce que d'autres ont fait et pensé en Europe et surtout ailleurs : les frères Kaczynski en Pologne, Vladimir Poutine en Russie, Roch Marc Christian Kaboré au Burkina Faso, Paul Kagamé au Rwanda, Recep Tayyip Erdogan en Turquie, le cheikh Zayed ben Sultan Al Nahyane aux Émirats arabes unis, Rodrigo Duterte aux Philippines, Noursoultan Nazarbaïev au Kazakhstan…

À chaque fois, les situations sont bien sûr très différentes mais il est frappant de noter, chez tous ces dirigeants, une référence commune, souvent méconnue : Lee Kuan Yew (1923-2015), fondateur et dirigeant de Singapour et théoricien, par ailleurs, d'une doctrine appelée l'asiatisme[17]. C'est elle qui fournit la base idéologique de la démocratie illibérale. On aurait bien tort de la négliger ou de la condamner trop vite car, quand elle est éclairée, cette *démocrature* fait des miracles.

Le miracle Singapour

Singapour est l'histoire d'un miracle. Comme celui de Venise, mais en plus fulgurant. Quand Lee Kuan Yew prend la direction du gouvernement de Singapour au moment de l'indépendance en 1965, la situation est désespérée. Le port-cité créé *ex nihilo* en 1819 par un Anglais sur une île déserte n'a aucune chance de survie. Il jouit certes d'une position commerciale stratégique, mais la rupture avec la Malaisie le coupe de toute ressource propre, y compris en eau, dont il est totalement démuni ! Pris en étau entre la Malaisie musulmane, la Chine communiste et les prétentions de l'ancienne puissance coloniale britannique, la ville paraît vouée à disparaître ou à végéter. D'autant qu'il n'existe aucune espèce de cohésion entre les différentes communautés de sa population ; de violentes émeutes raciales éclatent en 1969.

Pourtant Singapour va connaître un développement fulgurant qui va la faire passer, pour reprendre le titre du second volume des mémoires de Lee Kuan Yew, *From Third World to the First*, du tiers-monde à la première place. En quelques années, la croissance et le PIB s'envolent ; l'unité nationale se construit ; l'indépendance, y compris militaire, se renforce et s'affirme ; l'éducation se développe. Et, très vite, aux yeux de beaucoup, ce développement n'apparaît pas comme un simple rattrapage de l'Occident, mais comme l'émergence d'un modèle politico-économique à part entière. Aujourd'hui, La ville-État de 5 millions d'habitants est le sixième pays du monde pour le PIB par habitant et classée au vingt-septième rang pour l'indice de développement humain (IDH) ; son système éducatif compte parmi les plus performants. C'est le deuxième port du monde, dépassé récemment par celui de Shanghai.

Cette réussite doit tout à Lee Kuan Yew. Né en 1923, au sein de la diaspora chinoise, il fait, après la guerre, ses études supérieures en Angleterre, puis revient à Singapour avec son épouse, elle-même juriste. Tous les deux deviennent avocats. L'engagement politique arrive tôt *via* le combat syndical en faveur des ouvriers des chantiers navals dont il assure la défense. En 1954, il fonde le PAP (Parti d'action populaire), qui est au pouvoir sans interruption depuis l'indépendance avec des scores électoraux de l'ordre de 60 % pour les plus faibles ! Lee Kuan Yew, lui-même, exerce les fonctions de Premier ministre de 1965 jusqu'en 1990. Acteur majeur de l'indépendance, *state-builder*, gestionnaire avisé, Lee Kuan Yew est aussi un intellectuel qui s'efforce à la fois de penser son action et d'agir en stratège[18]. La « doctrine Lee » peut se définir comme la promotion d'une « république autoritaire et méritocratique, fondée sur un État interventionniste et social et géré par une élite au service de l'intérêt général dans le cadre d'une économie de marché[19] ».

La « doctrine Lee »

Lui-même raconte dans ses *Mémoires* comment sa pensée s'est élaborée dans les années 1950-1960 à partir du constat d'un triple échec. Le communisme échoue car il prétend partager la richesse en oubliant de la créer. Le capitalisme, formidable moyen de créer de la richesse, oublie de la partager et surtout réduit la vie au seul profit : toutes les valeurs sont détruites, y compris celles qui permettent la vie collective. Quant à la social-démocratie, elle échoue aussi car, dans son souci louable de créer et de partager la richesse, elle tend à décourager le travail et à promouvoir l'assistanat. Avec elle, la protection va à l'encontre de l'énergie d'entreprendre. En outre, elle est faible, car ses institutions bien trop libérales sont exposées à l'« entrisme » de ses ennemis les plus déterminés.

À partir de ce constat, Lee Kuan Yew conçoit une sorte de régime mixte qui prend, chez chacun, les avantages sans les inconvénients : le dirigisme du communisme, le marché du capitalisme, l'attention aux plus faibles propre aux États-providence. C'est de là que naît le projet du maître de Singapour : « Je souhaite me battre pour des valeurs socialistes dans un système capitaliste. » Et pour y parvenir, quatre moyens :

1) Le premier est une lutte implacable contre toute espèce de corruption. Ce fléau des pays sous-développés éloigne les investisseurs en instaurant une incertitude économique et juridique ; il pourrit la politique en détruisant la confiance envers les dirigeants et il détruit toute espèce de lien social. En la matière, Lee Kuan Yew fut radical au point d'écarter des compagnons proches, voire des membres de sa propre famille. C'est à Singapour que furent, pour la première fois, systématisées les enquêtes préalables sur le patrimoine des hommes politiques et des fonctionnaires. Le CPIB (Corrupt Practices Investigation Bureau) dispose d'une totale indépendance et de moyens importants pour conduire ses enquêtes.
2) Le deuxième moyen est la priorité donnée d'emblée à l'éducation dans une perspective méritocratique. Fruit de la double influence du concours chinois et des universités britanniques, cette stratégie volontariste a produit des effets spectaculaires et rapides. Le système éducatif singapourien est partout montré en exemple, basé sur des méthodes à la fois traditionnelles et originales. Lee Kuan Yew l'a dit à plusieurs reprises :

« La méritocratie est à la vérité la seule idéologie en vigueur à Singapour, avec le pragmatisme. » C'est elle qui inspire l'État stratège, pivot de l'organisation économique et régisseur de la société.

3) Le troisième moyen est la stricte neutralité religieuse et ethnique*. Dans ce pays bigarré composé d'une importante communauté chinoise, de Malais musulmans, d'Indiens bouddhistes et hindouistes, de chrétiens, à quoi il faut ajouter une très forte immigration, la cohésion semblait impossible. Lee Kuan Yew décide d'imposer autoritairement le « mix ethnique » pour éviter toute ghettoïsation. Il impose des quotas ethniques dans chaque quartier (84 % de Chinois et 22 % de Malais) et même dans chaque immeuble (87 % et 25 %). Les huit jours fériés de l'année se répartissent à égalité entre les quatre communautés. La langue officielle commune est l'anglais que chaque élève apprend en plus de sa langue maternelle. Cette tolérance pose deux limites : d'une part, l'égalité homme/femme ne souffre aucune contestation, qu'elle soit d'origine culturelle ou religieuse ; d'autre part, le fondamentalisme religieux n'a pas sa place.

4) La clé de voûte de l'ensemble de l'édifice est une référence assumée à la morale confucéenne. Longtemps tenu pour responsable de la faiblesse de l'Asie face à l'Occident, le confucianisme (voir encadré) est revalorisé par Lee Kuan Yew**. C'est lui qui permet de tenir ensemble à la fois la

---

* Conception « laïque » défendue vigoureusement par S. Rajaratnam, qui fut vice-ministre de Singapour (1980-1985).

** « Nous nous sommes développés et avons progressé non pas parce que nous sommes une société de type occidental, mais parce que nous sommes une société de type asiatique, travaillant dur, économe et disciplinée, un peuple avec des valeurs asiatiques, de forts liens familiaux et un sens de la responsabilité au-delà du premier cercle familial, qui constituent une caractéristique commune des cultures asiatiques, qu'elles soient chinoise, malaise ou indienne » (Lee Kuan Yew, *The Wit and Wisdom of Lee Kuan Yew*, Éditions Didier Millet, 2013).

tolérance religieuse, le culte de la performance, l'éloge de la discipline collective, le conservatisme social et la limitation de l'espace public. Lee Kuan Yew le reconnaît : « Je suis souvent accusé de m'immiscer dans la vie privée des citoyens. Oui, si je ne l'avais pas fait, nous n'en serions pas arrivés là où nous sommes aujourd'hui. Et je le dis sans le moindre remords. [...] nous n'aurions pas accompli nos progrès économiques si nous n'étions pas intervenus sur des questions très personnelles : qui est votre voisin ? Comment vivez-vous ? Le bruit que vous faites, comment vous crachez, ou quelle langue vous utilisez. Nous décidons ce qui est juste. Peu importe ce que les gens en pensent[20]. » Fumer, mâcher du chewing-gum, se disputer avec son conjoint, oublier de tirer la chasse dans les toilettes publiques, trop arroser les plantes de son balcon, etc., toutes ces pratiques sont passibles d'amendes aux montants dissuasifs ou de séances de réadaptation. Les coups de canne anglaise et la peine de mort continuent de faire partie de l'arsenal punitif. La discipline s'étend aux actions syndicales, au rôle des médias, aux propos publics, dont la portée est toujours évaluée à l'aune de l'intérêt national. Il n'hésite d'ailleurs pas à affirmer que « la liberté des médias, doit être subordonnée aux besoins primordiaux de Singapour et à la primauté des objectifs d'un gouvernement élu[21] ».

Confucéens *vs* légistes : les deux arts politiques chinois

En matière d'art de gouverner, une opposition frontale traverse toute la pensée et l'histoire chinoises. D'un côté, Confucius, qui considère que le gouvernement doit être confié à des « hommes de bien » (*junzi*) aptes, par leur hauteur de vue, à dépasser leurs intérêts personnels pour la recherche du bien commun. De l'autre, les « légistes » (Han Fei Zi, Shang Yang...), d'inspiration taoïste, qui pensent que le seul instrument politique est la *loi*, c'est-à-dire ici un dispositif universel de punition/récompense. Le premier courant a influencé bien des empereurs des dynasties Han, Qing, Tang, Song, Yuan et Ming, qui fondèrent leur pouvoir sur les fonctionnaires lettrés ; le second fut adopté par l'autoritaire Qin Shihuang (247-221 av. J.-C.), réputé pour être le constructeur de la muraille de Chine mais aussi pour avoir enterré vivants un grand nombre de lettrés confucéens. Mao Zedong en était un grand admirateur !

C'est pour cette raison qu'on trouve chez lui une nette critique des droits de l'homme et de l'individualisme, qu'il perçoit comme des valeurs occidentales, non universelles. Critique pourtant qui n'est pas radicale, puisque, au nom des valeurs « asiatiques », il propose plutôt une inversion des priorités. Pour lui, l'ordre correct n'est pas Liberté, Égalité, Fraternité, mais plutôt Fraternité, Liberté, Égalité. Car, à ses yeux, la cohésion sociale prime sur les libertés individuelles et la promotion de l'égalité (comme égalité des chances) ne se conçoit pas comme un droit personnel, mais comme un impératif du collectif. Autrement dit, la démocratie n'est pas une fin, elle est seulement un moyen mis au service de la nation et du bien-être de la population[22]. Ce qui explique que l'on puisse déroger à certaines de ses règles quand et si la situation l'exige. D'où cet aveu désarmant : « Je ne dis pas que tout ce que j'ai fait était bien, mais tout ce que j'ai fait l'a été dans un but honorable. J'ai dû faire des choses moches, en emprisonnant des personnes sans procès[23]. »

En se présentant comme à la fois plus conservateur et plus progressiste que le modèle libéral de la démocratie, l'illibéralisme révèle sa prétention. Il ne s'agit pas seulement d'une voie de « rattrapage » pour des pays en voie de développement, d'un chemin qui, à l'instar du Second Empire pour la France ou du régime bismarckien pour l'Allemagne, permettrait d'accéder *in fine* au but ultime que serait la démocratie libérale à l'occidentale. Non ! pour Lee Kuan Yew et ses partisans, l'illibéralisme propose un *autre* horizon plus performant que le modèle occidental qui est, à leurs yeux, décadent. Il réunit le capitalisme pour la prospérité, un zeste de démocratie pour la légitimité, les valeurs locales pour l'identité et beaucoup de pouvoir pour l'efficacité. C'est d'ailleurs ce modèle qui a permis à la Chine de s'éveiller au point de faire trembler le monde.

Puissance et limites

En décembre 1978, un mois avant d'être officiellement nommé à la tête de la République populaire de Chine, Deng Xiaoping se rend à Singapour. Il tient à rencontrer Lee Kuan Yew en personne et à voir de ses yeux les réussites de sa cité-État. La visite l'impressionne au-delà de ses attentes. Il est notamment époustouflé par le parc industriel de Jurong qui accueille les multinationales étrangères. Dès son retour à Pékin, Deng Xiaoping convainc la direction collégiale de reproduire ce modèle dans plusieurs régions de Chine. Par la suite, des dizaines de milliers de fonctionnaires et membres du Parti seront envoyés à Singapour pour en apprendre les leçons. Les consignes sont claires : « Ouvrez-vous, apprenez du reste du monde et, le plus important, apprenez de Singapour, pour leur bonne gestion et leur discipline[24]. »

En octobre 1994, les autorités communistes de Pékin décident de fêter en grande pompe le 2 545ᵉ anniversaire de la naissance de Confucius. Et l'invité d'honneur fut bien sûr... Lee Kuan Yew.

En juillet 2010, Xi Jinping, alors vice-président de la République populaire de Chine, sollicite à son tour une rencontre avec Lee Kuan Yew. Discrète, elle se tiendra dans la station balnéaire de Beidaihe, où, pendant dix jours, les deux hommes, dont les chambres sont mitoyennes, vont discuter des arcanes de l'art politique et des enjeux du futur[25]. Ils s'impressionnent mutuellement. « Deng Xiaoping a répété que la Chine devait apprendre de Singapour. Nous l'avons fait, nous le faisons et nous le ferons demain », résume Xi Jinping. Et selon son propre aveu, il tirera de ces échanges ses trois axes stratégiques pour sa politique, à savoir : 1) le renforcement de l'État de droit[26] ; 2) la lutte implacable contre la corruption ; 3) la prise en compte de l'environnement et du réchauffement climatique comme enjeu majeur. Le 14 mars 2013, Xi Jinping succède à Hu Jintao comme président de la République populaire de Chine. À ceux qui prédisent que la Chine s'effondrera si elle ne devient pas une démocratie libérale, Lee Kuan Yew répondait par avance : « La Chine ne va pas devenir une démocratie libérale : si elle le faisait, elle s'effondrerait. De cela, je suis tout à fait sûr[27]. » Ce n'est donc certainement pas là qu'il faut attendre une « quatrième vague de démocratisation », pour parler comme Samuel Huntington*… en tout cas pas dans l'immédiat !

La « doctrine Lee » a pour elle le mélange de vision et de bon sens de son auteur, l'extraordinaire réussite de son île-État et le succès chinois qu'elle a inspiré. Mais il faut aussi reconnaître que, malgré sa séduction, elle a contre elle l'inconvénient de servir de caution intellectuelle à des dirigeants très différents, démagogiques et/ou autoritaires. On reconnaîtra volontiers que Lee Kuan Yew n'est pas responsable des usages qui sont faits de son nom, mais cela sème un doute sur la cohérence et la force du modèle. Celui-ci est trop dépendant d'une personnalité exceptionnelle pour être vraiment imitable et transposable. Comme le note Fareed Zakaria, la clé du succès de Singapour ce n'est pas Confucius, mais Lee Kuan Yew[28].

* La troisième vague débute avec les transitions démocratiques de l'Espagne, du Portugal et de la Turquie dans les 1970, puis se déplace vers l'Amérique latine et l'Asie du Sud-Est dans les années 1970 et 1980 (Philippines, Taïwan, Corée du Sud). Elle atteint son point culminant avec la chute du mur de Berlin en 1989. Pour mémoire, la première vague est comprise entre 1828 et 1926 ; la deuxième vague entre 1943 et 1962. Chacune d'elles est suivie de reflux autoritaires. Serait-ce une loi de l'histoire ? (*Cf.* S. Huntington, « Democracy's third wave », *Journal of Democracy*, printemps 1991, p. 12-34.)

Au-delà des questions de personnes, qui ne sont pas négligeables, le véritable point de conflit avec l'illibéralisme est le suivant : est-il une *étape* ou un *but* ? S'agit-il d'une transition nécessaire ou d'un modèle à part entière ? Même en admettant que Lee Kuan Yew ait raison quand il affirme que, « à quelques exceptions près, la démocratie n'a pas apporté de bon gouvernement aux nouveaux pays en voie de développement[29] », peut-on lui faire crédit d'inventer une solution de remplacement au libéralisme ?

C'était la conviction de Lee Kuan Yew. Pour lui, la démocratie n'est pas une fin, mais un moyen. La vraie fin, c'est le bonheur du peuple, c'est-à-dire surtout sa prospérité ; et la tâche du dirigeant est de favoriser ce bonheur commun par tous les moyens, y compris par des atteintes aux libertés. Pour les libéraux, la fin visée est la liberté des citoyens ; et le rôle du responsable est de permettre que, au sein de la collectivité nationale, les individus puissent mener leur vie au plus près de leurs aspirations *personnelles*. La première approche suppose une conception homogène du bien : le collectif prime toujours l'individuel. La seconde permet une diversité de conceptions du bien : l'individuel est, certes, premier, mais cela ne signifie pourtant pas que le collectif soit nié. Car sans collectivité, nul ne pourrait être un individu. C'est la raison pour laquelle le libéralisme démocratique me semble, par principe, plus cohérent que le démocratisme illibéral : celui-ci est trop démocratique pour ce qu'il a de tyrannique (il fait d'abord comme si les citoyens étaient adultes…) et trop tyrannique pour ce qu'il a de démocratique (… pour mieux imposer ensuite son paternalisme éclairé).

À vrai dire, je doute même que l'on puisse en faire un concept politique consistant, car son spectre est très large. Il va des « démocratures », qui affirment le principe de souveraineté du peuple sans aucune procédure démocratique (ce sont, par exemple, la Chine, les Émirats arabes unis, etc.), aux États démocratiques qui « prennent des libertés » avec l'espace public et les règles du droit (Hongrie, Pologne), en passant par des régimes démocratiques autoritaires où les droits de l'opposition sont bafoués (Russie, Turquie). Cela révèle que l'illibéralisme est moins un modèle, qu'un *défi* : c'est une gageure pour la démocratie libérale quand elle ne sait plus gouverner et quand elle oublie de décider. Il faut le relever.

Avant de m'y essayer, je voudrais mentionner un troisième concurrent – ou devrais-je dire, plutôt cette fois-ci, un *ennemi* – de la démocratie libérale. Car, outre le projet d'une démocratie radicale (qui flirte avec l'anarchisme) et celui d'une démocratie illibérale (qui frôle la dictature), il faut ajouter le modèle de la « théodémocratie », et notamment islamiste, qui s'affiche, lui, clairement comme révolutionnaire conservateur. On aurait bien tort de l'oublier, car lui aussi surfe sur l'esprit démocratique du temps et lui aussi se présente en contre-modèle construit sur le diagnostic d'un déclin de l'Occident : son (*réputé*) matérialisme outrancier, sa (*prétendue*) crise du sens, sa (*supposée*) platitude économiste, son (*soi-disant*) manque de transcendance.

Le cauchemar de la théodémocratie[30]

Le terme de *théodémocratie* a tout d'une monstrueuse contradiction, car, de deux choses l'une : soit la légitimité vient de Dieu, soit elle vient des hommes. Comment pourrait-elle venir des deux à la fois ? Le christianisme avait formulé cette contradiction (à défaut de la résoudre) en imaginant un partage des tâches. Toute autorité vient de Dieu, mais le pouvoir reste toujours une affaire humaine. S'il faut rendre à César ce qui est à César (c'est-à-dire l'ordre politique terrestre), c'est à l'Église seule que revient l'économie du salut. D'un côté, l'administration des hommes, de l'autre, la gestion des âmes. Ce n'est pas toujours simple à distinguer et on peut dire que cette difficulté est à la source de la démocratie moderne, car dans l'espace incertain laissé entre les deux se trouve une marge de manœuvre que vont occuper aussi bien les cités italiennes de la fin du Moyen Âge, les royaumes nationaux et, *in fine*, les régimes libéraux laïques.

Pour l'islam aussi, toute autorité vient de Dieu, comme d'ailleurs tout gouvernement de la vie humaine, mais, en l'absence de clergé officiel, chaque musulman est à même de juger si l'autorité politique est à la hauteur de sa mission. C'est ce que dit ce fameux hadith, toujours cité : « Si on lui ordonne de commettre un péché, un musulman ne devrait écouter [son chef] ni obéir à ses ordres[31]. »

Ce trait ultra-individualiste, dans une religion qui prône pourtant la soumission totale, est probablement ce qui explique son succès contemporain : l'islam est antiautoritaire. Hostile à la démocratie comme régime, il est pourtant en phase avec la démocratie comme esprit, notamment avec l'individualisme. Bien sûr, toute l'histoire de l'islam montre que de nombreux dispositifs furent inventés pour brider ou empêcher cette subversion : les oulémas, les quatre traditions strictes d'interprétation de la loi, une forme de clergé dans le chiisme, des régimes souvent forts, animés par l'esprit de conquête… mais ce fond quasi anarchiste demeure. C'est ce que formule très bien le politologue Fareed Zakaria :

> L'islam ne dispose pas d'une hiérarchie religieuse – ni pape ni évêques – qui puisse décréter d'en haut ce qu'est la *bonne* interprétation. En conséquence, la décision de s'opposer à l'État au motif qu'il n'est pas assez islamique est laissée à l'appréciation de tout un chacun. C'est un point commun entre l'islam et le protestantisme. De même que tout protestant avec un petit bagage catéchétique […]

peut se proclamer chef religieux, de même tout musulman peut se prononcer sur les questions de foi. Dans une religion dépourvue de clergé officiel, Oussama ben Laden est aussi, ou aussi peu, habilité à lancer des *fatwas* qu'un chauffeur de taxi pakistanais à New York. En d'autres termes, le problème n'est pas le poids de l'autorité dans l'islam mais bien son absence[32].

Bref, si toute autorité vient de Dieu, chacun est juge de décider si l'autorisation de tel ou tel pouvoir est valide*. Il y a donc bien un moment « démocratique » dans la pensée politique de l'islam et c'est ce moment qu'ont su déployer les penseurs contemporains du fondamentalisme musulman pour le retourner contre la démocratie libérale (voir encadré).

Tocqueville et la religion de l'âge démocratique

Pourquoi l'islam ne peut-il pas dominer en terre démocratique ?, s'interroge Tocqueville. Voici sa réponse : « Mahomet a fait descendre du ciel, et a placé dans le Coran, non seulement des doctrines religieuses, mais des maximes politiques, des lois civiles et criminelles, des théories scientifiques. L'Évangile ne parle, au contraire, que des rapports généraux des hommes avec Dieu et entre eux. Hors de là, il n'enseigne rien et n'oblige à rien croire. Cela seul, entre mille autres raisons, suffit pour montrer que la première de ces deux religions ne saurait dominer longtemps dans des temps de lumières et de démocratie, tandis que la seconde est destinée à régner dans ces siècles comme dans tous les autres » (*De la démocratie en Amérique*, II, I, 5).

Pourquoi, pourtant, le fondamentalisme séduit-il l'individu démocratique ? De nouveau, Tocqueville nous apporte une réflexion précieuse : « À mesure que, les conditions devenant plus égales, chaque homme en particulier devient plus semblable à tous les autres, plus faible et plus

* Dans sa proclamation du djihad en 1996, Ben Laden déclarait que le gouvernement saoudien avait quitté l'islam : « Le régime a trahi l'Oumma [la communauté des croyants] et rejoint les *kufr* [les infidèles], les soutenant et les aidant contre les musulmans. » Le basculement de Ben Laden date de la décision, en 1991, d'autoriser la présence des troupes américaines sur le sol saoudien.

petit, on s'habitue à ne plus envisager les citoyens pour ne considérer que le peuple ; on oublie les individus pour ne songer qu'à l'espèce. Dans ces temps, l'esprit humain aime à embrasser à la fois une foule d'objets divers ; il aspire à pouvoir rattacher une multitude de conséquences à une seule cause. L'idée de l'unité l'obsède, il la cherche de tous côtés, et, quand il croit l'avoir trouvée, il s'étend volontiers dans son sein et s'y repose. Non seulement il en vient à ne découvrir dans le monde qu'une création et un créateur ; cette première division des choses le gêne encore, et il cherche volontiers à grandir et à simplifier sa pensée en renfermant Dieu et l'univers dans un seul grand tout [...]. Un pareil système, quoiqu'il détruise l'individualité humaine, ou plutôt parce qu'il la détruit aura des charmes secrets pour les hommes qui vivent dans la démocratie ; toutes leurs habitudes intellectuelles les préparent à le concevoir et les mettent sur la voie de l'adopter. Il attire naturellement leur imagination et la fixe ; il nourrit l'orgueil de leur esprit et flatte sa paresse » (*De la démocratie en Amérique*, II, I, 7).

Origines

Tout, ou presque, se trouve chez le premier d'entre eux : le Pakistanais Sayyid Abul Ala Maududi (1903-1979), créateur de Jamaat-e-Islami*. Le contexte est celui des années 1930 et des luttes de décolonisation de l'Empire des Indes. Face aux Britanniques, Maududi ne se contente pas de revendiquer l'indépendance et la création d'un « État des musulmans », mais il appelle à un « État islamique », formule dont il semble être l'inventeur.

On trouve chez lui trois redéfinitions qui constituent les piliers du fondamentalisme : celles de la religion, de la souveraineté et du djihad[33].

Pour Maududi, « l'islam n'est pas une *religion* dans le sens communément admis de ce mot. C'est un système comprenant

* En 1941. Mouvement qui a la même structure que l'organisation des Frères musulmans, mais est beaucoup plus élitiste. Le mouvement des Frères musulmans est fondé en 1928 par Hassan al Banna (1906-1949), un instituteur égyptien. Ce mouvement insiste sur l'action sociale avant même le strict respect de la loi islamique.

tous les aspects de la vie ». La charia qui en constitue le cœur embrasse l'organisation collective dans son ensemble. Elle définit aussi bien « les relations familiales, les affaires sociales et économiques, l'administration, les droits et les devoirs des citoyens, le système judiciaire, les lois de la guerre et de la paix et les relations internationales ». Bref, elle détermine un ordre social « où rien n'est superflu et où rien ne manque ».

En matière politique, Maududi prône une « théodémocratie », récusant la version occidentale de la démocratie qui transfère indûment la souveraineté qui n'appartient qu'à Dieu au peuple, mais reconnaissant à ce dernier le choix de ses dirigeants. Le peuple musulman s'impose ainsi comme le censeur avisé de la conformité du chef et du régime aux leçons du Coran. L'idéal à imiter est celui des quatre « califes bien guidés », successeurs du Prophète. Les choses se gâtent avec, Mu'awiya, le cinquième fondateur de la dynastie omeyyade, avec qui, selon Maududi, débute la longue trahison de l'islam à sa vérité essentielle.

Enfin, Maududi théorise le djihad dans une perspective radicalement universaliste, dont l'horizon est le califat conçu comme État islamique mondial – « L'islam revendique toute la terre et non une petite partie ». Le djihadisme est donc clairement un impérialisme qui ne vise pas seulement la conquête des esprits… Il ne se réduit ni à l'effort spirituel personnel ni à la défense contre les agresseurs, il se pose comme guerrier et conquérant contre ses trois ennemis : la démocratie libérale, le communisme athée, les États musulmans occidentalisés.

Fondamentalisme, théodémocratisme et impérialisme : ces trois idées feront leur chemin, tant chez les Frères musulmans d'Égypte (notamment chez Sayyid Qutb) qu'au sein du clergé de l'Iran chiite. Il s'agit là d'un contre-modèle parfait de la modernité occidentale, puisqu'il prône : contre la société d'individus, une communauté de croyants ; contre le pouvoir démocratique, un État islamique ; contre l'universalisme des droits de l'homme et la mondialisation capitaliste, un impérialisme coranique global. L'objectif est donc clair : ce n'est pas une réforme de la démocratie moderne qui est visée, c'est sa destruction. L'objectif est formulé en toute clarté par l'Égyptien Sayyid Qutb, disciple et continuateur de Maududi, et lui-même inspirateur de tous les mouvements djihadistes.

> Instaurer le règne de Dieu sur terre, supprimer celui des hommes, enlever le pouvoir à ceux de Ses adorateurs qui l'ont usurpé pour le rendre à Dieu seul, donner autorité à la loi divine seule et supprimer les lois créées par l'homme… tout cela ne se fait pas avec des prêches et des discours. Car ceux qui ont usurpé le pouvoir de Dieu sur terre pour faire de Ses adorateurs leurs esclaves ne s'en dessaisissent pas par la grâce du seul Verbe, sans quoi la tâche de ses Envoyés eût été bien aisée[34].

L'ouvrage, *Signes de piste*, dont est tiré cet extrait, commence à circuler en 1962, alors que Sayyid Qutb est détenu dans les prisons nassériennes : sa pendaison en 1966 fait de lui un martyr et donne à son ouvrage une aura colossale.

Ce premier germe du fondamentalisme musulman, suivi de quelques autres, reste assez marginal jusque dans les années 1970. Dans le monde arabe, la révolte contre les impérialismes revêtait jusqu'alors une forme socialiste et non encore islamiste. C'était le « socialisme arabe », celui de Nasser en Égypte ou du parti Baas, en Irak et en Syrie, laïque, scientifique, révolutionnaire, progressiste. Il utilise, pour aller vite, le langage « totalitaire » européen sans adopter encore sa voie propre.

Conditions de diffusion

Trois facteurs principaux vont contribuer à la montée en puissance du fondamentalisme musulman.

Il y a d'abord un profond sentiment d'humiliation. Alors que l'islam se considère comme le « dernier mot » de Dieu, comme le monothéisme ultime, donc « le plus vrai », comme le « sceau de la prophétie », il se voit géopolitiquement soumis, historiquement dominé, spirituellement défait. Cette anomalie produit un ressentiment puissant, source d'une énergie à utiliser.

D'autant que l'islam a toujours à l'esprit l'épopée de sa fondation et de sa diffusion extraordinairement rapide. Cet « esprit de conquête », hérité des origines, donne à son universalisme (trait obligé de tout monothéisme, puisqu'un seul Dieu règne) sa dimension spécifique. En dépit de la division et de la soumission accidentelles, l'empire unifié reste l'horizon.

Cette perspective est nourrie par un troisième trait caractéristique : la surenchère littéraliste. Sans doute, toutes les religions du livre sont-elles confrontées au mystère du message divin mis en mots. Alors que le judaïsme et le christianisme intègrent le moment herméneutique comme un moment nécessaire de leur doctrine – pour eux, si l'esprit est divin, les mots sont humains, et ces humains sont plus ou moins inspirés (tables de la loi, prophètes, témoins évangélistes) –, l'islam tend à délégitimer toute espèce d'interprétation au nom d'une lettre elle-même considérée comme de part en part divine. C'est Dieu lui-même qui a dicté son message à un prophète jusqu'alors analphabète. Une telle lecture, qui méconnaît tout ce qu'on sait de l'établissement laborieux et tardif du texte coranique et des querelles internes à l'islam, conduit à ce qu'on pourrait appeler une « ontologie textuelle », soit l'idée que seul le Coran est réel, plus réel que le réel. Le salafisme, héritier du wahhabisme, représente une telle dérive littéraliste. En un premier sens, il peut être tout à fait inoffensif et déboucher sur une pratique religieuse focalisée sur la lecture du Coran et l'observance stricte de ses commandements puisque le texte est la seule réalité qui vaille. Mais, en un second sens (takfirisme*), il peut aussi se scandaliser de voir que la réalité colle si peu au texte et en conclure qu'il convient de la forcer à changer ! La démarche est là beaucoup moins inoffensive, on s'en doute. Ce qui importe c'est que rien dans la première tendance ne peut venir freiner la seconde. C'est pourquoi, d'ailleurs, les salafistes quiétistes se contentent aujourd'hui, face aux attentats et aux crimes, de dire « c'est pas nous ! » sans trouver aucune bonne raison d'affronter ces autres « eux-mêmes » devenus activistes.

Sentiment d'humiliation, esprit de conquête, rigorisme littéraliste : ces trois ferments vont arriver à maturation au moment même où l'idéologie totalitaire épuise ses derniers feux.

1979

L'année 1979 est un point de bascule spectaculaire. 1979, c'est la révolution islamique d'Iran, qui installe pour la première fois le fondamentalisme musulman au pouvoir. Cela se produit dans l'espace chiite qui, du fait de son clergé, facilite les prises d'autorité mais également dans le cadre de l'univers persan, au nom d'une identité nationale qui soutient très efficacement la « révolution conservatrice ». 1979 marque aussi la sortie de la Chine de l'ère maoïste. Deng Xiaoping reconnaît que le marxisme-léninisme ne

* Sayyid Qutb (1906-1966), instituteur égyptien, en est considéré comme le père fondateur. Militant des Frères musulmans, il théorise l'obligation du djihad armé contre les pouvoirs installés (chrétiens ou musulmans). Il s'inspire d'un théologien, Ibn Taymiya (1263-1328) qui, dans le contexte des croisades, avait appelé à la guerre sainte contre les Mongols, pourtant convertis à l'islam, parce qu'ils s'écartaient des principes stricts, non musulmans. Cette idéologie se retrouve aussi bien dans le Front Al-Nosra (la branche d'Al-Qaida à travers son canal 19HH) ou chez l'EI.

marche pas pour conduire un pays sur le chemin du progrès : le capitalisme est plus efficace. 1979, c'est enfin l'invasion soviétique de l'Afghanistan et la montée en puissance de la résistance (soutenue par les Américains) au nom de l'islam sunnite à l'impérialisme devenu soviétique. Elle marque l'invention du djihadisme contemporain.

Ces trois événements révèlent *a posteriori* un passage de témoin. Dans un contexte où la démocratie libérale et capitaliste se fait de plus en plus triomphante se dessine discrètement la montée en puissance du fondamentalisme musulman comme nouvelle forme de contestation radicale de la modernité et de l'Occident.

Avant Al-Qaida et l'État islamique, c'est l'Iran qui la cristallise, même s'il faut constater, trente-six ans après la révolution, que la restauration rêvée de la société religieuse ne s'y est pas réalisée. La modernité y poursuit sa marche singulière. Il n'en reste pas moins que la République iranienne n'a rien d'une démocratie libérale : les candidatures aux élections doivent être validées par les mollahs, la presse libre est inexistante, le clergé détient une part importante du pouvoir et le nationalisme demeure le pilier de l'édifice. Pourtant le leadership de la critique de l'Occident libéral va se déplacer de l'islam chiite à l'islam sunnite.

La seconde guerre du Golfe

La seconde guerre du Golfe (2003) fait éclater l'équilibre de la terreur que Saddam Hussein imposait dans son propre pays entre les ethnies (musulmans-kurdes), entre les islams (sunnites-chiites), entre les tribus.

L'effondrement du pouvoir sunnite face à l'esprit de revanche chiite entraîne des alliances qui semblent contre nature : les anciens dignitaires du parti Baas (résurrection arabe et socialiste), spécialistes du terrorisme d'État s'allient avec les terroristes anarchistes de la branche irakienne d'Al-Qaida, fondée par le Jordanien Abou Moussab al-Zarqaoui. En vérité, rien n'est moins surprenant : l'esprit totalitaire et l'esprit fondamentaliste, animés d'une même haine fascinée de la modernité, se retrouvent sur l'essentiel : leurs ennemis et leur contradiction matricielle. Le cocktail est d'une efficacité redoutable : en 2005, le Syrien Al-Souri, en rupture de ban avec Al-Qaida, fait paraître en ligne « Appel à la résistance islamique mondiale[35] » ; le 13 octobre 2006, l'union de plusieurs groupes djihadistes annonce la création de l'État islamique d'Irak (EII) ; le 29 juin 2014, dans la foulée de la prise de Mossoul en Irak, Abou Bakr al-Baghdadi s'autoproclame chef de l'État islamique en Irak et au Levant (EIIL) en se référant aux califats ottoman (1517-1924), abbasside (750-1258) et omeyyade (661-750).

Malgré la défaite territoriale de l'État islamique, la séduction de la théodémocratie reste entière aussi bien dans certaines parties du monde musulman que dans les « territoires perdus » des républiques occidentales : partout où la contestation de la raison scientifique et de l'égalité des droits tend à devenir l'idéologie dominante. C'est donc bien à une nouvelle idéologie contestataire radicale que la démocratie libérale a affaire, qui renoue avec la structure des pensées totalitaires, dans un registre « révolutionnaire conservateur », plus proche du fascisme que du communisme. Alors que la pensée de la démocratie radicale cherche à améliorer le libéralisme, alors que l'illibéralisme entend le concurrencer, l'idéologie théodémocratique islamiste aspire, quant à elle, à le détruire.

La démocratie libérale est-elle décadente ?

Avec ces trois grandes critiques, nous avons le panorama complet des ennemis de la démocratie libérale. Une même idée les réunit toutes en dépit de leurs différences : la conviction de la décadence de celle-ci[36]. Décadence en élitisme ploutocratique pour les tenants de la démocratie radicale ; en laxisme impuissant pour ceux de la démocratie illibérale ; en matérialisme athée et impie, enfin, pour ceux de la théodémocratie. Face à quoi, elles opposent trois perspectives de régénération démocratique : fidélité à un peuple fantasmé pour la première, grâce à un régime plus direct et plus participatif ; maîtrise et puissance retrouvée pour la deuxième, grâce à la mise en place d'un pouvoir fort même si c'est au détriment de quelques libertés ; horizon de sens puissant et transcendant pour la troisième, même si, pour l'atteindre, il faut tourner le dos à la modernité dans son ensemble. Ce qui révèle leur autre point commun : pour lutter contre la décadence de la démocratie libérale, il leur faut renoncer à la démocratie elle-même. Poussée au bout de leur cohérence, elles en viennent à détruire le régime qu'elles prétendaient régénérer. Au profit de quoi ? De l'anarchie, pour la première ; de l'autoritarisme, pour la deuxième ; de la terreur pour la troisième. Et il se pourrait même que, entre les trois, de monstrueuses motions de synthèse soient envisageables.

J'ajoute que ces postures s'enchaînent dans une dialectique infernale. Au départ, c'est souvent une partie de l'élite (intellectuelle et/ou médiatique), qui dénonce la « mal-représentation ». Elle s'estime en droit de parler au nom d'un peuple totalement fantasmé, qu'elle imagine, comme elle, avide de participation, de délibération et de contrôle du pouvoir. À partir de là, la masse, inquiète de voir les clercs brader le gouvernement et lui rendre la décision impossible, se laisse tenter par l'illibéralisme sous ses formes les plus autoritaires. Elle est confortée par le spectacle donné par quelques minorités actives, fanatisées pour la défense d'une cause. Celles-ci imaginent que la violence et la terreur sont l'unique voie pour le retour du sens : ce sont les « black blocs », l'extrémisme animaliste et, surtout, l'islamo-nazisme.

Il n'y a aucune raison de se laisser entraîner dans cette spirale mortifère. Contre elle, il suffit de rappeler l'usage rigoureux du terme de démocratie : *elle est libérale ou elle n'est pas !* Dès que la liberté cesse d'être son centre de gravité, elle est vouée à disparaître. Quant à sa supposée décadence, elle dure depuis si longtemps qu'on pourrait penser qu'il s'agit là de son régime de croisière. Mais ce n'est pas une raison pour cesser de la défendre contre les idéologies qui veulent sa disparition. Car il ne s'agit pas seulement de protéger l'idée démocratique en général, mais les intérêts des démocraties et de leurs peuples en particulier.

Revenant dans ses *Mémoires*, sur son *Plaidoyer pour une Europe décadente* (1977), Raymond Aron reconnaissait l'insatisfaction qu'il avait pu causer : « Deux philosophies (ou visions) de l'histoire inspirent simultanément ma méditation, bien qu'elles passent pour contradictoires : d'un côté la foi démocratique et libérale, la conviction que les régimes démocratico-libéraux, avec une économie mixte, constituent, à notre époque, la solution la meilleure ou, si l'on préfère, la moins mauvaise ; de l'autre côté, la conscience que ces mêmes régimes peuvent susciter une sorte de guerre civile permanente, les citoyens y devenir de purs consommateurs, les groupes de pression s'y multiplier et paralyser l'État[37]. » Et il ajoutait qu'il était légitime de se demander si l'épanouissement des libertés, le pluralisme des convictions, l'hédonisme individualiste ne mettaient pas en péril la cohérence des sociétés et leur capacité d'action.

La question n'est donc pas de dépasser la démocratie libérale – Fukuyama a raison : elle est l'*horizon indépassable* de notre temps –, mais de savoir comment la réformer pour répondre *efficacement* aux trois défis que lui lancent ses principaux adversaires ou ennemis. Autrement dit : quel art politique faut-il inventer pour les démocraties libérales de demain ?

DEUXIÈME PARTIE

NOUVELLES RÈGLES DE L'ART POLITIQUE

Par rapport aux Grecs, les Romains avaient un complexe : ils voyaient bien qu'en matière de beauté, de finesse et de sagesse, ils ne leur arrivaient pas à la cheville. Mais ils se vantaient de posséder d'autres atouts que Virgile formulait en substance ainsi : « D'autres que les Romains seront de meilleurs sculpteurs, orateurs, astronomes ; Rome devra se contenter du métier des armes et de la politique » (*Énéide*, VI, 847-850). Aux Grecs les beaux-arts ; aux Romains l'art de se battre et celui de gouverner… Ce seront les artistes de la *Pax romana* : *urbi et orbi*.

C'est à ce moment-là, sans doute, qu'apparaît l'expression « art politique » dans toute sa polysémie, qui est un piège redoutable. Selon la manière dont on le considère, en effet, l'art s'oppose à la fois à la nature (comme l'artificiel au naturel), à la science (comme la pratique à la théorie), à l'artisanat (comme l'œuvre à l'ouvrage), mais aussi à la véracité (comme la ruse à la franchise) et à l'utilité (comme le luxe au besoin). Ce n'est pas donc pas rendre service à la politique que d'en faire un *art*. Mais cela dit au moins son mystère irréductible, qui a nourri un nombre incalculable de traités, Mémoires et réflexions. Pourquoi faudrait-il s'en priver en démocratie ?

Quand, à la mort de Mazarin (1661), Louis XIV décide de ne pas le remplacer et d'exercer lui-même le pouvoir, il prend un risque considérable. Alors qu'il est souverain sacré et inviolable, il choisit de s'abaisser au rang de ministre, c'est-à-dire de serviteur. Il entre dans l'arène en fusionnant souveraineté et gouvernement. Ce n'était, certes, pas le premier roi à y plonger, toutefois il est étonnant qu'au moment même où se renforce la souveraineté absolue (face aux « grands » et à leurs frondes), il ait éprouvé le besoin de s'exposer aux affres politiques. Un vaste mouvement était en marche : le centre de gravité se déplaçait du ciel à la terre et l'essentiel se jouait désormais dans l'ici-bas. La démocratie achève le processus et c'est le peuple qui devient souverain. Comme le monarque absolu, il est tenté d'entrer au gouvernement sans en connaître toutes les règles, tous les pièges et tous les périls. « Tout le monde veut gouverner, personne ne veut être citoyen : où donc est la cité ? », se demandait Saint-Just (discours du 23 ventôse, an II).

C'est à la redéfinition de cet art politique que je souhaite consacrer les chapitres qui suivent. Il est devenu d'une difficulté inouïe, non seulement parce qu'il mêle inextricablement art de gouverner et art d'être gouverné, mais aussi parce qu'il suppose, de la part du dirigeant comme du citoyen, une maîtrise virtuose des quatre moments du peuple-méthode. Il faut d'abord savoir gagner les élections ou du moins ne pas y perdre ; il faut ensuite faire vivre la délibération sans s'y noyer ; il faut aussi garder la force de décider sans en abuser ; il faut inventer, enfin, une manière adulte de rendre et de recevoir les comptes. Chacun de ces moments est en soi un défi et tenir les quatre ensemble paraît insurmontable. Comment est-ce possible ? Comment même est-ce pensable ?

CHAPITRE 3

Comment gagner les élections ?

« On ne ment jamais autant qu'avant les élections, pendant la guerre et après la chasse. »

Georges CLEMENCEAU.

En démocratie, le premier des arts politiques consiste à se faire élire. Tout commence par là et peut s'arrêter là. Le meilleur politique, doté du plus grand charisme et auteur du plus génial programme, ne vaut rien s'il n'est pas élu. Les coulisses de l'histoire sont remplies de ces glorieux échecs. C'est parfois injuste, souvent dramatique, toujours imprévisible. Et puis il y a ceux qui doivent payer cher le prix de la victoire électorale, car ils ont trop promis. Promettre, tenir et agir sont des arts très différents, voire contradictoires. Ce qui faisait dire à Mario Cuomo, qui fut gouverneur de l'État de New York : « On fait campagne en vers, mais on gouverne en prose. » Que dire de cette étrange poésie qui fait gagner les élections ?

Comme j'ai moi-même trop promis avec le titre aguicheur de ce chapitre, je dois faire amende honorable et préciser : mes conseils pour « gagner une élection » ne concernent pas le candidat ou son parti – la légitimité d'un philosophe en la matière frôle le zéro – mais l'ensemble des électeurs d'un pays. Il faut donc comprendre le titre ainsi : comment une démocratie peut-elle gagner une élection ? Et, surtout, que risque-t-elle de perdre à ne pas comprendre le sens de cette procédure étrange par laquelle un peuple se choisit librement un prince pour lui obéir ?

Comment choisir un chef ?

Parce que l'élection est le point de départ obligé de la démocratie, on définit souvent celle-ci par celle-là. Mais cette identification recèle une triple anomalie.

D'abord, élire, c'est sélectionner le meilleur possible (ou réputé tel). Or « meilleur » en grec se dit *aristos* ; ce qui fait qu'un scrutin est par définition aristocratique et non démocratique.

Ensuite, une fois choisi, l'élu exerce le pouvoir (exécutif ou législatif) à la place des citoyens. L'élection produit ainsi le gouvernement de quelques-uns, ce qui se dit en grec : *oligoï*. Nos suffrages conduisent donc à une oligarchie et non, au sens strict, à une démocratie.

Enfin, dans une élection, plus il y a de votants, moins chaque voix a de poids. Le nombre des votes noie le nôtre dans la masse. C'est le paradoxe du vote : une base électorale massive (signe de réussite démocratique) dilue et annule l'importance de chaque suffrage. L'élection instaure donc une sorte de « némocratie » (ou pouvoir de personne) et non une démocratie.

On pourrait penser, avec ces trois arguments, que l'élection signe ainsi une triple humiliation pour nos consciences démocratiques : elle privilégie la hiérarchie contre l'égalité, la dépossession contre la participation, la dilution contre la considération. Alors, oui, nous devrions crier : « Élections, piège à c… ! » D'autant que l'histoire a montré, avec une insistance têtue, que des élections parfaitement démocratiques pouvaient conduire au pouvoir les pires adversaires de la démocratie : Hitler en 1933, ou, avant lui, c'est moins connu, celui qui fut son mentor politique, le maire de Vienne, Karl Lueger en 1895. Il a toujours l'honneur éponyme d'une belle place dans la capitale autrichienne.

Et pourtant, en dépit de ces trois « excellentes » raisons, nous continuons par-devers nous à penser que la démocratie élective est justifiée. Et, plus étrange encore, nous continuons en général d'aller voter. Pourquoi ? Telle est la véritable énigme. Alors qu'on se désole de la montée de l'abstention, nous devrions plutôt nous interroger sur l'étrange persistance de la participation électorale. Ce qui suppose de bien saisir le principe de l'élection démocratique. C'est le *minimum minimorum* aussi bien pour celui – le candidat – qui entend la gagner que pour ceux – les citoyens – qui espèrent ne pas y perdre. Prenons un peu de recul en faisant l'inventaire des moyens pour un peuple de se donner un chef.

Les six méthodes pour se choisir un chef

Quand elle m'appelait pour trier et éplucher, mon arrière-grand-mère utilisait un terme désuet : « Viens m'aider à *choisir* les légumes », disait-elle. Et en l'assistant maladroitement, j'admirais la sûreté de son coup d'œil pour exclure les mauvaises pièces, la virtuosité de ses gestes pour en garder le maximum ; elle méprisait les « économes », bien mal nommés, et œuvrait avec sa vieille lame usée par la pierre : pour elle, on devait pouvoir lire le journal à travers la pelure d'une pomme de terre ! Ce faisant, elle renouait avec le sens originel d'élection : l'élection est un travail de cueillette et de tri. *Eligere* signifie d'abord « cueillir* ». Et cueillir, c'est savoir choisir, soit le plus beau (la fleur), soit le plus comestible (le fruit ou le légume).

---

* Dans la France d'Ancien Régime, le terme « élection » était utilisé pour désigner la répartition des impôts, exigés par le pouvoir royal, dans une province : il fallait « cueillir »

C'est d'ailleurs la même racine (si je puis dire) qui donne élégant ou élite. Appliqué à la politique cela donne : comment cueillir le meilleur dirigeant ? Et si l'on tente l'inventaire des méthodes possibles, on s'aperçoit qu'il est en fait assez restreint : il y en a exactement six !

Le principe des trois premières consiste à se fier à une autorité supérieure et incontestable. Ainsi on peut d'abord se confier au passé, parce qu'il a fait ses preuves. On choisira alors le futur chef parmi les rejetons du chef en place, parmi ses réincarnations (dalaï-lama) ou, à défaut, parmi ceux des grandes familles *déjà* dirigeantes : c'est la méthode traditionnelle de l'hérédité.

Une deuxième manière consiste à rechercher les signes de l'aptitude à diriger dans les qualités évidentes et *naturelles* d'un individu : sa beauté, sa force ou son intelligence, bref son charisme*. Selon le Père de l'Église, Basile de Césarée (329-379), c'est ainsi que les abeilles choisissent leur « roi » (dont on n'a découvert qu'assez récemment qu'il était une reine). Voilà ce qu'il écrivait dans son *Hexameron* (8) où était déjà tenté un inventaire complet des méthodes de choix avec les avantages et les inconvénients de chacune.

> Leur roi [des abeilles] n'est pas élu par les suffrages du peuple, parce que l'ignorance du peuple élève souvent à la principauté le plus méchant homme ; il ne reçoit pas son autorité du sort, parce que le caprice du sort confère souvent l'empire au dernier de tous ; il n'est pas assis sur le trône par une succession héréditaire ; parce que, trop ordinairement, les enfants des rois, gâtés par la flatterie et corrompus par les délices, sont destitués de lumières et de vertus : c'est la nature qui lui donne le droit de commander à tous, étant distingué entre tous par sa grandeur, par sa figure, par la douceur de son caractère[1].

les revenus. Les *Élus* (ou Esleus) étaient les agents qui étaient chargés, après une chevauchée (enquête), de répartir les exigences entre les paroisses.

* Voir plus bas : « Qu'est-ce que le charisme ? », p. 331.

Pour Basile, cette nature n'est pas donnée par hasard. Elle est le fruit d'une source plus élevée que la seule nature, à savoir la grâce divine. Et, au fond, il a en tête une troisième méthode, pour lui la seule véritable : le choix du chef est divin, et il est ensuite transmis au peuple par ses prophètes. C'est ce qui se passe lorsque, dans la Bible, Samuel informe Saül qu'il est l'« oint du Seigneur » (Samuel I : 9, 15 ; 10, 24 ; 11, 6) avant même que le sort ne vienne révéler ce choix. Cette méthode, qu'on appellera plus tard le vote « par inspiration », constitue une sorte de Pentecôte, source du « sacre » des monarques : le Saint-Esprit descend sur terre et instille dans chaque esprit sain un sentiment d'irrépressible évidence. La majesté est alors révélée !

Si l'on a le moindre doute sur la fiabilité de ces trois instances que sont le passé, la nature ou le divin – ou plutôt sur la capacité des hommes à les mettre en œuvre avec probité –, il faudra alors se rabattre sur des méthodes exclusivement humaines. Celles-ci se résument de nouveau à trois possibles : elles sont méritocratique, démocratique ou aristocratique.

La méthode méritocratique : le concours

La première est le « concours ». C'est l'invention géniale des Chinois (à partir des Song, au xe siècle) pour recruter les bureaucrates lettrés. Elle sera ensuite importée en Europe et en France, notamment *via* les Jésuites. Le concours permet, à partir de critères précis, dans une situation d'égalité des chances, de faire émerger les meilleurs. Pour percevoir toute la puissance de cette méthode, il faut aller visiter le temple de Confucius et l'Académie impériale de Pékin. On y verra des alignements de minuscules cellules, meublées sommairement d'une table et d'un banc, qui faisaient office de salle d'examens. Un centre pouvait en contenir jusqu'à quatre mille et chaque province en comportait plusieurs. Après une fouille méticuleuse, les candidats y étaient enfermés pour les trois épreuves qui duraient chacune deux jours. L'isolement était complet et les jeunes gens n'avaient droit qu'à deux pinceaux, de l'encre et du papier pour écrire. Le repas, très frugal, était servi dans la cellule par des surveillants qui contrôlaient régulièrement les candidats. Au musée de l'Académie, on peut voir quelques « feuilles de pompes », fruit des stratagèmes (ratés… puisqu'ils sont exposés) de fonctionnaires en herbe. Par exemple, cette chemise en soie dont les motifs, quand on les regarde de très près, sont de minuscules formules confucéennes. Les sujets d'examen portaient en effet sur des passages des classiques confucéens et les compositions devaient respecter des normes formelles très strictes. Une fois rendues et fermées par un sceau, les copies étaient réécrites à l'encre rouge par une armée d'employés afin de respecter l'anonymat. Les corrections étaient ensuite assurées par plusieurs comités de commissaires. On arrivait alors par élimination successive au nombre de postes proposés. Puis les lauréats étaient classés par ordre de mérite. Le concours de la capitale Pékin ne concernait que les examens de troisième niveau permettant de sélectionner les 300 *junzi* (ou docteurs). Le major de la promotion devenait une sorte de héros national. Voilà ce qu'écrit à ce propos Étienne Balazs, dans son livre, *La Bureaucratie céleste*[2].

> Si l'on survole l'histoire millénaire de la société chinoise, on est frappé par la constance, la stabilité, la persévérance d'un phénomène que je voudrais appeler le *fonctionnarisme* et dont l'expression la plus visible est la continuité ininterrompue d'une classe dirigeante de *fonctionnaires lettrés*. Depuis la fondation de l'empire par Qin Shi Huangdi au IIIe siècle avant notre ère jusqu'à la fin de l'ancien régime en 1912, et au-delà, c'est cette classe dirigeante de « gentlemen » (*junzi*) éduqués qui a présidé aux destinées de la Chine, qui en a marqué chaque expression. Depuis les institutions fondamentales jusqu'aux régions les plus reculées du ciel mythologique,

en passant par la littérature et les arts, il n'y a aucun domaine de la civilisation chinoise où l'on ne décèle immédiatement la présence des fonctionnaires lettrés.

Cette genèse explique bien la méfiance des Chinois à l'égard de l'élection. De ce point de vue, le Parti communiste chinois ne fait que poursuivre la tradition de la bureaucratie céleste. Il sélectionne d'abord par concours, puis ensuite, au sein de la crème de la crème, il peut envisager une (petite) procédure électorale. Vu le niveau d'exigence, il arrive parfois qu'il y ait plus de postes à pourvoir que de candidats sélectionnés : ce qui – sans conteste – facilite l'élection...

La méthode démocratique : le tirage au sort

Une deuxième méthode possible est celle du tirage au sort. Selon Platon et Aristote, c'est la seule méthode véritablement *démocratique*, même si, pour eux, ce n'est vraiment pas un compliment[3]. Elle apparaît souvent comme un ultime recours quand toutes les autres procédures de choix ont échoué. C'est ce que nous apprend le récit – mythologique – du premier tirage au sort de tous les temps. Il se trouve dans l'*Iliade*.

Après la terrible guerre des dieux qui vit la défaite de leur père Cronos, les Olympiens, conduits par Zeus et ses frères, Poséidon et Hadès, se retrouvent à la tête de l'Univers. Pour y rétablir l'ordre et la paix, ils doivent au préalable en effectuer le partage. Comment le faire de manière équitable ? Comme nous sommes presque au commencement du monde, il n'y a guère de principe disponible. Celui de primogéniture, qui semblerait adapté en l'espèce (premier né, premier servi), ne peut être invoqué ; car si, du point de vue de la conception, Poséidon est l'aîné et Zeus le benjamin, ils ont vu le jour dans un ordre inverse. Leur père Cronos avait en effet cette fâcheuse habitude de dévorer ses enfants dès leur naissance. Seul Zeus, grâce à une ruse de sa mère Rhéa, qui le remplaça par une pierre emmaillotée, put échapper à la voracité de son père. Devenu grand, Zeus offrit à son père, dans un gobelet aromatisé au miel, un puissant vomitif qui le fit régurgiter tous ses frères et sœurs dans l'ordre inverse de leur conception. Dans une telle situation, il est difficile donc de se réclamer d'un quelconque droit d'aînesse pour établir une juste répartition de l'univers. D'où le tirage au sort. C'est ce que Homère, dans le chant XV de l'*Iliade*, fait dire à Poséidon :

> Nous sommes trois frères, issus de Cronos, enfantés par Rhéa : Zeus et moi, et en troisième, Hadès, le monarque des morts. Le monde a été partagé en trois ; chacun a eu son apanage. J'ai obtenu pour moi, après tirage au sort, d'habiter la blanche mer à jamais ; Hadès a eu pour lot l'ombre brumeuse, Zeus le vaste ciel, en plein éther, en pleins nuages. La terre pour nous trois est un bien commun, ainsi que le haut Olympe.

Ce rappel permet à Poséidon, alors en conflit avec son petit frère, et néanmoins quasi aîné, de rappeler qu'il n'a aucun compte à lui rendre et surtout aucune raison d'obéir à ses ordres. Ils sont égaux et c'est, donc, par tirage au sort – le premier de tous les temps – que les lots cosmiques furent attribués.

Voilà qui nous en dit déjà beaucoup sur la nature d'un tirage au sort.

Il suppose d'abord une situation de rareté, soit des objets désirés (gâteau, pouvoir, argent…), soit des candidats disponibles (pour débarrasser la table, pour aller à la guerre, pour être mangés…).

Il exige ensuite une relative égalité entre les candidats, mesurée – comme dans la chanson « Il était un petit navire » – à partir de leur égal désir (par exemple, de manger) ou de leur égal refus (par exemple, d'être mangé). En tout cas, aucun ne peut en imposer ou s'imposer aux autres prétendants, candidats et postulants.

Il requiert aussi un accord minimal sur le refus de la violence et sur le constat d'échec de toutes les autres procédures de partage. Ni l'évidence issue de l'habitude, ni la cooptation négociée, ni la désignation autoritaire, ni le vote majoritaire n'ont produit d'accord. On se soumet donc au tirage au sort quand on ne veut pas se soumettre à autrui. On préfère alors l'aléatoire à l'arbitraire.

Enfin, le tirage au sort s'impose quand il y a grand danger : c'est l'urgence qui en dicte le choix. Sinon, c'est un simple jeu, par exemple de dés, tel le *az-zhar* arabe ou l'*alea* romain, dont les noms auront une belle postérité.

On retrouve ces quatre dimensions, dans la démocratie athénienne de l'âge classique, qui a fait un grand usage de cette procédure. Elle était utilisée pour désigner près de six cents magistrats sur les sept cents que comptait l'administration de la cité, notamment les membres de la *Boulè*, conseil chargé de préparer et d'exécuter les décisions de l'Assemblée du peuple (l'*Ekklesia*), les jurés des tribunaux (les héliastes) et les nomothètes, qui devaient contrôler et réviser les lois. Les volontaires pour ces fonctions (avec, selon les postes, des conditions d'âge) voyaient leurs noms inscrits sur des lames introduites dans le *klèrôtèrion*, sorte de machine à loto antique. C'était une stèle en marbre comportant un tube d'où sortaient de manière aléatoire des boules blanches et noires, ce qui permettait de retenir ou de rejeter les volontaires qui se présentaient parfois en nombre – il faut dire que ces postes étaient rémunérés. En revanche, pour toutes les fonctions militaires et financières supérieures, notamment celle de *stratège*, l'élection était conservée, car, en ces matières, la compétence ne pouvait pas être négligée.

Par la suite, le tirage au sort sera utilisé, comme aujourd'hui, davantage dans le domaine judiciaire (les jurys) que politique. Une exception toutefois : l'extraordinaire méthode de désignation du doge à Venise (voir encadré).

L'élection-tirage au sort du doge à Venise

Voici comment se passait la désignation du doge de la Sérénissime entre 1268 à 1797. Dès la vacance du siège, le Grand Conseil (des 500) se réunit. On demande alors au conseiller le plus jeune de sortir de la salle de réunion pour aller chercher le premier enfant (entre 8 et 10 ans) qu'il trouvera sur son chemin. Au centre de la salle est placé un grand sac empli de billes de bois (autant que de conseillers). Sur 30 d'entre elles figure le mot électeur. L'enfant les distribue au hasard. Les 30 conseillers sélectionnés restent dans la salle tandis que les autres s'en vont. Ces 30 ne peuvent pas faire partie de la même famille (sinon ils doivent renoncer et leur bille est remise dans le sac). Un deuxième tour réduit les 30 à 9 (selon le même procédé), puis, au troisième tour, les 9 élisent 40 personnes parmi les membres du Grand Conseil (par majorité qualifiée). Au quatrième tour, les 40 sont réduits à 25 par tirage au sort ; au cinquième tour, ces 25 sont réduits à 9 à nouveau par tirage au sort ; au sixième tour : ces derniers élisent 45 conseillers, qui sont réduits à 11 par tirage au sort ; ceux-ci élisent (à majorité qualifiée) les 41 conseillers, qui, au neuvième tour, élisent en conclave le doge (avec une majorité qualifiée de 25 voix). Ouf ! ! Et cela n'empêchera pas Jefferson de déclarer que le résultat n'est rien d'autre qu'un « despotisme électif » (*Le Fédéraliste*[4]).

La méthode aristocratique : le vote

Le vote, c'est-à-dire l'élection au sens étroit du terme, désigne une troisième méthode humaine de dévolution du pouvoir : il suppose un choix opéré par le moyen d'un *suffrage*. Les modalités de son expression peuvent être très variées. Cela peut se faire par acclamation, par grognement, en levant la main, en se déplaçant pour former un groupe, en se levant ou en restant assis, en abaissant son capuchon, en opinant, voire en utilisant un tesson (c'est d'ailleurs l'origine du mot suffrage), ou un bulletin validé (qui a la même étymologie que bulle, sceau), ou encore une boule (ou ballotte). Ces gestes seront ensuite comptabilisés de manière plus ou moins précise*.

Cet inventaire le montre : l'élection n'est pas le propre de la démocratie représentative. C'est une pratique ancestrale que l'on trouve dans la plupart des civilisations et notamment, de façon très sophistiquée, dans l'Antiquité grecque et romaine. Mais ces procédures furent totalement oubliées à la chute de l'Empire romain. En vérité, le principal laboratoire de nos pratiques électorales modernes fut l'Église. Comme le dit Léo Moulin, le premier à étudier en détail cette histoire perdue, « pendant dix siècles au moins, l'Église a été la seule institution en Occident qui ait connu et pratiqué le principe des élections libres et régulières – papales, épiscopales et abbatiales – et respecté le principe de la consultation des gouvernés ; la seule aussi où se manifeste, à l'état embryonnaire, sans doute, mais réellement néanmoins, l'idée si féconde de collégialité[5] ». Ces pratiques vont se diffuser des monastères aux évêchés, puis à la Curie romaine pour l'élection du pape, et, peu à peu, se transposer dans l'univers des communes, d'abord italiennes, puis flamandes et européennes. Les premières républiques italiennes seront en effet conseillées, pour ce qui est de leurs institutions et procédures, par des ecclésiastiques.

C'est l'ensemble de cette histoire complexe qui est à l'origine de nombre de nos pratiques, mais aussi de nos expressions. Ainsi, le terme « voix », pour désigner un suffrage, viendrait de cet usage qui voulait qu'un jeune moine fût chargé de recueillir le vote de la bouche même des électeurs assis. Le ballottage vient de l'utilisation des ballottes, boules blanches ou noires qui étaient remises à chaque électeur pour signifier son « oui » ou son « non ».

* Il paraît qu'on peut même voter en éternuant : c'est ce que feraient les lycaons – ces chiens sauvages –, selon un article publié en septembre 2017 dans la revue britannique, *Actes de la Royal Society*. Le nombre de leurs éternuements a été corrélé avec des décisions prises par la meute, y compris contre les choix des mâles dominants.

Cela donnera aussi l'expression anglaise importée en français : « blackbouler » pour rejeter. Le *quorum* est issu des scrutins abbatiaux et pontificaux.

Mais il faut aussi percevoir que ces élections reposent alors sur des pratiques et des principes qui nous sont très exotiques.

Le principe de la majorité qui nous paraît si évident aujourd'hui était probablement étranger au monde traditionnel où tout ce qui venait rompre l'unité communautaire était perçu comme criminel. Cela ne veut pas dire qu'il n'y avait pas de conflit, mais ceux-ci étaient traités secrètement et en amont des scrutins. Le conformisme y était une vertu cardinale et la minorité s'empressait de se rallier à la majorité dès que celle-ci se dessinait. L'élection devait être la mise en scène de l'unanimité, mais surtout pas l'exposition des divisions. *A fortiori* dans l'Église réputée unitaire. Ainsi, l'élection du pape s'est longtemps faite (jusqu'à l'élection d'Innocent II en 1130*) sous cette apparence consensuelle. Certes, le principe de la majorité avait été introduit dans la règle de saint Benoît (480-547) pour l'élection des abbés, mais, d'une part, il s'agissait d'une majorité des deux tiers et, d'autre part, il était soumis à un autre principe, celui de « saniorité ». L'élection était gagnée, disait-on alors, par la *sanior et maior pars* (la part la plus saine et la plus nombreuse). Cela signifie très simplement que le résultat d'un premier vote majoritaire pouvait être modifié si une autorité supérieure (ici l'évêque) ou plus collégiale (d'autres abbés), considérée comme « plus saine », le jugeait nocif pour la communauté. On ne se contentait donc pas de compter les voix, on les pesait…

* Innocent II est le premier pape issu d'un suffrage uniquement majoritaire. Mais son élection fut contestée et un antipape, Anaclet Ier, fut désigné. Il fallut toute l'autorité de saint Bernard pour affirmer la légitimité du vote initial. En 1179, l'Église prend la décision de recourir au système de la majorité des deux tiers. C'est seulement le concile de Trente (1545-1563) qui fixe la procédure électorale : vote secret écrit et principe de majorité simple. (*Cf.* O. Christin, *Vox Populi. Une histoire du vote avant le suffrage universel*, Seuil, 2014 ; R. Mac Mullen, *Voter pour définir Dieu. Trois siècles de conciles (253-553)*, Les Belles Lettres, 2008.)

Ce bref rappel indique une chose capitale : toutes les élections ne sont pas démocratiques, mais la démocratie a un impérieux besoin d'élections, à condition de bien identifier ce qui en constitue aujourd'hui les traits caractéristiques.

Comment l'élection est-elle devenue démocratique ?

Aristocratique dans son esprit, le suffrage va devenir démocratique dans sa pratique, grâce à l'incorporation de trois éléments qui vont transfigurer l'élection : le vote universel, la logique représentative et l'invention d'une nouvelle campagne électorale.

Un vote par personne

« *One man ; one vote.* » Cette formulation anglaise dit l'essentiel, même si aujourd'hui on lui préférera celle-ci, plus correcte : « *One person ; one vote.* » Elle contient l'idée, pour nous évidente, que tout citoyen peut voter et que chaque vote pèse exactement le même poids. « Chacun doit compter pour un, personne ne doit compter pour plus d'un. » En France, cela mettra longtemps à se réaliser tout à fait, mais une date inaugurale fait tout basculer.

5 mai 1789. Ce jour-là, dans la salle des Menus-Plaisirs, non loin du château de Versailles, Louis XVI préside la séance d'ouverture des États généraux. Dans un défilé solennel, les trois ordres de l'Ancien Régime se présentent : le clergé en soutane, en robe violette ou pourpre, selon le rang ; les nobles en habit ; le tiers état en costume noir. Les députés de ce dernier groupe refusent ostensiblement de s'incliner devant le monarque, fidèles en cela à l'esprit du pamphlet que, quelques mois plus tôt, l'abbé Sieyès a fait paraître. Ses idées se résument à cette formule fameuse :

« Qu'est-ce que le tiers état ? TOUT ; qu'a-t-il été jusqu'à présent ? RIEN ; que demande-t-il à devenir ? QUELQUE CHOSE »… et sous-entendu : TOUT, puisqu'il représente à lui seul plus de 90 % de la population. Bref, le peuple est la seule et vraie *majesté*. Aucune raison, donc, pour ses représentants de s'incliner devant celui qui n'en est que le ministre.

La première tâche des États généraux, réunis pour résoudre la question fiscale, selon la tradition médiévale, est la « vérification des pouvoirs ». Il s'agit de confirmer la validité des mandats qui ne sont pas encore ceux de représentants du peuple, mais de leurs corps d'origine. C'est l'occasion du premier conflit : le tiers état demande aux députés des autres ordres de se joindre à lui pour mener à bien cette procédure de contrôle. C'est là un moyen de mettre en question le principe ancestral du *vote par ordre*, qui veut que chaque ordre dispose d'*une voix* indépendamment du nombre de sujets qu'il représente. Pendant plus d'un mois, les ordres privilégiés refusent cette vérification commune ; le blocage est complet. Le 17 juin 1789, à l'instigation de Sieyès, considérant que le tiers représente les « quatre-vingt-seize centièmes au moins de la nation », les députés du tiers état, rejoints par quelques membres des autres ordres, se déclarent à eux seuls *Assemblée nationale*. Le vote par ordre est mort ; le vote par tête est né. Toute la révolution démocratique se joue dans ce bouleversement. Mandatés par une communauté d'ordres, les députés deviennent les élus d'un peuple d'individus*.

On est, certes, encore bien loin du suffrage universel. Mais le mouvement est lancé. La suite de l'histoire sera l'extension

* Voir Tocqueville : « Dès qu'ils furent réunis, les notables oubliant qu'ils n'étaient que les délégués du prince, choisis par lui pour lui apporter des conseils et non des leçons, agirent en représentants du pays. Ils demandèrent des comptes, censurèrent des actes, attaquèrent la plupart des mesures dont on leur demandait seulement de faciliter l'exécution. On cherchait leur aide ; ce fut leur opposition qu'on rencontra » (A. de Tocqueville, *Considérations sur la Révolution* (I, II), *in Œuvres*, Gallimard, « Bibliothèque de la Pléiade », 2004, t. III, p. 468).

progressive de la citoyenneté électorale. Au nombre des citoyens seront incorporés petit à petit les non-propriétaires, les moins imposés, les plus pauvres, les ouvriers, puis l'ensemble des hommes, domestiques, cléricaux et militaires inclus, puis les femmes, longtemps considérées comme des mineures, réputées incapables de discernement électoral et de liberté de choix, à l'instar d'ailleurs des domestiques, des prêtres et des militaires. Aujourd'hui seuls les mineurs (en âge), les personnes juridiquement reconnues comme « incapables », ou frappées d'indignité, restent exclus du suffrage universel. Le principe d'égalité des individus l'a définitivement emporté sur les logiques de corps et de communautés.

Quand on y songe, ce nouveau principe électoral contient une anthropologie « révolutionnaire », devenue pour nous évidente : 1) il est individualiste puisqu'il affirme que c'est l'individu qui fait la société politique et non l'inverse ; 2) il suppose que tous les individus adultes sont *majeurs*, c'est-à-dire libres et égaux, capables d'une opinion et d'un choix éclairé ; 3) il suppose enfin la fraternité, c'est-à-dire la capacité de chacun à ne pas se restreindre à la seule sphère de ses intérêts personnels. Trois paris risqués sur la nature humaine, que tous les adversaires de la démocratie libérale vont se faire un plaisir malin de contester.

Ce sera le cas de quelques libéraux peu démocrates qui considèrent que le peuple « n'est pas à la hauteur ». Ainsi John Stuart Mill qui suggérait que l'on donnât des voix supplémentaires aux diplômés du supérieur ou à ceux qui exerçaient un métier exigeant des facultés intellectuelles particulières. L'idée est reprise par tous ceux qui relèvent l'ignorance manifeste des citoyens sur des points essentiels des programmes électoraux[6]. Par exemple, lors de l'élection américaine de 1992 (G. Bush contre B. Clinton), seuls 15 % des électeurs savaient que les candidats étaient favorables à la peine de mort, mais 86 % connaissaient le nom du chien de G. Bush.

Les critiques viennent aussi des démocrates peu libéraux. Ceux qui avancent l'idée d'accorder plus de voix aux jeunes qu'aux vieux (pardon : « aux aînés »), parce que ceux-là ayant « plus d'avenir » que ceux-ci, auraient aussi plus d'intérêts à défendre et davantage droit de se faire entendre. On pourrait aussi abaisser la majorité à 16 ans, voire à 14, ou même plus tôt encore, afin de poursuivre l'extension du domaine de la citoyenneté et lutter contre ces discriminations par l'âge. Il serait encore possible d'accorder deux voix à chacun pour les élections législatives : une pour un scrutin majoritaire, l'autre pour un scrutin proportionnel – cette méthode est mise en œuvre en Allemagne*. Et pourquoi ne pas ouvrir l'élection aux animaux, aux espaces naturels, aux robots et, plus encore, aux générations futures, qui dépendront tant des choix qui sont faits aujourd'hui ? Et, bien sûr, les promoteurs de ces idées s'estiment en être les meilleurs et exclusifs représentants !

Je reconnais n'être pas tout à fait honnête en mélangeant ces revendications, dont certaines sont absurdes et d'autres discutables. Mais elles ont toutes ce point commun, à mes yeux rédhibitoire, de créer des exceptions au principe fondamental du vote personnel. Or, si l'on sort de l'individualisme électoral, je ne vois pas comment on pourra défendre la démocratie. Car il vaut mieux convaincre les électeurs de voter en pensant aux animaux, aux enfants, aux générations futures ou à la nature, plutôt que les convaincre que les animaux, les générations futures, les enfants ou la nature doivent voter. Et si l'on considère qu'un électeur n'est pas capable de cet esprit élargi et qu'il vote toujours en ne pensant qu'à son propre intérêt, il est alors, je crois, inutile d'installer la démocratie : mieux vaut une bonne vieille dictature !

---

* La première voix (*Personenstimme*) est utilisée pour l'élection au scrutin majoritaire à un tour du représentant de la circonscription (celui qui arrive en tête au premier tour est élu). La seconde voix (*Landestimme*) permet d'allouer, selon une répartition proportionnelle, les sièges de l'instance à élire aux différents partis politiques. Cette pratique, appelée « scrutin proportionnel personnalisé », ne vaut pas pour tous les Länder.

Le mandat représentatif

La date du 17 juin 1789 correspond, pour la France, à un autre bouleversement électoral : on bascule du *mandat impératif* au *mandat représentatif*. Cette distinction essentielle continue pourtant de susciter de nombreux malentendus.

Le mandat impératif, tel qu'il était pratiqué dans l'Ancien Régime, fonctionnait sur le mode du « satisfait ou remboursé ». Un sujet déléguait à son député un pouvoir de décider sur un objet précis. Celui-ci devenait son porte-parole, ou son commissaire (c'est-à-dire chargé d'une commission), et s'engageait à ne jamais sortir du cadre prédéfini, faute de quoi sa délégation s'annulait et il était aussitôt destitué.

Le mandat représentatif obéit à une tout autre logique : le citoyen délègue à son député son pouvoir de décider *en toutes circonstances*, même imprévues, durant une durée définie ; il se remet en confiance à son discernement. Celui-ci n'est pas commissaire, mais plénipotentiaire, doté, si l'on peut dire, d'un « contrat de confiance ». C'est ce que disait le député Condorcet à l'Assemblée en 1791 : « Le peuple m'a envoyé pour exposer mes idées, pas les siennes. » Et si d'aventure un député, une fois élu, ne respectait pas son programme, voire changeait soudain de camp politique, il ne pourrait être destitué pour autant. Le citoyen devra attendre la prochaine élection pour (le cas échéant) le sanctionner.

Seconde précision, tout aussi capitale : le député élu en régime représentatif ne représente pas, contrairement à ce qu'on entend souvent, *ses électeurs ou les intérêts particuliers de sa circonscription*. Une fois élu, il incarne le peuple, l'intérêt général et la République dans son ensemble. Pour le dire autrement, le député n'est pas le dépositaire d'identités particulières (reflétant des lieux, des classes sociales, des genres ou des âges) mais de la volonté générale.

L'électeur, lui-même, est chargé de représenter tous ceux qui ne votent pas.

Comme le résume de manière limpide, le politologue Gilles Delannoi : « La démocratie représentative a été conçue pour créer une élite choisie et contrôlée par le peuple, et non pour donner l'image presque exacte d'une population. La représentation est affaire de volonté et non d'identité. Les représentants sont une émanation plus qu'un miroir. Ce sont des intermédiaires, non des prolongements. Ils agissent "au nom de", pas "à la place de[7]". »

Par où l'on comprend que l'élection n'est pas un choix comme les autres. Il n'a rien à voir avec la sélection d'un produit dans un grand magasin ou avec la réponse donnée à un sondage. L'élection est un choix qui « autorise », c'est-à-dire qui crée de l'autorité. Et cette autorité justifiée par la loi (qui devient donc légitimité) oblige autant le gouverné à s'y soumettre (même si le candidat qu'il avait choisi n'a pas gagné) que le gouvernant à en être digne. À l'inverse, la nostalgie d'un mandat impératif, reviendrait à appliquer une forme de consumérisme en démocratie.

Cette tentation existe. En voici un exemple. Lors des élections législatives de juin 2017, on a pu voir d'étranges affiches électorales. En lieu et place du portrait du candidat, un miroir, et, au-dessous, un slogan et un lien : « Ma voix », http://www.mavoix.info. Les promoteurs de ce nouveau « parti » avaient eu cette idée : présenter des citoyens volontaires, tirés au sort dans une communauté de sympathisants. Élus, ils seraient formés au métier de député par des cours en ligne et s'engageraient à voter pendant toute la durée de leur mandat selon les consignes de vote de leurs électeurs. Celles-ci seraient recueillies, en temps réel, sur une plateforme Internet mise à leur disposition. Aucun programme, donc, mais cette seule consigne : votre député, c'est vous !

L'idée paraît originale et sympathique. Elle est défendue avec ferveur par des militants enthousiastes, qui ne voient pas qu'elle est une trahison totale de l'esprit de la démocratie moderne. Elle ignore la réalité de l'activité de député qui est un travail à temps plein et ne se réduit pas au simple vote des lois. Il y a aussi la délibération en commission, les rapports parlementaires, la force de proposition, les questions au gouvernement, les amendements. Il est très peu probable que les électeurs soient attentifs aux sujets les plus techniques et prêts à donner des consignes à leur député lors des votes nocturnes. Bref, passé l'enthousiasme des premiers jours, le député « ma voix » deviendrait un électron libre sans autre conviction que la sienne : le représentant… de lui-même. Enfin, objection ultime, le mandat impératif est « interdit » par l'article 27 de la Constitution. Ce type d'initiative – et le succès d'estime qu'il peut recueillir – révèle à quel point l'esprit de la démocratie représentative est méconnu.

Une campagne électorale ouverte, pluraliste et équitable

Le troisième principe qui rend l'élection démocratique est l'invention d'un nouveau type de campagne électorale. Pour aller à l'essentiel, disons qu'à l'âge aristocratique le suffrage était public et la campagne confidentielle, tandis qu'à l'âge démocratique le vote est secret et la campagne publique. Cette inversion change tout.

Prenons le cas de l'élection pontificale, qui fut sans doute la plus démocratique des élections aristocratiques. Pendant très longtemps, la procédure n'est pas réglementée. D'ailleurs le pape n'avait à l'origine qu'une prééminence de dignité sans réelle autorité hiérarchique sur les autres évêques. Tout change avec la réforme grégorienne du XIe siècle qui installe le pontife en souverain de l'Église : un « super-abbé », en quelque sorte. À partir de là, son élection est soumise à une attention scrupuleuse. Dès 1059, le corps électoral est mieux défini, réservé aux seuls cardinaux, à l'exclusion des princes laïques. Mais comme parfois l'élection traînait en longueur – il fallut trois ans pour désigner le successeur de Clément IV en 1269 ! –, on mit en place des procédures rigoureuses. Les cardinaux devaient se tenir dans un espace fermé à clé (ce qui se dit « *cum clave* » en latin, et donne donc « conclave ») et la nourriture était rationnée au fil du temps : plus l'élection durait, moins les aliments étaient abondants. La méthode fut, paraît-il, d'une efficacité immédiate. Cependant, ce huis clos était propice aux pressions secrètes, aux marchandages et aux chantages en coulisses ; il y avait des rebondissements, des stratégies alambiquées et des mesures de rétorsion quand on parvenait à savoir pour qui chacun avait voté. Ces divergences devaient être tues, car, en plus des âmes, il fallait sauver l'unité apparente de l'Église. Il eût été inconcevable que l'Esprit-Saint n'éclairât pas d'emblée les princes de l'Église d'une lumière unanime. Au fond une campagne électorale, théâtre des divisions, ne pouvait être que l'œuvre du diable : le grand Séparateur !

Si les campagnes électorales démocratiques n'évitent ni les manipulations, ni les marchandages, ni les rebondissements, elles les rendent pourtant moins aisés, puisqu'elles se passent sous le contrôle permanent du public. Elles sont aussi très strictement encadrées par des règles juridiques, qui en contrôlent l'équité et la loyauté, en termes de financement, de temps de parole, de durée… Mais surtout elles se fondent sur la reconnaissance du fait du pluralisme. Celui-ci n'est plus une tare diabolique, mais un fait premier. Comme l'écrit Samuel Huntington, « les élections ouvertes, libres et impartiales sont l'essence de la démocratie, l'incontournable condition *sine qua non*[8] », même si, par ailleurs, les gouvernements issus de ces élections sont inefficaces, corrompus, myopes, irresponsables, dominés par les intérêts particuliers et incapables.

Soyons clair : de tous les modes de sélection des chefs, l'élection est le plus exigeant. Il n'y aura pas débat si on la compare au tirage au sort qui, par définition, est aveugle sur la compétence, mais c'est aussi le cas avec le concours. Car une campagne électorale démocratique est une épreuve, écrite et orale, physique et intellectuelle, collective et personnelle, qui jauge les compétences, la personnalité et l'endurance d'un candidat, bien mieux que tous les concours du monde. Il arrive d'ailleurs que, de cette épreuve, les candidats ressortent, élus certes, mais aussi anéantis ! Le principal risque n'est pas tant d'être trompé sur la marchandise, que d'avoir usé l'élu avant de pouvoir s'en servir.

Alors, bien sûr, les élections sont toujours décevantes. « Chaque élection, écrivait Paul Claudel en 1914 dans son *Journal*, ouvre une vue d'ensemble sur la bêtise et la méchanceté des Français [...]. Peut-on imaginer un système de gouvernement plus idiot que celui qui consiste à remettre tous les quatre ans le sort du pays [...], non pas au peuple, mais à la foule [...]. Tous les quatre ans La France désigne ses représentants dans un accès de catalepsie alcoolique[9]. » Des rengaines de ce genre reviennent à chaque campagne. Certains y voient une farce, une mascarade ou un cirque ; d'autres un système quasi darwinien de sélection naturelle. Si l'on est démocrate, tous ces points de vue importeront moins que cette conviction : une campagne électorale est la manière dont un peuple, au moment de choisir ses dirigeants, fait sur lui-même un exercice rituel et salutaire d'introspection. Il s'agit d'une forme d'autoréflexion, par laquelle il prend conscience de lui-même, de son identité comme de ses désaccords, de son unité comme de ses fractures, de son environnement international comme de ses projets. Aucun autre régime mieux que la démocratie ne permet de tels moments de réflexion collective. C'est ce qu'écrivait Durkheim : « La démocratie est la forme politique par laquelle la société arrive à la plus pure conscience d'elle-même. Un peuple est d'autant plus démocratique que la délibération, que la réflexion, que l'esprit critique jouent un rôle plus considérable dans la marche des affaires publiques[10]. » Veillons à ce que nos déceptions électorales, inévitables, ne dérivent pas en une dénonciation de l'élection. Car on ne trouvera pas mieux que ce mauvais procédé.

*

C'est donc bien parce que le suffrage est universel, parce que le mandat est représentatif et parce que la campagne est publique et équitable, que les élections sont devenues véritablement démocratiques. Ce qui me conduit à deux conclusions sur cette procédure de désignation des dirigeants.

La première est qu'il faut à mon sens être très prudent, voire méfiant, à l'égard des prétendues « innovations démocratiques » en matière électorale. Sous prétexte de vouloir résoudre la crise de la représentation, elles sont tentées de mettre en cause les piliers démocratiques de l'élection. Ce n'est pas, à mon sens, une bonne idée que de vouloir restaurer le tirage au sort ; ni augmenter le rythme électoral ; ni accorder, au nom de quelque raison que ce soit, plus ou moins de voix à tel ou tel ; ni préférer un vote par note à un vote pour oui/non (vote alternatif) ; ni restaurer le mandat impératif ; ni instaurer une « démocratie liquide » ; ni trop espérer un bouleversement technologique des pratiques électorales… Chacune de ces innovations comporte beaucoup plus d'inconvénients que d'avantages (voir encadré)[11].

Surtout, et c'est ici ma seconde conclusion, contre ces tentations, il convient de rappeler le sens profond de l'élection en démocratie moderne. *Leur fonction n'est pas de donner le pouvoir au peuple, mais de permettre au peuple de donner le pouvoir, ou plus exactement de le prêter, dans les meilleures conditions et avec les meilleures garanties.*

Ce qui ne veut pas dire que le rôle du citoyen se borne à cela, mais il faut que cette fonction « autorisatrice » (c'est-à-dire pourvoyeuse d'autorité) soit scrupuleusement préservée de tout parasitage.

C'est ce que disait déjà Montesquieu quand il écrivait que le peuple « ne doit entrer dans le gouvernement que pour choisir ses représentants, ce qui est très à sa portée. Car, s'il y a peu de gens qui connaissent le degré précis de la capacité des hommes, chacun est pourtant capable de savoir, en général, si celui qu'il choisit est plus éclairé que la plupart des autres ». Car la multitude, en dépit de ses défauts (versatilité, inconséquence…), a cette vertu de « discerner le mérite ». De même pour Schumpeter : « Le rôle du peuple consiste à accoucher d'un gouvernement […]. La méthode démocratique est le système institutionnel, aboutissant à des décisions politiques, dans lequel les individus acquièrent le pouvoir de statuer sur ces décisions à l'issue d'une lutte concurrentielle portant sur les votes du peuple[12]. »

La démocratie moderne, ce n'est pas l'anarchie. La première repose sur l'élection ponctuelle de quelques-uns ; la seconde sur la participation constante de tous. Les deux systèmes, je l'ai dit, ont leur cohérence propre et leur puissance respective. Mais que l'on ne vienne pas dire que la démocratie n'est pas démocratique sous prétexte qu'elle n'est pas anarchiste. Bref, ce n'est pas l'élection mais bien sa critique qui est un piège à c…

Deux fausses bonnes idées

1) L'élection par « jugement majoritaire »

Il s'agirait d'un scrutin majoritaire au cours duquel, au lieu de voter pour un candidat et un seulement, chaque électeur donnerait une note ou une appréciation à *tous* les candidats. Par exemple, six appréciations pourraient être envisagées : à rejeter, insuffisant, passable, assez bien, bien, très bien. L'élection aurait lieu en un seul tour et chacun pourrait donner la même mention à plusieurs candidats. Pour avoir le résultat, on ferait le compte de toutes les mentions pour chacun des candidats en commençant par les « très bien ». On noterait le nombre sur des colonnes et c'est la médiane qui déterminerait le gagnant, c'est-à-dire le point qui coupe l'électorat en deux parties égales (50 % au-dessus et 50 % en dessous). Le candidat dont le point médian est situé dans la meilleure mention (mettons Bien) serait élu. Trois pays ont déjà adopté un mode de scrutin de ce type : l'Australie, l'Irlande, la Lettonie. Au Royaume-Uni, en 2011, la proposition d'une telle transformation a été proposée au référendum pour l'élection des députés à la Chambre des communes ; et les Britanniques l'ont largement rejetée.

Les défenseurs de ce type de scrutin disent qu'il est plus fidèle et qu'il permet d'éviter l'effet de dispersion des voix d'un même camp qui présenterait plusieurs candidats proches. Mais il y a un inconvénient grave : le flou. Car, en introduisant des notes ou des mentions, il introduit aussi les différences d'appréciation que l'on retrouve dans toute espèce de notation scolaire : un « assez bien » (ou 11) des uns, peut être un « passable », voire un bien pour d'autres. Et il crée tout une autre série de biais. Mais l'objection la plus décisive, à mes yeux, est celle-ci. Le vote actuel offre deux possibilités : choisir ou ne pas choisir. Elle confronte le citoyen-électeur à ce qui constitue la réalité de l'exercice du pouvoir, à savoir : la décision. Et celle-ci doit trancher dans le réel qui n'est jamais l'idéal.

2) Restaurer le tirage au sort ?

Le tirage au sort revient à la mode ! Ses nouveaux partisans y voient une solution efficace aux défis de la démocratie hypermoderne[13]. Pourquoi ? D'abord, parce qu'il évite une coûteuse compétition électorale en créant une forme d'impartialité (comme dans les jurys d'assises) ; ensuite, parce qu'il ouvrirait les mandats à tous les citoyens en organisant une rotation des charges claire et impartiale contre la captation des mandats par les notables et les professionnels de la politique. L'idée semble donc excellente pour contrecarrer certaines dérives de la politique contemporaine. Il faut pourtant y regarder de plus près et dans le détail : souhaite-t-on un tirage au sort qui parte de l'ensemble de la population ou seulement des volontaires aux fonctions proposées ? Désire-t-on désigner une assemblée seulement consultative ou des autorités législatives, voire les organes exécutifs d'une nation ? Tout cela fait débat, mais il y a trois arguments, à mes yeux définitifs, qui plaident contre son principe même.

D'abord, en prétendant « neutraliser » les conflits politiques, le tirage au sort élimine la délibération électorale : plus besoin de campagne ni d'échange d'arguments. Réduite au silence, la démocratie y perd son socle essentiel et la politique sa raison d'être.

Ensuite, même si elle n'est pas équitable de manière optimale, la campagne électorale est un processus méritocratique qui permet de voir des candidats à l'œuvre dans la conquête du pouvoir. Cela ne garantit pas qu'ils soient à aptes à bien gouverner, mais cela donne une impression générale de leurs qualités et de leurs défauts pour affronter l'adversité. La capacité d'un individu à traverser ce parcours du combattant sous le regard du public en dit déjà beaucoup.

Enfin, le tirage au sort ne permet en rien de résoudre le principal problème des gouvernements démocratiques, à savoir leur déficit de légitimité. On ne voit pas en quoi le tirage au sort serait plus performant que le vote majoritaire pour en conférer. Sans doute, dans un premier temps, pourrai-je me reconnaître dans l'heureux élu, puisque « ç'aurait pu être moi », mais, dès que des mesures un peu rigoureuses seront prises, j'en viendrai immanquablement à me dire : « Mais pour qui se prend ce lambda venu de nulle part ? »

L'histoire montre d'ailleurs que le tirage au sort a été très rarement utilisé pour les fonctions strictement gouvernementales. En ce sens, il n'existe pas de véritable klérocatie. Certes, il arrive que l'on tire les rois pour l'Épiphanie, mais cet héritage burlesque des Saturnales romaines est « pour rire ».

Quelles qualités pour gagner ?

> « Mais je n'en ai aucune. Les vertus qui conviennent à un roi,
> Justice, vérité, tempérance, équilibre,
> Générosité, persévérance, miséricorde, humilité,
> Dévotion, patience, courage, force morale,
> Je n'en ai nulle trace, mais je regorge
> De toutes les variations de chaque crime,
> Et je les joue de bien des façons. »
>
> William SHAKESPEARE, *Macbeth*, IV, 3.

François Mitterrand avait coutume de dire que, pour gagner une présidentielle, il suffisait de trois choses : d'abord, un candidat expérimenté, doté d'une santé de fer (*sic !*), ensuite un parti en ordre de marche et, enfin, sinon un programme, à tout le moins deux ou trois bonnes idées. Il y a une « légère » coquetterie dans l'énoncé de cette recette qui paraît aussi aisée qu'une martingale. Mais c'est le propre des grands chefs en politique comme en gastronomie : vue de loin, leur cuisine semble un jeu d'enfant. En vérité, chacun de ces trois éléments ouvre des abîmes de complexité et il manque encore l'ingrédient principal : la chance. Cette *fortuna* dont Machiavel a désespérément tenté de faire le portrait dans la plupart de ses écrits.

Prenons néanmoins au sérieux la formule de l'admirateur français de Machiavel, car elle esquisse bien ce qui pourrait être comme un cahier des charges de l'art électoral des démocraties hypermodernes. Transformons simplement l'affirmation en questions : pour gagner une élection, que faut-il, de nos jours, comme qualités, comme moyens et comme idées ?

Une brève histoire des vertus princières

C'est le grand problème des démocraties : elles ont besoin d'un prince mais peinent à l'admettre. Quand il s'exprime, on parle de populisme ou de démagogie ; mais, dès qu'il est frustré, on parle de manque de courage, d'impuissance et de défaut d'incarnation. Entre les deux, point de milieu, car le chef démocrate dès qu'il « sort du rang » risque aussi de sortir du peuple. Quand il réussit, il échoue, comme s'il cessait d'être démocrate au moment même où il devient chef. Pourtant le terme « prince » lui va bien, car, à la différence du roi, qui est « au-dessus », il est celui qui est « parmi » ou « *primus inter pares* ». Comment peut-il conquérir puis exercer un pouvoir qu'il n'a, pas plus que ses autres concitoyens, de légitimité évidente à revendiquer pour lui ?

Cette question nous renvoie à Machiavel, le plus grand théoricien de la *conquête du pouvoir*, dont certaines leçons continuent de valoir en dépit d'un contexte historique bien différent.

Lorsqu'il rédige *Le Prince*, au début du XVIe siècle, l'Italie est dans un chaos profond. La vague républicaine qu'avait suscitée la lutte des cités contre le Saint Empire connaît un reflux général. Hormis Venise, toutes les républiques basculent vers des gouvernements autocratiques. C'est dans ce contexte qu'une nouvelle figure émerge, le *condottiere* : aventurier et arriviste, chef de guerre et stratège politique, parrain avant l'heure, prêt à tout pour s'imposer dans sa ville et y fonder une dynastie. Comment ce prétendant – qu'il s'appelle Francesco Sforza ou Cesare Borgia – va-t-il s'installer durablement ? Tel est le problème du *Prince*, et accessoirement de Machiavel qui aimerait bien se placer comme conseiller auprès d'un personnage de cette sorte.

La pensée politique traditionnelle n'offre guère de solution à cette question ; car, au moment où Machiavel écrit, il y a, sur le marché des idées, deux modèles de bon prince : le prince païen et le prince chrétien.

Ces deux figures idéales reposent sur une même conviction : le prince doit être vertueux. Il ne s'agit pas là d'une simple question de « morale », mais plutôt d'un impératif logique résumé par cette proposition : « Nul ne peut gouverner les autres s'il n'est pas capable de se gouverner lui-même. » Le maître doit être vertueux, parce qu'il doit d'abord être maître de lui-même, c'est-à-dire apte à résister à ses pulsions et passions, ce qui est la définition même de la vertu. C'est sur cette base que se comprend la liste des « vertus cardinales ». Elle a été, dit-on, élaborée par Pythagore, puis diffusée par Platon (*République,* IV). Quatre vertus individuelles sont requises : le courage, la tempérance, la justice, la sagesse (ou la prudence). Ce qui justifie cette liste, c'est que, sans ces vertus, la vie collective est inconcevable. Sans courage, ce sont les peurs délétères qui l'emportent au point de rendre impossible toute confiance ; sans tempérance, la quête frénétique de la jouissance personnelle s'impose au détriment d'autrui ; sans justice, jalousie et envie triomphent et sapent tous les liens humains ; sans sagesse, enfin (ou, à tout le moins, prudence, qui est une sagesse pratique), la vie humaine se réduit à la bêtise, à l'abrutissement, aux calculs à courte vue et au règne de l'intérêt immédiat. Pour l'homme politique, on préférera d'ailleurs la prudence à la sagesse, d'abord parce que celle-là est moins théorique que pratique et plus collective qu'individuelle (la sagesse tend à isoler du commun des mortels) ; ensuite, parce qu'elle est un art d'application : elle désigne la qualité de celui qui voit quand et comment il faut être courageux, tempérant, juste. Sans cette vertu, aucune n'est effective ; elles restent de purs idéaux[14].

Mais cette liste de qualités nécessaires n'est pas encore suffisante pour désigner le grand chef. Il faut quelque chose que les autres n'ont pas – un supplément d'âme pour asseoir son autorité : le charisme ou la grâce[15]. Et c'est là que les idéaux païens et chrétiens du chef vont diverger.

Pour les auteurs antiques, cette grandeur supplémentaire est fournie par une sorte d'héroïsme cosmique. Si le chef doit être un héros, ce n'est pas parce qu'il doit en mettre plein la vue – en imposer pour s'imposer ! –, c'est plutôt parce qu'il doit être créateur de monde. Il lui faut mettre de l'ordre (du cosmos) en lui et autour de lui afin de faire durer la fugacité humaine : celle de l'individu comme celle du groupe (voir encadré). Or seule la gloire offre un semblant de pérennité à la contingence humaine, à condition toutefois qu'elle se garde de ce péché capital qu'est l'*hubris*, la démesure. Celle-ci bouleverse, sépare et dérègle, tandis que celle-là ordonne, organise et attire. Le Héros est un révélateur du cosmos ; il relie les hommes et les choses comme un aimant attire le fer. Cela le fait dépasser les vertus communes : il doit parfois donner et pardonner au-delà de la stricte justice ; être courageux au-delà de la prudence ; audacieux au-delà de la tempérance… sans jamais pourtant céder à la folie des grandeurs.

Le chef cosmopolitique selon Cicéron

C'est peu de dire que le terme « cosmopolite » s'est affadi : il désigne de nos jours une ville « sympa », où l'on trouve, dans une atmosphère festive, des restaurants du monde entier, une population culturellement bigarrée, qui vit en bonne intelligence. Image de la mondialisation heureuse, c'est un qualificatif de choix pour une brochure touristique. Rien à voir avec le sens philosophique originel. Ce que l'on perçoit en lisant la *République* de Cicéron, notamment ce passage tout à fait étonnant, resté fameux sous le titre : « Le songe de Scipion ».

Nous sommes en 149 av. J.-C., au début de la troisième guerre punique. Scipion Émilien, futur destructeur de Carthage, est alors légat de légion. Il est envoyé en Afrique et se rend auprès de Massinissa, roi de Numidie. Leur soirée se passe à deviser et à raconter des souvenirs. Massinissa a bien connu le grand-père adoptif de son hôte, Scipion l'Africain, vainqueur d'Hannibal, ainsi que Paul-Émile, son père par le sang. Après cette agréable soirée, Scipion s'endort et fait un rêve avec le récit duquel Cicéron clôt sa *République,* comme le mythe d'Er avait achevé celle de Platon.

Scipion est accueilli dans les régions célestes par son grand-père et son père qui lui expliquent l'organisation cosmique du monde et lui révèlent l'immortalité de l'âme. Ils lui montrent que l'âme des hommes politiques vertueux jouira d'une félicité éternelle dans la Voie lactée. Le songe est un sublime exercice littéraire qui résume en quelques pages et trois moments toute la pensée cosmologique antique. Il émerveille d'abord le lecteur en lui révélant l'immensité et l'harmonie de l'Univers : la disposition des neuf sphères célestes enchâssées, dont l'ultime est celle du « dieu suprême », où sont attachées les étoiles fixes, puis, en descendant par degré, chacun des sept cercles mus en une régularité parfaite : Saturne, Jupiter, Mars, Soleil, Vénus, Mercure, puis la Lune, frontière avec le monde mortel. Il l'accable ensuite en lui montrant l'extrême petitesse de la Terre, dernière sphère, immobile et basse, vers qui « tendent tous les corps lourds et périssables ». Sur cette Terre, la vie humaine est fragile, désordonnée, vaine. Comment pourrait-on y rêver de gloire ? « Quand bien même la postérité, les générations futures, succédant sans cesse à d'autres générations, voudraient transmettre à ceux qui viendront après elles le nom de chacun de nous, les révolutions du globe, déluges, embrasements qui reviennent périodiquement, parce que telle est la loi, ne permettent pas que nous puissions obtenir, je ne dis même pas une gloire éternelle, mais une gloire de longue durée » (VI, 13). Pourtant, il le console, enfin, de cette vie dérisoire en lui rappelant que l'éternité est à sa portée pourvu qu'il comprenne et accepte l'ordre profond des choses. « Sache-le bien, ce n'est pas toi qui es mortel, mais ton corps. [...] Sache donc que tu es un être divin. On peut appeler divin le principe qui vit en toi, qui est doué de sentiment, de mémoire, de prévision et qui dirige et gouverne le corps qui lui est soumis, comme le premier des dieux régit et gouverne le monde. Et tout de même qu'un dieu éternel meut un monde en partie périssable, une âme immortelle meut un corps incapable de durer » (VI, 24).

Il en va de même de la politique. Pour Cicéron, la cité est à l'image du cosmos : éternelle. C'est en tout cas ainsi qu'elle doit être conçue et ainsi que Rome l'a été : l'équilibre des institutions, qui à la fois promeut et limite ses différentes composantes (à savoir le peuple, les grandes familles, les chefs) permet d'envisager un cycle sans fin. Telle est la recette du gouvernement mixte : « Une cité doit être organisée de telle sorte qu'elle soit éternelle. Aussi n'y a-t-il, pour un État, aucune mort naturelle comme il y en a une pour un homme, chez qui

la mort est non seulement nécessaire mais très souvent souhaitable » (III, 23). Mais il arrive que ce cercle vertueux se rompe et qu'un déséquilibre morbide apparaisse mettant en péril la vie même de la République. C'est alors que les hommes, clairvoyants et sages, sont requis pour redresser la situation. L'homme politique, qui n'a qu'un rôle de gardien des institutions en temps normal, devient crucial en temps de crise comme le médecin du collectif. Si la puissance romaine rend la République invincible à l'extérieur, elle la fragilise à l'intérieur. Exposée à la *luxure* et à l'indiscipline, elle risque d'entrer dans le cycle de l'autodestruction, caractérisée par l'alternance de la tyrannie et de l'anarchie.
Pour éviter cette dérive, il faut un chef que Cicéron décrit ainsi : ce sera un *princeps*, homme de raison et de prestige, juriste, législateur, prudent, homme d'État, orateur ; son rôle sera celui d'un *moderator*. Soit le portrait craché de… Cicéron ! « Les premiers parmi les citoyens, ceux qui gouvernent, sont de race divine et c'est au ciel qu'ils retournent » (VI, 13).

Pour les chrétiens, c'est là chose impossible. L'héroïsme ou la superbe sont des ruses du Malin qui font oublier à l'homme que seul Dieu est créateur du Monde ; lui seul a les clés de l'éternité ; lui seul est grand. Sans doute l'héroïsme est-il possible pour l'homme, mais il faut que ce soit celui de la foi, qui exige une humilité totale face à l'unique et exclusive gloire divine. C'est la raison pour laquelle la liste des vertus cardinales se complète, chez les chrétiens, des trois vertus théologales : la foi, l'espérance et la charité. Elles permettent d'accéder à la vraie grandeur ; elles confèrent au chef la légitimité authentique ; elles permettent le « charisme » chrétien, dont l'hagiographie de Saint Louis offre une image quasi parfaite[16].

Le roi très chrétien selon Saint Louis

Le testament de Saint Louis à destination de son fils, futur Philippe III le Hardi, est une longue leçon de morale et de religion où politique, guerre et manœuvres sont autant de dangers de péchés mortels. Et s'il faut s'y résigner, il convient de le faire en conscience et en tentant toujours d'en atténuer les effets les plus graves.

« Tu dois te garder de toutes choses que tu penseras devoir déplaire [à Dieu] et qui sont en ton pouvoir, et spécialement tu dois avoir cette volonté que tu ne fasses un péché mortel pour nulle chose qui puisse arriver, et qu'avant de faire un péché mortel avec connaissance, que tu souffrirais que l'on te coupe les jambes et les bras et que l'on t'enlève la vie par le plus cruel martyre. » Voilà le type de décision qui caractérise le saint roi. Nul souci de gloire, hormis celle de Dieu ; nul conseil de calcul, sauf celui qui conduit au salut ; nulle recommandation tactique, excepté pour plaire au Créateur. Plus tard, à l'âge de la raison d'État, le cardinal de Richelieu n'avait pas coupé ce fil ; lui qui, à côté de ses obscures manœuvres et autres « coups d'État », s'était, toute sa vie, attaché à la rédaction d'un seul livre : *Traité de la perfection du chrétien.* Nul paradoxe ici, mais profonde logique : renforcer le royaume, c'est œuvrer pour la paix ; et seule la paix permet le salut.

Machiavel rédige son œuvre à une époque où ces deux idéaux ont du plomb dans l'aile, malgré les sublimes penseurs que furent Thomas d'Aquin (qui vantait le roi très chrétien au XIIIe siècle) et Pétrarque (qui ressuscite le prince antique au XIVe siècle). À l'âge renaissant, les papes, les rois ou les empereurs offrent non seulement une bien piètre image de la vertu, mais ils manquent surtout de faire advenir la paix et le *vivere libero* (vie libre) auxquels les hommes aspirent. Bref, ils ont échoué !

Condottiere virtuoso

Le *condottiere* n'entre dans aucune de ces deux catégories. D'abord il est, par définition, celui qui vient troubler l'ordre établi puisqu'il n'est pas un héritier ; ensuite il est indifférent au salut, privé comme public. Son but n'est ni l'ordre cosmique ni la sainteté théologique, mais « la conquête et la conservation du pouvoir ». Ce qui, pour Machiavel, dans le contexte troublé de la Renaissance italienne, est bien suffisant pour espérer une paix temporaire.

Quelles seront donc ses qualités requises ? Pour le Florentin, elles se résument à deux : la *virtù* et la *fortuna*.

La première n'a plus grand-chose à voir avec les vertus cardinales antiques ou les vertus théologales médiévales. On en comprend le sens machiavélien à partir de son dérivé : *virtuoso*. La vertu du chef est un mystérieux mélange d'énergie, de talent, de créativité, d'intelligence des situations et d'intuition des rapports de forces. Tout ce qui fait du prince un vrai *artiste* politique et un être libre.

La seconde semble ne pas relever du registre de l'action humaine. Elle est pourtant indispensable à sa réussite. Pour l'auteur du *Prince*, le terme ne désigne ni la chance (ou *bonne* fortune), ni le malheur (ou *mauvaise* fortune), ni, comme chez les Anciens, le destin inflexible ou une déesse bienveillante, ni, comme chez les chrétiens, la providence divine. Elle qualifie le flux indifférent, changeant et incertain de l'histoire auquel il convient toujours de s'adapter mais que l'on peut aussi infléchir par l'intelligence et la volonté.

Machiavel en sait quelque chose. La funeste année 1494 en fut pour lui l'illustration parfaite. Alors que l'Italie jouit d'une tranquillité et d'une prospérité remarquables, l'arrivée imprévisible et brutale des Français bouleverse le paysage politique. Tout ce qui était établi devient mouvant ; tout ce qui était sûr devient incertain ; les repères s'effondrent, comme dans une crue soudaine qui emporte tout sur son passage. Voilà l'effet de la fortune : elle rappelle à l'homme sa contingence et le plonge dans le *vertige*. À Florence, c'est une séquence improbable : l'occupation de la ville par les troupes de Charles VIII, l'expulsion de Pierre II de Médicis, la prise du pouvoir par Savonarole, puis sa chute suivie du retour des Médicis avec Laurent II en 1512 ; enfin, à partir de 1520, l'entrée de Charles Quint dans le jeu italien, qui achève de plonger l'ensemble de la péninsule dans le chaos… Face à de tels événements, la prudence ne suffit pas, car la Fortune, aveugle, ne voit rien des belles vertus humaines ; mais l'énergie, l'intelligence, la capacité d'adaptation, l'esprit d'initiative peuvent tout de même la « forcer ». « La fortune, écrit Machiavel, manifeste [d'autant plus] sa puissance, là où il n'y a pas de *virtù* préparée pour lui résister » (chapitre 25). Son pouvoir, estime Machiavel, concerne la moitié de nos actions ; elle laisse l'autre moitié à l'usage de l'action libre. La principale qualité du prince est de « disposer d'un esprit en mesure de tourner selon ce que les vents de la fortune et les variations des choses lui commandent » (chapitre 18).

Cela ne signifie pas que l'homme soit le jouet des circonstances, mais au contraire qu'il doit en jouer pour réaliser les fins qui lui sont propres, et, le cas échéant, renoncer temporairement à les réaliser. Car la fortune n'est pas la reine absolue de nos destins ; la *virtù* est l'art de s'adapter à la fortune pour réaliser ses propres fins. Il n'y a donc qu'une seule règle générale et immuable de l'art politique : celle qui pose qu'il n'y a aucune règle générale et immuable.

Tout ce que l'on peut dire, c'est que la *virtù* n'est rien sans la *fortuna* ; et la *fortuna* rien sans la *virtù*.

> Celui qui serait assez sage pour avoir connaissance du temps et de la conjoncture propices, et pour se régler sur eux, aurait toujours fortune amie, ou du moins se garderait toujours de l'ennemi, et le dicton se trouverait véridique que « le sage commande aux astres et aux destins ». Mais comme ces sages-là n'existent pas, les hommes ayant la vue courte, et étant incapables de commander à leur nature, il s'ensuit que c'est la fortune qui change, commande aux hommes et les tient sous le joug[17].

La *vertu fortunée*, qualité essentielle du prince selon Machiavel, est donc cette aptitude qui permet au héros d'imprimer sa marque sur le cours du temps. Elle lui permet : 1) de rendre visible et lisible ce qui est aveugle ; 2) d'infléchir ce qui semble inflexible ; 3) de donner un sens (une orientation et un but) à ce qui semble aléatoire. Bref, la *virtù* transforme le flux du temps en histoire.

Pour ce qui est des autres vertus (pitié, foi, intégrité, humanité, religion), qu'elles soient païennes ou chrétiennes, Machiavel conclut qu'il « n'est donc pas nécessaire à un prince de [les] posséder toutes […] ; ce qu'il faut, c'est qu'il paraisse les avoir. Bien mieux […], s'il les avait et les appliquait toujours, elles lui porteraient préjudice ; mais si ce sont de simples apparences, il en tirera profit » (chapitre 18).

L'âge des *condottieri* se clôt avec Napoléon, et Silvio Berlusconi ne porte ce surnom que par une analogie bien lointaine.

Candeur démocratique

Grandeur païenne, humilité chrétienne ou rouerie machiavélienne : quel modèle doit adopter le candidat pour une élection démocratique ? La solution de Machiavel semblera d'abord la plus sûre : être maître en art politique, tout en donnant à croire que l'on est saint et héros. Mais l'élection comporte une difficulté : elle est, on l'a dit, un processus de sélection très exigeant, voire le plus exigeant de tous, puisqu'il ne suffit ni de naître d'un chef, ni d'être inspiré par le ciel, ni de gagner en combats ou intrigues. L'élection démocratique est une épreuve totale et longue, moins binaire qu'une bataille, comportant d'innombrables examens, écrits comme oraux, physiques comme intellectuels… le tout sous le regard continu et défiant d'un public qui compose aussi le jury. Et qui a toujours en tête les vertus classiques du prince idéal.

Dans la République romaine, celui qui se présentait à l'élection consulaire se distinguait des autres citoyens par le port d'une toge blanchie à la craie. Cette habitude est à l'origine du mot « candidat », du latin *candidus* qui signifie blanc et que l'on retrouve dans candeur ou candide. Dans la démocratie contemporaine, l'électeur souhaiterait que les candidats fussent plus blancs que blancs : c'est l'âge de la transparence qui rend difficile de faire durablement étalage de vertus qu'on ne possède pas vraiment. Un candide aurait-il la moindre chance comme candidat ?

Le prince démocratique représente donc une version hyperbolique des princes du passé, dont il doit adopter les qualités contradictoires. À la fois proche et lointain, profane et sacré, expert et magicien, honnête et calculateur, autoritaire et consensuel, inflexible et ouvert, guerrier et pacificateur, ambitieux et modeste… et l'on pourrait multiplier l'inventaire de ces doubles contraintes.

Dans ces conditions, comment s'étonner que nous soyons, nous autres citoyens-électeurs, toujours déçus ? Cette déception ne vient pas de la piètre qualité de nos élus, mais de la folie de nos attentes. Apprenons donc à devenir des citoyens raisonnables et soyons à la hauteur de notre majorité civique, bref : devenons un peu adultes.

Quels moyens pour vaincre ?

« En période de campagne électorale, il n'y a pas de réalité qui tienne. »

Viktor Orbán,
Discours sur l'état de la nation, 18 février 2018.

En matière électorale, si la fin souvent justifie les moyens, aucun moyen jamais ne garantit la fin. Ni l'argent, ni l'influence, ni le programme, ni la com', ni l'organisation, ni les promesses ne suffisent. Le premier défi est de parvenir à susciter, au-delà de l'adhésion qui s'exprimera dans le suffrage, l'engagement volontaire de certains citoyens pour contribuer activement à la campagne et au succès espéré.

Or, si l'on jette un regard ample sur la vaste histoire des campagnes électorales, on voit qu'il y a trois manières de réunir l'énergie militante nécessaire à la victoire. Pour gagner, un candidat peut s'appuyer soit sur une *clientèle*, soit sur un *parti*, soit sur un *mouvement*. Ces trois types de campagnes fournissent des modèles, mais aussi des jalons dans la genèse des élections. Je voudrais ici montrer qu'ils ne se sont pas succédé mais se sont plutôt accumulés. Autrement dit, si ni la clientèle ni le parti ne suffisent plus pour gagner, on aurait tort de croire que le *mouvement* serait l'ultime panacée ! Il est d'ailleurs encore très flou, comme on va le voir. Mais repartons du début.

L'âge clientéliste

Nous sommes en 64 av. J.-C. Marcus Tullius Cicéron, âgé de 40 ans, présente sa candidature au consulat. Déjà célèbre comme orateur et avocat, il va pourtant avoir fort à faire. Car, *Homo novus*, comme on disait alors (c'est-à-dire à peu près : « parvenu »), il n'appartient pas à la caste supérieure des sénateurs. L'élection serait pour lui une porte d'accès. La fonction de consul est majeure, puisque les deux vainqueurs exercent collégialement pendant un an tous les pouvoirs civils et militaires. Ils sont élus par l'ensemble des citoyens romains réunis en « comices centuriates » sur le champ de Mars. L'élection n'a rien de démocratique, car, si les citoyens sont égaux en droit, leur rôle politique est fonction de leur rang social et de leur fortune. Il n'empêche ; c'est une vraie campagne électorale et il faut convaincre toutes les « centuries », des plus populaires aux plus élevées. Celle de l'année 64 est particulièrement tendue. En effet, l'un des candidats et principal adversaire de Cicéron est Catilina. Aristocrate ruiné, mais toujours influent, il entend faire de cette élection un tremplin pour rebondir politiquement avec l'intention de tenter un coup d'État.

C'est dans ce contexte que le jeune frère de Cicéron, Quintus, de deux ans son cadet, lui-même engagé dans la carrière politique, lui adresse une lettre pour le conseiller dans sa campagne électorale. On dispose là d'un document rare, qui non seulement nous éclaire sur la situation politique romaine mais plus généralement sur la nature d'une campagne électorale.

Rien n'est dit sur le programme, qui semble importer assez peu mais beaucoup sur la méthode. Et cette méthode est, au sens strict, « clientéliste ». Il s'agit pour le candidat de s'imposer comme un patron (*patronus*) – on pourrait dire « parrain » – à la tête d'un vaste réseau d'influence et d'un système complexe de liens intriqués. Et Quintus rappelle à son frère comment procéder…

Cela commence dès le matin. Il faut que les *clients* arrivent en masse chez leur patron lors de la *salutatio* matinale. La file d'attente sera le signe de l'importance du personnage. Puis, tous doivent l'accompagner en cortège dans ses déambulations sur le forum, le mettre en rapport avec d'autres pour élargir son cercle et lui faire la claque pour étaler sa popularité. Ce cortège doit être varié en âge et en classe sociale afin de « ratisser large ». Le comportement du patron doit être guidé constamment par la *gratia* : terme qui désigne aussi bien la reconnaissance et la générosité que l'influence et le crédit. Cet apparat absolument nécessaire n'est toutefois pas suffisant.

Et Quintus rappelle en outre à son frère le b.a.-ba de la manipulation politique. Il le fait sans vergogne comme une donnée intangible. Il faut savoir flatter les électeurs et être assidu auprès d'eux ; se rappeler vraiment leurs noms, ne pas se contenter de se les faire souffler. Les services rendus, les espérances d'avantages futurs ou la seule sympathie peuvent y contribuer. Ensuite, il faut à tout moment être attentif à sa réputation et ne pas hésiter à ternir celle de ses adversaires par « un soupçon d'infamie (crime, débauche ou corruption) en accord avec leur caractère ». La menace d'un procès peut aussi effrayer les adversaires, puisque Cicéron est alors le virtuose des tribunaux, le roi de la rhétorique. Il faudra aussi être précis dans le quadrillage territorial et social de l'électorat, aucun lieu ni milieu ne doivent être négligés. Cicéron ne doit pas mégoter sur l'*ambitio* : ce terme, qui donnera « ambitieux », désignait alors… la tournée électorale. Et puis il s'agira d'être flamboyant, sublime, grandiose, tout en étant ouvert, accessible et affable ; laisser espérer sans rien promettre. Enfin, il faudra être tout entier consacré à son but et se répéter pour soi-même chaque jour en descendant au forum, entouré de sa cour : « Je suis un homme nouveau ; Je suis candidat au consulat ; Il s'agit de Rome. » Rien d'autre ne doit compter : le but, sa grandeur, les contraintes.

Le cynisme de ces conseils pourra choquer mais, même si le contexte a changé, ils continuent de valoir pour toute campagne électorale. D'ailleurs, les éditeurs contemporains ne s'y sont pas trompés puisqu'ils ont utilisé comme titre – vendeur – du texte, la dernière phrase de la lettre : « Je voudrais que ce petit *Manuel de campagne électorale soit tenu pour parfait en tout point*[18]. » L'édition italienne fut d'ailleurs préfacée par Giulio Andreotti (1919-2013), l'ancien président du conseil italien, un orfèvre en la matière !

En tout cas, les conseils du petit frère furent efficaces : Cicéron fut triomphalement élu consul avec Antonius comme collègue pour l'année 63. Les derniers mois de son mandat verront éclater la conjuration de Catilina. Cicéron, qui la dénoncera par des discours mémorables, recevra, par un décret d'urgence, des pouvoirs exceptionnels.

Pour le regard d'aujourd'hui, ce sont là de bien mauvaises manières dignes d'un autre âge. Et, dans le meilleur des cas, s'il faut s'y résoudre, on y verra la maladie infantile d'une démocratie émergente.

Autre époque, autre récit. Nous sommes à l'aube de la démocratie française. Alexis de Tocqueville raconte son élection pour l'Assemblée constituante d'avril 1848, la première au suffrage universel masculin. Il se présente à Valognes, proche de son « fief » de Tocqueville, d'où il part, le matin du 23 avril, en compagnie des 170 électeurs de son village. Ils se rendent tous au bureau de vote situé dans le bourg voisin. Le cortège suit l'ordre alphabétique – et le candidat Tocqueville tint à le respecter. Mais, arrivé en haut de la colline voisine, on lui demande de parler : « Je rappelai à ces braves gens la gravité et l'importance de l'acte qu'ils allaient faire ; je leur recommandai de ne point se laisser accoster ni détourner par les gens, qui, à notre arrivée au bourg, pourraient chercher à les tromper ; mais de marcher sans se désunir et de rester ensemble, chacun à son rang, jusqu'à ce qu'on eût voté. » Tocqueville ajoute : « "Que personne, dis-je, n'entre dans une maison pour prendre de la nourriture ou pour sécher (il pleuvait) avant d'avoir accompli son devoir." Ils crièrent qu'ainsi ils feraient et ainsi ils firent. Tous les votes furent donnés en même temps, et j'ai tout lieu de penser qu'ils le furent tous au même candidat[19]. »

Dans ce récit, qui mêle le paternalisme d'Ancien Régime aux pratiques des temps nouveaux, on perçoit une forme de rite initiatique à l'esprit républicain. C'est l'âge des notables, où l'aristocratie électorale sert de chaînon intermédiaire avec la démocratie véritable. Et, presque toujours et partout, la démocratie a commencé par l'élection des élites sociales, plus ou moins parvenues. Ce fut le cas, par exemple, au Mexique avec le Parti révolutionnaire institutionnel (dont le nom est à lui seul un programme !), au Japon (voir encadré) ou en Italie avec la démocratie chrétienne. Ce fut aussi le cas dans l'Inde devenue indépendante (1947), où le « parti » au pouvoir de Nehru (le Parti du Congrès) reposait sur des « boss » régionaux qui étaient à la tête d'un réseau de notables locaux, héritiers des roitelets d'antan. Ces hommes disposaient de véritables « banques de votes » constituées du stock de voix de leurs obligés (débiteurs, tenanciers, employeurs, etc.) ou simplement de ceux qui prêtaient allégeance à un leader local. Le pouvoir central était continuellement contraint de négocier avec les piliers de ce dispositif à deux étages s'il voulait gagner les élections[20].

On a déjà là affaire à du clientélisme sophistiqué, puisqu'il s'est aggloméré avec la deuxième méthode de conquête : le parti, technique qui dépasse et parfois intègre le système clientéliste.

Comment la démocratie japonaise s'est-elle guérie du clientélisme ?

Jusqu'en 1993, chaque circonscription japonaise élisait, selon sa taille, de 3 à 5 députés, au scrutin uninominal. Plusieurs candidats du même parti – et notamment du Parti libéral démocrate (PLD fondé en 1955) – pouvaient se présenter. Mais la multiplicité des candidats faisait qu'il suffisait souvent de 5 à 15 % des voix pour obtenir un siège. Les candidats consacraient tous leurs efforts à s'assurer la fidélité d'un noyau dur de supporters – le *jiban* – sans se soucier du reste de l'électorat ni d'ailleurs de l'intérêt général. Les députés PLD concurrents entre eux s'acharnaient donc à rendre des services locaux, à multiplier des cadeaux, à recueillir les subventions. Pour y parvenir, ils mettaient en place des écuries électorales (les *koênkai*) qui ressemblaient à de véritables entreprises de services, avec salariés à plein temps et fonds propres colossaux. Ces *kôenkai* quadrillaient le terrain et pouvaient se transmettre de père en fils. Les élections mettaient en jeu des sommes astronomiques – 500 millions de yens (soit 5 millions d'euros) *par député* en année électorale ! – et la corruption était généralisée.

En 1993, le PLD connaît une grave scission (entre PLD et le Parti démocrate du Japon, PDJ) et une défaite aux législatives. La réforme électorale, qui a suivi, a largement brisé le système du *jiban*. Désormais 295 des 475 députés sont élus dans des circonscriptions à un seul siège au scrutin majoritaire à un tour et 180 autres au scrutin de liste à la proportionnelle. L'objectif était de favoriser un système bipartite tout en permettant la présence de petits partis. Le pari est réussi : l'alternance a lieu et les campagnes concernent désormais des enjeux nationaux autant que locaux. Conséquence : le vote est plus flottant, largement désaffilié, l'abstention augmente. Tiens ! L'idée est à creuser : la sortie du clientélisme se paie du prix de la désaffection électorale...

L'ère du parti : comment encadrer la masse ?

Quoi qu'en pensait de Gaulle, le *parti* ce n'est pas la *faction*. Celle-ci, aussi ancienne que la politique, désigne un regroupement d'individus liés par des convictions et des intérêts qui leur sont propres par opposition à leurs adversaires. C'est d'ailleurs une grande constante : en politique, on sait souvent mieux *contre qui* l'on est que *ce que* l'on veut. Le parti, au sens moderne de « parti de masse », ne représente pas des intérêts particuliers, mais une vision particulière (sociale, nationale, culturelle...) de l'intérêt général. Ses partisans le sont d'abord d'une idéologie et d'une forme globale de société à promouvoir (libérale, communiste, socialiste, écologique...).

En Europe, l'âge du *parti* commence dans les années 1860-1870[21]. Deux conditions furent nécessaires à son apparition. D'abord, le suffrage universel qui oblige à disposer de machines électorales puissantes et efficaces à la fois pour le quadrillage des candidatures et l'élaboration des programmes ; ensuite, le régime parlementaire, qui, pour fonctionner, exige une organisation bien identifiée de la délibération collective. Ces deux éléments changent le regard sur le parti, dont l'existence suppose un relatif consensus (au moins de façade) sur les institutions. D'obstacle à la cohésion nationale, il en devient la condition de possibilité, parce qu'il encadre et rend lisibles les lignes du front politique. Avec les partis modernes, les *tumultes de la cité* (pour reprendre l'expression de

Machiavel) sont régulés et institutionnalisés. L'alternance régulière est d'ailleurs un des indices frappants de la démocratisation d'un régime.

Mais le parti acquiert, dans la première modernité, une autre dimension, presque expérimentale. Dans un contexte de destruction des anciens corps intermédiaires, il offre un antidote à l'individualisme. Organisé autour d'une idéologie claire (certains diront d'un dogme), structuré selon une hiérarchie nette, rythmé par une stricte ritualité, le parti finit par offrir un modèle complet de sociabilité et de convivialité. Il accueille, il aide, il accompagne, il relie, il fait grandir, il marie, il éduque, il place, il promeut, il commémore et donne du sens à toute la vie. De l'armée, il garde l'esprit de conquête et l'idée d'engagement « militant », voire militaire ; de l'Église, il conserve l'horizon de la conversion des âmes et la foi inextinguible. Petite société de militants dans la grande société de citoyens, il peut être aussi tenté de devenir la société tout entière, voire le peuple dans toutes ses dimensions, ce qui arrivera d'ailleurs en régime de parti unique et monopolistique. En régime démocratique, c'est le Parti communiste qui en présente la forme la plus accomplie. C'est lui qui a permis d'intégrer la classe ouvrière à la vie démocratique, même s'il souhaitait un tout autre régime.

Le Parti

Le Parti, c'est le Parti communiste. Souvent imité, jamais égalé. Créé en 1920, par la scission du Congrès de Tours, le Parti communiste français se consolide entre 1926 et 1932. Sous le regard soupçonneux de la IIIe Internationale, il sort d'une période troublée de purges, de scissions et de démissions. Mais il innove radicalement par rapport aux autres organisations. D'abord, les adhérents s'organisent sur leur lieu de travail dans des cellules d'entreprise. Ensuite, à la différence de la structure socialiste, qui part de la base, il établit une discipline rigoureuse et une stricte hiérarchie. Enfin, toute la ligne du Parti est subordonnée à la stratégie globale de la IIIe Internationale, organe de l'internationalisme prolétarien. La vie politique française s'en trouve bouleversée : il y a désormais un parti de révolutionnaires professionnels, véritables moines soldats, dévoués corps et âme à sa cause. Lui seul est capable de présenter partout des candidats aux élections, même s'il dénonce par ailleurs le « crétinisme parlementaire de la démocratie bourgeoise ». Il entend subvertir le système par sa conquête. Grâce à un travail acharné et méthodique autant que par une pédagogie habile centrée sur le quotidien des petites gens, il gagne les sympathies. En 1924, les listes du Bloc ouvrier et paysan obtiennent 10 % des voix, soit 870 000 suffrages ; en 1928, il atteint le million. En 1937, le nombre d'adhérents s'approche de 329 000. En 1946, ce sont 5,5 millions d'électeurs (26,6 % de voix) et 800 000 adhérents. La montée en puissance se poursuit jusqu'en 1956, organisée au sommet par la sainte trinité du parti : Maurice Thorez, Jacques Duclos, Benoît Frachon. C'est l'apogée, avant un lent déclin, puis la débâcle : 1981 est un Waterloo ; 1988 une Berezina (6,8 % des voix). Comme le dira Pierre Juquin en lançant sa candidature communiste dissidente pour les présidentielles de 1988 : « Le PCF est en train de sortir de l'histoire, son matérialisme a cessé d'être historique. » De nos jours, le dernier Parti communiste efficace, si l'on excepte le cas incertain de la Corée du Nord, est le Parti communiste chinois. Et si son dogme est moins clair, les fonctions politiques demeurent intactes : contrôle de la société, formation des cadres, institut de sondage, relais de la décision politique, instance de propagande, contre-pouvoir, etc. Le PCC est une « société secrète[22] » qui entend être à la fois le reflet et la norme du peuple ; son miroir et son guide.

Avec son déclin, c'est la forme même du parti qui s'enlise. Après les communautés traditionnelles, après les Églises, elle est atteinte par le « désenchantement du monde » et la crise de la foi. Le progressisme est devenu inquiet, la justice sociale s'est saturée d'effets pervers, le conservatisme est à géométrie variable, le nationalisme a mauvaise conscience, même l'écologie doit s'avancer avec précaution… bref, aucune des idéologies claires de jadis ne parvient plus à fournir d'identité limpide et stable. Le parti a perdu son pivot : cette croyance évidente qui fondait l'action militante. Sa dissolution nous immunise (un peu) contre les idéologies rigides mais elle laisse aussi un grand vide, car le parti avait eu ce mérite d'intégrer une vaste partie de la population au système politique. Ce fut l'incubateur de la démocratie. Faut-il le regretter ?

Ce n'est pas sûr, car, comme le clientélisme, le parti contredit la démocratie en même temps qu'il la façonne. Alors que le clientélisme heurtait le principe d'égalité (puisqu'il suppose des « notables »), le système du parti ne tolère pas la liberté (car il impose un dogme). L'individu y est nié, l'idéologie y vaut plus que la vérité, le débat y est proscrit. Bref, la machine électorale finit par dissoudre le citoyen qu'elle était censée rallier. La contradiction semble insoluble : instrument de conquête du pouvoir démocratique, le parti ne supporte pas la démocratie en son sein. Et dès lors que l'évidence du chef est perdue, le Parti a beaucoup de mal à faire émerger un leader par la seule méthode électorale. Illustration exemplaire en France. Chez les socialistes, ce fut le calamiteux duel entre Ségolène Royal et Martine Aubry pour la direction du parti en 2008 ; au RPR, ce fut l'exécrable combat entre François Fillon et Jean-François Copé en 2012. Au bout du compte, le destin de ces deux partis fut scellé ! Aux présidentielles de 2017, aucun des candidats désignés par leurs primaires respectives ne fut présent au second tour. Incapables de respecter chez eux le minimum des règles démocratiques, bureaucratisés, réduits au rang de machine à placer « leurs apparatchiks », pourquoi leur confierait-on le pays ? L'érosion semble alors inéluctable : il y a désormais des partis sans militants, mais aussi, et de plus en plus, des militants sans parti. Comment remobiliser l'individu pour une bataille électorale ?

Le temps du « Mouvement » : coopérative ou start-up ?

La campagne présidentielle française de 2017 a contredit la recette de Mitterrand. Si le vainqueur, Emmanuel Macron, dispose alors d'une santé de fer – il est jeune –, il n'a pas d'expérience, pas de programme, pas de parti. Raison pour laquelle peu misaient sur son succès. Mais son élection s'inscrit dans un phénomène mondial : celui de la déconfiture des partis traditionnels au profit de quelque chose d'un peu informe que l'on peut nommer, faute de mieux, le *mouvement*. De Gaulle entendait gouverner, « au-dessus des partis » ; le *mouvement* se développe « à côté » des partis.

Les arts politiques électoraux du clientélisme et des partis de masse sont assez clairs à défaut d'être simples. Pour le premier, il s'agit d'établir un système de services rendus dont l'esprit est à la fois féodal et mafieux : contre de menus services de protection (emploi pour le petit dernier, logement pour le neveu, allocation pour la famille, dérogation scolaire), on obtiendra au minimum le soutien, au maximum l'engagement actif et militant. Pour le deuxième, il s'agit d'instaurer un axe existentiel continu, une sorte de *second life* qui, comme l'armée, l'Église, l'entreprise ou le syndicat, fournit formation, identité, soutien et, surtout, sens tout au long de la vie. Le registre du clientélisme est l'intérêt bien compris ; celui du deuxième est la croyance idéologique. Bien sûr, dans la vraie vie, les deux se recoupent souvent ; mais, même mêlées, on perçoit que les deux techniques reposent sur des fondements solides et durables.

La plus grande difficulté de l'art électoral hypermoderne est qu'il ne repose que sur des convictions individuelles ponctuelles. Tout aussi particulières mais beaucoup plus volatiles que les intérêts, elles sont aussi moins aisément imposantes et collectives que les idéologies. Le candidat d'aujourd'hui doit convaincre des citoyens alors que le notable devait se lier des clients et le chef de parti prêcher des convaincus. Cette évolution est plutôt une bonne nouvelle mais quel défi pour les élections à venir ! Comme on a encore un peu de mal à voir clair dans cette nouvelle forme émergente, le mieux est de tenter d'en raconter l'histoire.

LES HACKERS DE LA DÉMOCRATIE

Madrid, 15 mai 2011. Nous sommes à la veille des élections municipales espagnoles et dans la foulée du printemps arabe (janvier-mars 2011). Ce jour-là, des milliers de personnes répondent à un appel lancé sur YouTube (« Porque somos mas, torna la calle[23] ») par plusieurs groupes d'activistes (dont Anonymous, V de Vidienda, Hipotecados, Juventud sin futuro...). Sur la Puerta del Sol, un vaste rassemblement se crée où l'on dénonce, pêle-mêle, le capitalisme financier, les expulsions des familles pressées de dette, le chômage des jeunes, le rétrécissement des retraites. Cette journée restera comme le « 15 de Mayo » (ou « 15-M ») parce qu'elle lance le mouvement des Indignados en prenant comme étendard l'essai à succès de Stéphane Hessel paru en 2010. Le 25 mai 2011, dans le sillage des Espagnols, les Grecs « en colère » (les Aganaktismeni) se réunissent sur la place Syntagma et protestent contre la corruption et l'austérité. Le 17 septembre 2011, c'est sur le Zucotti Park de Manhattan que débute le mouvement Occupy Wall Street. Les manifestants se désignent comme les 99 % qui n'ont rien et ne peuvent rien face au 1 % qui a tout et peut tout. Le 15 octobre 2011, une journée mondiale des Indignés est organisée à travers le monde : Londres, Tel-Aviv, Montréal, Tokyo, Taïwan, Johannesburg. Et, dans la foulée, on pourrait ajouter : le « mouvement des tournesols » à Taïwan en mars 2014 ; la « révolution des parapluies » à Hong Kong en septembre et octobre de la même année ; enfin, à la fin du mois de mars 2016, le mouvement « Nuit debout », en France ; quelques répliques « zadistes » ; puis, fin 2018, le mouvement des « gilets jaunes ».

La séquence a suscité des interprétations variées, dont la plupart furent enthousiastes et parfaitement emblématiques de la position démocrate radicale que j'ai caractérisée au chapitre précédent. Pour exemple, cet extrait d'un ouvrage, *Le Coup d'État citoyen. Ces initiatives qui réinventent la démocratie* (La Découverte, 2016), rédigé par Elisa Lewis et Romain Slitine, qui se présentent eux-mêmes comme des militants de la « démocratie ouverte ». Il a l'intérêt de proposer, un tour du monde très complet des initiatives « citoyennes ». Voici ce que ses auteurs en disent :

> Ces « nouveaux activistes » de la démocratie s'inscrivent souvent dans la dynamique des modèles collaboratifs qui ne cessent de monter en puissance et qui bouleversent déjà des pans entiers de la société : la consommation (*couchsurfing*, covoiturage), les modes de vie (*coworking*, colocation, habitat participatif), la finance (*crowdfunding*, monnaies locales), l'éducation et le partage des connaissances (Wikipédia, MOOC : *massive open online course*), l'alimentation (circuits courts, jardins partagés) et même la production (*fab labs*, mouvement du « *do it yourself* »). Ces initiatives, qui reposent sur des échanges pair à pair, effacent la frontière entre consommateur et producteur, et rendent obsolète la présence d'une autorité centrale. Cette « société collaborative » est le terreau dans lequel prennent racine de nombreuses innovations démocratiques qui remettent en question la traditionnelle « division du travail » entre représentants et représentés, la hiérarchisation et la verticalité de nos institutions. Ces évolutions rendent chaque jour plus fragile le rôle des « gardiens du temple » (*gatekeepers*) de la vie politique, et en tout premier lieu celui des responsables et des partis politiques, des syndicats et des journalistes[24].

Collaboration, participation, horizontalité, autogestion : quiconque a en tête les débats de philosophie politique du XIXe siècle reconnaîtra dans ces thèmes l'idéal anarchiste, tel qu'il a été promu notamment par Proudhon. Son projet n'était pas de perfectionner la démocratie, mais de la remplacer par un dispositif, où l'ordre juste et respectueux des libertés émanerait de la seule collaboration citoyenne sans intervention étatique.

Ce projet ancien se trouve revivifié par la révolution du Web, qui offre à ce rêve un support tangible et une puissance de diffusion. Qu'il s'agisse de créer une encyclopédie participative et autogérée « Wikipedia », de mettre en lien direct, sans intermédiaire, une offre et une demande (Airbnb, UberPop), de proposer des moteurs de recherche ou des logiciels gratuits sans brevets (Google, Linux) afin d'assurer leur développement, de tabler sur les évaluations des prestataires, des clients et des applications elles-mêmes pour (auto)contrôler le marché, à chaque fois, on retrouve la même méfiance pour les intermédiaires, le soupçon à l'égard des autorités établies ou la critique des puissances tutélaires. L'idéologie Internet, c'est l'éloge de la collaboration égalitaire sans autorité centrale ni hiérarchie instituée ; c'est l'idée que la liberté se conquiert dans l'immédiateté, c'est-à-dire à la fois l'absence de médiation et la rapidité*. Il faut donc *ubériser*, voire *hacker* la démocratie : c'est le projet, tout en mouvement, des partis pirates.

LE PARTI PIRATE

La légende veut que tout ait commencé en Suède, un soir de réveillon, le 31 décembre 2005. Tard dans la nuit, une conversation entre amis prend un tour passionné. Au cœur du débat : la loi que venait de faire voter le gouvernement suédois pour

---

* Sur l'éthique des hackers, voir le livre fondateur de Steven Levy, *Hackers : Heroes of the Computer Revolution* (1984 ; trad. fr. *L'Éthique des hackers,* Globe, 2013), qui en énonce les cinq principes : 1) Toute information doit être libre. 2) Ne pas faire confiance à l'autorité ; promouvoir la décentralisation. 3) La prestation technique compte plus que les diplômes. 4) Il y a une beauté et une élégance de la programmation. 5) Les ordinateurs peuvent changer votre vie pour le meilleur.

interdire le partage de fichiers en pair à pair sur les réseaux. Un des convives, programmeur suédois du nom de Rilke Folkevinge, lance à ses amis : « Quand je pense que, nous autres citoyens qui ne demandons qu'à partager le savoir et la culture, les puissants et politiciens de tous poils ne cessent de nous traiter de Pirates ! Eh bien, soit : créons notre propre parti, ce sera le Parti pirate ! » Aussitôt, une page Web est créée, et d'emblée l'audience est phénoménale. La blague de potache devient un lobby, puis un vrai parti qui se donne pour mission de faciliter les échanges sans intermédiaires : contre les droits d'auteur, les brevets, le verrouillage des logiciels, mais aussi les élus traditionnels ; pour l'ouverture des données. Son slogan séduit : il faut « *hacker* la démocratie ! »

Le premier parti suédois obtient 7,1 % des voix au scrutin européen de juin 2009 et envoie à Bruxelles deux députés pirates. En 2014, il échoue. Le relais est pris par les pirates allemands qui font un score proche de 9 % aux régionales de Berlin (2014) et obtiennent un député. Un élément important de leur programme consiste dans la promotion du *proxy voting*. Tous les citoyens doivent prendre part à toutes les décisions mais comme personne n'est présumé être compétent sur l'ensemble des sujets, chacun délègue son vote à un autre citoyen de confiance qui lui paraîtra mieux armé que lui. La différence avec le système représentatif est que cette délégation peut varier en fonction des thèmes. Celui qui a des idées sur le plan éducatif – et voter directement sur ce sujet – peut s'estimer incompétent sur l'environnement, et préférer confier son suffrage à une autre personne que lui. Aucun mandat n'est définitif et tous peuvent être révoqués à tout moment. Selon ses promoteurs, ce système permet de créer une chaîne de confiance horizontale qui est rendue opératoire par une plateforme numérique (LiquidFeedback.org) et qui pourrait se développer davantage, et sans aucun intermédiaire, grâce à la technique de la *blockchain* (voir encadré).

Politique de la *blockchain*

Tout commence avec la crise financière de 2008. Une personne (?) seulement connue sous le pseudonyme de Satochi Nakamoto invente un système qui permet d'effectuer des transactions de pair à pair de manière sécurisée et garantie, sans intermédiaire ni système central de contrôle. Dans l'ancien monde (le nôtre), quand j'achète quelque chose, je peux en confiance verser l'argent avant d'avoir accès au bien, car je sais que, si le propriétaire ne respecte pas le contrat, la justice et la police de l'État, le forceront à le respecter. Avec la *blockchain*, plus besoin d'État ni d'aucun intermédiaire (banques, notaires, avocats, cadastre, huissiers, etc.). Tout se passe de gré à gré, grâce à trois dispositifs : un algorithme crypté, des « mineurs » (ou agents vérificateurs) qui louent leur puissance de calcul, une monnaie numérique (la plus connue étant le bitcoin). Pour dire les choses simplement, le bien et l'argent sont placés dans une sorte de *no-man's land* numérique, le temps que la transaction (insérée dans un bloc numérique) soit validée par des agents vérificateurs rémunérés. Une fois validé, le bloc est mis dans la chaîne de blocs, qui est comme un grand livre comptable public. Comme il est dupliqué sur de multiples serveurs, il est impossible de le falsifier. Avantage : les transactions peuvent rester secrètes (car elles sont cryptées), tout en étant garanties par des tiers toujours différents. Le rêve anarchiste est réalisé : on a là un contrat de confiance absolu sans qu'il soit besoin d'État (ou de banque ni d'institutions) pour le garantir[25] ! Bien des fonctions régaliennes seraient ainsi vouées à disparaître : la création de monnaie, la garantie de la propriété, les règles de succession, la valeur des diplômes, etc. La technologie peut aussi être appliquée au vote : ainsi en novembre 2018, la Virginie-Occidentale est devenue le premier État américain à utiliser la *blockchain* pour les élections : il s'agissait de sécuriser *via* une application mobile les suffrages des soldats en mission à l'étranger.

Cette technologie extraordinaire comporte au moins deux inconvénients. D'abord elle est si vorace en énergie, du fait de la puissance de calcul qu'exige la moindre opération, qu'on ne s'en servira jamais pour acheter une baguette de pain ; ensuite, l'opacité qu'elle permet favorise aussi et peut-être surtout les transactions illicites, de sorte qu'avec elle Eliott Ness ne pourra plus jamais coincer Al Capone. Le grand défi de demain n'est donc pas tant de savoir comment la *blockchain* va remplacer l'État, les banques et les intermédiaires, etc., mais plutôt comment tout cela va coexister.

2011-2018 : qu'ils soient indignados, pirates, cyberpunks, adeptes de la *blockchain*, aucun de ces mouvements n'a vraiment réussi son programme de régénération. Ou plutôt, s'il y a des bénéfices quand il s'agit de résister à une logique illibérale pour maintenir et promouvoir le libéralisme démocratique (comme à Taïwan ou à Hong Kong…), on ne voit nulle part l'avènement d'un nouveau modèle politique. On m'objectera qu'il est encore trop tôt pour juger, et qu'il faut attendre encore. Mais je crois plutôt que l'échec de ces mouvements vient d'une contradiction interne : espérant la fin du pouvoir, soit ils attendent qu'il se dissolve de lui-même, soit ils s'engagent dans la voie de la violence. C'est, depuis toujours, le grand dilemme de l'anarchisme, et la raison de son échec assuré.

LES NOUVEAUX CONQUÉRANTS

Tous les mouvements n'en sont pas restés là. Certains ont adopté une autre stratégie : celle de la conquête électorale. Podemos en Espagne, Tsiriza en Grèce et Cinque Stelle (voir encadré) en Italie sont des rassemblements, qui ne se sont pas contentés de succès d'estime. Ils ont gagné ! Tout comme Donald Trump en 2016 ou Emmanuel Macron en 2017. Cette liste pourra paraître surréaliste, mais elle révèle l'échec des partis traditionnels comme machines électorales efficaces : aurait-on changé d'âge en matière d'art politique électoral ? Je voudrais examiner l'hypothèse en repérant les traits communs de toutes ces expériences.

Cinque Stelle

Le mouvement 5 étoiles est lancé à Gènes le 4 octobre 2009. Au départ, il ne s'agit que du blog de l'humoriste Beppe Grillo, placé sous la direction de Gianroberto Casaleggio (1954-2016), le « penseur » du mouvement. Peu à peu celui-ci s'organise et bientôt vole de succès en succès. Aux élections générales de 2013, il recueille près de 25 % des voix. Aux élections municipales de 2016, il remporte les villes de Rome et de Turin. Il compte alors plus de 130 000 adhérents. En 2018, il devance les autres partis aux élections générales italiennes. L'absence de majorité entraîne l'Italie dans une grave crise politique. Sa doctrine se résume à quatre axes : anticorruption, démocratie directe, euroscepticisme, écologie politique. À quoi on peut ajouter le goût pour les nouvelles technologies dans leur application civique. Politiquement, il est difficile à classer, car, à côté de l'esprit « gauche de gauche » des fondateurs historiques (Alessandro Di Battista, Roberto Fico), une part importante des dirigeants serait plus proche d'un esprit type « Macron » (Luigi Di Maio, Davide Casaleggio).

Premier trait caractéristique : la virtuosité à utiliser le Web et les réseaux sociaux. Elle ne fait que confirmer la tendance déjà ancienne de la démocratie d'opinion. Le champ de bataille s'est déplacé. Alors que le clientélisme jouait sur les relations communautaires et les dynamiques d'intérêts ; alors que le parti visait à engager et à encadrer les masses sociales dans une structure globale et complète d'existence, le « mouvement » cherche à conquérir les esprits et à rallier les convictions d'individus aux croyances plus volatiles.

C'est Barack Obama qui inaugure la tendance lors de l'élection américaine de 2008. Sa victoire frappe tous les observateurs par ses innovations, notamment le site mybarackobama.com (MyBO), qui sert de plateforme militante. Sorte de Facebook interne, il met les supporteurs en contact les uns avec les autres et leur offre tous les kits de campagne nécessaires : affiches, éléments de langage, formations, agendas partagés, accès à une incroyable base de données des électeurs (Catalist), méthode pour le porte-à-porte (on dit alors qu'une voix est gagnée toutes les 14 portes), et *last but not least*… support de recueil des dons populaires. La mobilisation militante est exceptionnelle : 1,2 million de personnes sont actives sur le terrain ; 3 millions de donateurs ; 10 millions de participants aux événements démocrates. La mobilisation électorale sera à la hauteur avec un taux de participation de 63 % qui renoue avec ceux des années 1960. La clé de son succès est qu'elle établit une communication totale, dont la forme (l'égalité) est adéquate avec le but (la démocratie). Toute la stratégie s'organise autour de la question « comment convaincre un citoyen désenchanté d'une démocratie tardive » : 1) d'aller voter ; 2) pour un candidat plutôt que pour un autre ? Réponse : il faut d'abord le convaincre qu'il va devenir acteur et maître de son destin et que cela commence d'emblée par le fait d'être acteur de la campagne. Il faut ensuite le persuader qu'il y aura un bouleversement : le « *vote for change* » d'Obama, qu'on trouvait dès 2007 dans « la rupture » de Sarkozy, et que l'on retrouvera avec « le changement, c'est maintenant » de Hollande, « la Révolution en marche ! » d'Emmanuel Macron. Il faut enfin promouvoir ce changement non comme une promesse messianique (cet âge de l'idéologie est dépassé), mais comme un progrès pragmatique : une cause humanitaire ou un téléthon. Maîtrise individuelle, changement politique, progrès collectif modeste. Tels sont les trois ingrédients de la nouvelle (?) campagne électorale. Le 4 novembre 2008, l'outsider Obama l'emporte haut la main. Le modèle sera imité et perfectionné par tous les mouvements ultérieurs. Le Web remplacerait-il le parti[26] ?

Cette conclusion serait très exagérée, car – deuxième trait – en surplomb de ce dispositif *bottom-up*, il y a une organisation *top-down*. Professionnelle, disciplinée et hiérarchisée, elle rejoint les principes clés du léninisme. Le staff de campagne d'Obama sur le terrain rassemblait 2 700 salariés (*fields organizers*), épaulés par 5 000 bénévoles qui quadrillaient méthodiquement le pays. Cette structure, très pyramidale, n'avait rien de spontané et ne tolérait aucun écart de langage. Les cadres étaient à la fois des officiers et des commissaires politiques, qui n'avaient rien de gentils a(ni)mateurs. Le « mouvement » qui prétend rompre avec le parti renoue en vérité avec son efficace originelle : celle d'une véritable armée électorale.

On retrouve ce modèle, chez Podemos, qui réussit l'exploit de conserver son esprit libertaire tout en cadrant vigoureusement l'expression collective et la stratégie unitaire. À la différence des rassemblements Indignados, les rencontres Podemos sont brèves, avec un temps de parole limité et des objectifs de décision. Dans les vingt premiers mois de son existence, le mouvement mobilise plus de 100 000 membres dont la composition amalgame des militants expérimentés et des néophytes enthousiastes. À l'automne 2014, plus de 1 000 cercles (*circulos*) sont créés. Les applications participatives sont proposées pour maintenir le lien avec la base (Loomio, Appgree, LaboDemo, forum PlazaPodemos), mais un but clair oriente toutes les énergies et fait le tri dans les motivations. Comme le « *Yes we can !* » obamien, le « *Si se puede !* » transformé en Podemos, vise l'action et surtout la victoire aux élections. Il ne s'agit plus de changer le monde en abolissant le pouvoir, mais de prendre le pouvoir pour changer de monde[27]. Et cela passe par une stratégie assumée de type gramscien : à la lutte de classes se substitue la lutte pour l'hégémonie culturelle. Celle-ci s'appuie sur une analyse froide des thèmes mobilisateurs : l'indignation, le rejet du « système », la dénonciation des élites et des castes supérieures. Autant de sujets qui permettent d'« embrayer » sur les mécontentements, à condition de rester très flou sur les programmes. La conquête du pouvoir passe par une étape où l'on mise tout sur la morale en laissant la politique de côté.

Cinq mois après sa création, Podemos, devenu un parti, remporte cinq sièges aux élections européennes de mai 2014 et s'affirme comme la quatrième force du pays (8 % des voix, soit 1,2 million d'électeurs). Aux élections régionales de mars 2015 en Andalousie, ce sont 15 conseillers Podemos qui sont élus. Le 24 mai 2015, le mouvement conquiert les villes de Madrid, Barcelone, Saragosse. Et en juin 2016, aux élections législatives, Podemos arrive en troisième position avec 21,1 % des voix. Les 5 millions d'électeurs fournissent 71 députés. Mais en juin 2016, c'est le reflux : contrairement aux pronostics, Podemos n'arrive que troisième aux élections législatives, derrière le Parti populaire de Rajoy et le PSOE. Après plusieurs mois de blocage, Rajoy forme un nouveau gouvernement en novembre 2016.

En France, les élections présidentielles de 2017 marquent la déconfiture des partis jusque-là dominants, dont aucun des leaders n'est présent au second tour. Leur organisation, sapée par des prés carrés, des calculs à courte vue et des conflits de personnalité, est devenue un véritable boulet électoral. La victoire spectaculaire d'Emmanuel Macron est le fruit d'une reprise audacieuse de la méthode Obama, nourrie de l'échec de Ségolène Royal qui avait, malgré elle, conservé son lien avec le PS. Le modèle d'En marche ! est celui de la start-up : intelligence collective pour la conception/production ; structure ultrapyramidale pour la stratégie et la communication. De l'autre côté, Mélenchon, dont la percée fut, elle aussi, impressionnante, s'est davantage inspiré de l'esprit coopératif, démultiplié par la puissance technologique. Là encore, la rupture avec l'organisation des partis (PS et PCF) est assumée. Comme Macron, Mélenchon comprend que les partis sont des carcans qui ne parlent plus qu'à eux-mêmes. Il se donne pour mission de parler à nouveau à la France populaire, ce qui le rapproche du FN, tandis que Macron entend s'adresser à la France de demain, ce qui le relie au centre gauche réformiste, devenu inaudible au PS, et à la droite modérée, mal à l'aise chez Les Républicains. Au bout du compte, la start-up a vaincu la coopérative.

Le troisième trait caractéristique de ce « nouvel » art politique électoral est la présence dominante d'une personnalité. Alors que les Indignés ou encore « Nuit debout » et les « gilets jaunes », en France, se sont évertués à empêcher une voix dominante d'émerger, la séquence électorale 2008-2018 présente toujours un visage. Barack Obama, Pablo Iglesias ou Inigo Errejon, Alexis Tsipras, Beppe Grillo, Donald Trump, Emmanuel Macron : tous ont su cultiver l'art de la rupture en renouant au fond avec un trait immémorial du pouvoir : le chef charismatique.

« Le démocrate aime les hommes ; il n'aime pas les grands hommes. Ceci parce que cela », écrivait Régis Debray. La formule est frappante, mais il n'est pas certain qu'elle soit juste. Le chef démocratique doit ressembler à tout le monde mais ce n'est pas donné à tout le monde. Celui qui – un temps – incarne le peuple ne peut être tout à fait normal.

Au regard de ces trois éléments communs, on peut tirer cette conclusion : le mouvement ne dépasse pas tant le parti qu'il cherche à le régénérer. Il en propose plutôt une nouvelle forme qui, grâce à Internet, s'adresse moins à une masse ou à une classe qu'à des individus, et qui renoue avec un leadership que les apparatchiks et les appareils avaient rendu impossible. Ultra-innovant dans ses méthodes, le mouvement est hyperconservateur dans sa structure. Il faut toujours un patron qui, sans n'être plus ni un parrain (clientèle) ni un *leader massimo* (parti de masse) continue néanmoins d'entraîner derrière lui les militants.

Par rapport au parti, le mouvement recèle deux défauts. D'abord, il joue la carte de la nouveauté, un atout – on le sait – qui ne dure jamais très longtemps, une fois passés les effets de mode et les élans pionniers : tout nouveau monde est voué à devenir vite ancien. Et cela est désormais de plus en plus rapide. Ensuite, il est un pur instrument de conquête, sans persistance idéologique. Que se passe-t-il *après*… que ce soit la victoire (En marche) ou l'honorable défaite (La France insoumise) ? Dans les deux cas, une forme de « gueule de bois », car l'avantage du parti était de durer ; l'inconvénient du mouvement est d'être éphémère. « Notre mouvement n'est ni vertical ni horizontal, il est gazeux », disait Jean-Luc Mélenchon[28]. La caractéristique du gaz, c'est que, quand il n'explose pas, il se disperse…

Le grand défi des mouvements est donc de se donner de bonnes raisons de durer. L'organisation régulière de manifestations contre le pouvoir ou de réunions pour se féliciter ne va pas suffire. Il semble que, en période de calme électoral, les mouvements ne survivront qu'en fournissant des services culturels et civiques à leurs militants. Culturels, par l'organisation régulière de conférences-débats ; civiques, en constituant des plateformes supports pour des engagements associatifs locaux. C'est à ces deux conditions que le militantisme continuera d'être capté et ancré efficacement. Car les militants sont comme les militaires : il faut savoir les occuper en temps de paix pour les garder opérationnels quand vient la guerre. Se battre pour ses idées exige d'en avoir quelques-unes : lesquelles ?

Quel programme pour triompher ?

J'avais un collègue, professeur de philosophie, qui avait inventé pour ses élèves de terminale un corrigé universel, valable sans exception pour tout sujet de bac. L'élève se contentait de remplir les trous dans une structure toute faite, bien sûr, en trois parties. Quel que soit le libellé, la réflexion devait commencer par examiner la position du « sens commun », qui, englué dans la caverne des opinions, se trompait lourdement. La deuxième partie devait s'élever de cette obscurité par le repérage de quelques paradoxes bien sentis et l'éloge de la pensée philosophique. La troisième partie était destinée à calmer un peu l'enthousiasme spéculatif par un retour au réel et à la vie pratique. Au fil de ce raisonnement immuable, toutes les transitions étaient assurées par des formules recyclables à l'infini. C'était un vrai miracle du développement durable de la pensée en faveur de la *philosophia perennis* ! Mais il faut reconnaître que cela ne marchait pas à tous les coups ; et plus d'une fois les élèves se sont trouvés dans des situations très scabreuses avec des sujets qui rendaient l'application de ce corrigé universel… franchement ridicule.

Avec toute la prudence requise, pourrait-on envisager la même chose pour les programmes électoraux ? Tentons l'exercice en relisant avec le cruel recul historique ceux du passé récent.

Les programmes de la Ve République

Pour la première élection du président au suffrage universel, en 1965, il n'est pas question de programme. De Gaulle *est* le programme à lui tout seul, fondé sur cette idée simple qui animera la campagne : « Moi ou le chaos ! »

Dans ses échanges avec lui, Peyrefitte note : « [De Gaulle] ne veut pas entendre parler de *programme électoral.* Ni à l'occasion des législatives ni même des présidentielles. “Un programme ? Jamais ! La politique, c'est la réalité ! La réalité, c'est tous les jours qu'elle change ! C'est tous les jours qu'on la découvre ! Il faut avoir des principes et des objectifs, non un programme[29].” »

Erreur majeure. L'acuité de De Gaulle est ici prise en défaut. Il ne perçoit pas que cette élection inédite ne peut plus être un sacre. Les Français veulent en être les acteurs. Et ils sont désormais informés non seulement par les sondages qui se diffusent, mais aussi par la télévision, devenue le théâtre de la campagne. Après sa mise en ballottage au premier tour – et l'habituel coup de blues du grand homme –, l'erreur est intégrée et le tir corrigé : « C'est moi et moi seul qui ai confondu élection et référendum... La preuve est faite que nous sommes en démocratie. Est-ce que l'on met un dictateur en ballottage ? », dit-il à ses ministres. Entre les deux tours, le général se démène à la télé où il utilisera cette fois-ci tout son temps de parole. Il est vainqueur à 55 % devant François Mitterrand qui a réussi l'exploit de l'union de la gauche. Désormais, c'est acquis : l'exigence du programme est incorporée à l'élection présidentielle. Le postgaullisme en témoigne.

Après la démission du Général, en 1969, le programme du candidat Pompidou est simple : « Le changement dans la continuité » ; il n'aura pas à le déployer bien davantage mais il sera tout de même plus précis que son illustre prédécesseur.

En 1974, Giscard d'Estaing prônera « le changement sans le risque » ; avec cette fois-ci un programme très détaillé. Réformes sociales amples pour se parer à gauche du « risque » Mitterrand ; projet d'une « union politique européenne » pour rester dans le cadre gaulliste d'une « grande politique » ; mais surtout jeunesse et modernité pour convaincre la France qu'elle a désormais quitté l'après-guerre.

En 1981, le changement n'aura plus de timidité : pour Mitterrand, il faut « changer la vie ». Ce seront les *110 propositions pour la France* (avril 1981) annonçant de vraies ruptures qui seront, certes, bien vite atténuées (1983). Mais la victoire du candidat de la gauche représente la vraie entrée de la France en démocratie : elle inaugure pour la première fois depuis la Révolution de 1789, une nouvelle unanimité sur les institutions républicaines qui ne seront plus contestées. D'ailleurs, le dénonciateur du régime du « coup d'État permanent » en devient le locataire comblé.

Après 1981, les programmes seront marqués par des « coups ». En 1988, Mitterrand sait se renouveler en adoptant le ton intimiste et désidéologisé de la *Lettre à tous les Français* (7 avril 1988) : « Je ne rêve pas, mes chers compatriotes, d'une société idéale. Je cherche à éliminer les inégalités qui sont à portée de main... » : voilà pour ceux qui croyaient encore à l'avenir radieux. La Force tranquille est devenue la sagesse sereine ; et il n'est plus question de changer la vie.

En 1995, Jacques Chirac, marqué à droite par la candidature Balladur, propose un vrai projet de gauche axé sur la « fracture sociale » ; il l'emporte d'extrême justesse.

Pour la présidentielle de 2002, les deux principaux adversaires sont déjà aux manettes. L'un, Jacques Chirac, est président ; l'autre, Lionel Jospin, Premier ministre. Les programmes comptent donc moins que l'aptitude à englober l'autre. On connaît le résultat de ce conflit stérile. Ce fut le choc du 21 avril, un Premier ministre battu au premier tour et un président réélu par défaut, qui, sans légitimité, deviendra une sorte de « roi feignant ».

À partir de 2007, une nouvelle séquence commence avec la première génération de candidats qui n'ont pas connu la guerre. Nicolas Sarkozy renouvelle le genre électoral avec ses « cartes postales » dont le but est de dicter l'ordre du jour de l'agenda médiatique, voire de le saturer. Il sera le candidat du « pouvoir d'achat » et « de la France qui se lève tôt », prête à « travailler plus pour gagner plus ». Excellente pour la conquête, cette stratégie frénétique sera moins efficace pour l'exercice. Les médias finiront par le rattraper, d'autant que la crise financière de 2008 viendra plomber sa course.

Surfant sur la détestation du « président des riches », François Hollande vient le défier en 2012, en l'englobant dans une adversité plus vaste : « Le monde de la finance », dont il déclare (dans son discours du Bourget, le 22 janvier 2012) qu'il est son principal ennemi ! Quant au versant positif du programme, il se trouve, dans les « 60 engagements pour la France », une campagne dédiée à la jeunesse, et donc à l'avenir. Là encore, les résultats sont loin d'être à la hauteur des attentes suscitées. L'écart est tel qu'il empêche même sa candidature à la présidentielle de 2017.

Celle-ci est marquée par une fournée de livres : tous les candidats ou presque publient le leur, voire les leurs. Celui du vainqueur, Emmanuel Macron, intitulé sobrement *Révolution* (XO), comporte en fait très peu de mesures révolutionnaires, mais entend faire exploser le clivage gauche/droite en renouant avec le geste gaullien d'une réforme au-dessus des partis. À suivre…

Cahier des charges

Quel cahier des charges peut-on déduire de cette histoire électorale ? Cette constante que les vainqueurs ont réussi à relever au moins quatre défis.

Le premier est l'accession à l'« hégémonie culturelle » pour reprendre la notion de Gramsci en l'édulcorant beaucoup. Celui-ci tentait d'expliquer l'échec des révolutions prolétariennes annoncées par le fait que les classes laborieuses étaient conditionnées à « aimer leurs chaînes ». L'école obligatoire et la culture populaire, créées par la bourgeoisie, avaient réussi à inculquer une « fausse conscience » aux travailleurs leur faisant oublier leur oppression au profit du nationalisme, du consumérisme et de l'individualisme. Contre cela, Gramsci propose une « guerre de positions » afin de reconquérir la conscience de classe – à travers les médias, l'éducation, les écrits, l'art en général. C'est à cette seule condition préalable que la guerre de mouvement pourra être menée contre le capitalisme et pour son dépassement.

Dans un contexte démocratique, même sans visée révolutionnaire, l'idée reste pertinente : une campagne électorale réussie est celle où un candidat parvient à imposer ses thèmes à ses concurrents.

Le deuxième défi consiste à capter les passions démocratiques. On peut en faire une rapide liste, sous réserve d'inventaire : la peur, l'envie, l'indignation, la colère… sur quelle fibre le candidat doit-il jouer pour espérer l'emporter ? Machiavel et Hobbes auraient choisi la peur, et c'est encore sur elle que mise aujourd'hui l'écologie politique quand elle cède à l'idéologie. Tocqueville aurait parié lui sur l'envie, car, comme il le notait, dans un passage fameux de *De la démocratie en Amérique* (II, II, 13) : « Le désir d'égalité devient toujours plus insatiable à mesure que l'égalité est plus grande. » Plus les conditions s'égalisent, moins les différences deviennent supportables. Pour l'envieux, le vrai scandale est la richesse, et non la misère ; la liberté des autres, non l'impuissance de certains.

Tous ces registres sont possibles bien sûr, mais, en y regardant, de près, je crois que ni la peur ni l'envie ne sont (plus ?) de bons moteurs électoraux. La première tétanise l'action et éteint l'avenir ; la seconde clive le peuple de manière excessive et infinie. Au demeurant, on ne voit guère la peur à l'œuvre dans une campagne, hormis celle de perdre (sa place…) ; et l'envie, contrairement au pronostic de Tocqueville, reste étonnamment limitée ; sans doute parce que cette passion très égoïste peine à s'avouer dans un espace devenu très public. Je partage sur ce point l'analyse subtile et contre-intuitive de Gilles Lipovetsky pour qui l'envie tend à régresser dans les sociétés d'hyperconsommation. Selon lui, la joie mauvaise s'atténue, même si, par ailleurs, l'indifférence progresse[30].

Restent donc la colère et l'indignation. La colère est une émotion qui défie l'analyse. Pour les Grecs c'était d'abord une maladie, un excès de bile jaune qu'il faut purger. C'était aussi un vice et une laideur. Vice, par excellence, parce que la colère fait perdre tout contrôle tandis que la vertu n'est que maîtrise ; laideur, parce qu'elle déforme tout, le visage, le geste, le lien et qu'elle détruit le bel ordre des choses. L'indignation, quant à elle, est plutôt romaine ; c'est le moyen de se conforter dans sa propre dignité en dénonçant l'indignité des autres. Au fond, c'est un sentiment très aristocratique qui pose une frontière morale entre les vrais humains (dignes) et les autres. C'est un reliquat archaïque qui se recycle à l'âge démocratique. Et j'ai pour ma part beaucoup de mal à y voir une vertu ou un devoir. D'ailleurs, comme le disait Nietzsche, « nul ne ment autant que l'homme indigné[31] ».

Entre la colère et l'indignation, il existe une irritation sourde, fondée sur le constat que le monde n'est pas tel qu'il devrait être : trop de riches pour trop de pauvreté, trop de profiteurs pour notre solidarité, trop d'impuissance face à trop d'irresponsables, trop de sottises proférées d'un ton de grand seigneur. Qu'elle soit de gauche ou de droite, cette irritation n'est pas qu'émotive, elle est étayée, parfois argumentée, souvent illustrée, démultipliée par les réseaux sociaux. Et c'est elle que le discours électoral doit parvenir à capter.

Inventaire des passions démocratiques

Dans son *Dictionnaire amoureux de la philosophie* (Plon, 2018, p. 1198), Luc Ferry relie judicieusement chaque passion à un camp politique. À l'extrême gauche, c'est l'indignation qui prime dans un front contre les salauds en tout genre. Chez les écologistes, c'est plutôt la peur, promue non seulement comme argument mais comme arme politique. Du côté de la gauche modérée, qui n'aime pas les riches ou a peur de perdre ses « acquis », nous avons l'envie (désir d'avoir ce qu'on n'a pas) et la jalousie (crainte de perdre ce que l'on a). Enfin, à l'extrême droite, c'est la colère qui monte : contre les « assistés », contre les « élites », « contre les immigrés », contre le « système ». Ces quatre passions sont à la fois désintéressées (car elles se placent du point de vue de l'intérêt général) et « tristes », comme dit Spinoza (dans la mesure où elles sont contre…). Ce sont elles qui tendent à saturer le nouvel espace public des chaînes d'information en continu et des réseaux sociaux. Ce pourquoi il n'est guère aisé aux passions positives de se faire entendre : la fraternité, la solidarité et la passion de comprendre…

Cultiver l'irritation ou l'exaspération ne suffit pas. Il faut aussi proposer un horizon – troisième défi. La dimension messianique n'a pourtant pas bonne presse en démocratie, et on serait tenté de souscrire à ce discours de Raymond Barre durant la campagne de 1988 : « On me dit : "Faites donc rêver les Français !" Pour faire rêver, il faut d'abord endormir et je respecte trop mes concitoyens pour m'y prêter » (R. Barre, campagne de février 1988)*.

Admirable… mais Barre est battu ! Tout comme François Fillon, en 2017, qui ne promettait guère que de la sueur et des larmes. Un programme doit vendre de l'avenir, du positif et de l'amour. Sans doute, les perspectives d'un avenir radieux ou de lendemains qui chantent ne convaincront plus personnes. Il faudra bien que quelque chose change, sinon pourquoi aller voter ? Un petit pas de plus sera accompli ; difficile dialectique de l'ambition et de la modestie, de la promesse et du réalisme. Comme je suis optimiste, je crois qu'on peut enchanter sans mentir, enthousiasmer sans enfumer et mobiliser en parlant vrai. Mais je ne suis pas un homme politique.

Le dernier défi du programme est sa cohérence et son applicabilité. En la matière, il ne faut pas avoir trop d'illusions : comme l'écrit Michel Rocard, la promesse électorale « a ceci de particulier qu'elle est écrite par des affidés aux convictions militantes plus établies que les compétences, non soumise à la critique, et que son objectif majeur est bien davantage d'éveiller des enthousiasmes et de provoquer des applaudissements dans les congrès que de régler effectivement des problèmes pendants […]. Le bêtisier des promesses électorales intenables, ridicules ou dangereuses, est abondamment fourni[32] ».

---

* Et de moquer ensuite « l'illusionniste Mitterrand [qui] s'avance masqué, inaugurant ici, commémorant là, murmurant partout, suggérant comme le guide mélodieux d'une foule endormie : bonne nuit les petits, faites de beaux rêves, Tonton veille sur vous ». (Cité *in* G. Courtois, *Parties de campagne*, Perrin, 2017, empl. 2245.)

Ce quatrième trait ne garantit pas, hélas ! la victoire du candidat, mais il est indispensable au succès de la démocratie. Il lui impose d'avoir les idées claires, les formules justes et les objectifs bien définis. L'idéal, à mes yeux, serait d'avoir la concision inégalée d'un Richelieu, capable, pour Louis XIII, de résumer tout son programme en trois lignes : « Je lui promis d'employer toute mon industrie et toute l'autorité qu'il lui plaisait de me donner pour ruiner le parti huguenot, rabaisser l'orgueil des grands, réduire tous ses sujets en leurs devoirs et relever son nom dans les nations étrangères au point où il devait l'être[33]. » Cet exemple – bien peu démocratique – devrait pourtant nous inspirer. Les programmes d'aujourd'hui confondent les fins et les moyens, au point que la multitude des moyens – détaillés jusqu'à la nausée – en vient à noyer les fins essentielles.

Si, à l'exemple de Richelieu, je me risquais à l'exercice pour aujourd'hui, voici ce pour quoi « je promettrai d'employer toute mon industrie et toute l'autorité qu'il a plu au peuple de me confier ». Ce serait, dans l'ordre des priorités : 1) pour réduire la dette publique afin de retrouver une marge de manœuvre politique ; 2) pour construire une Europe, qui soit une puissance et pas seulement un marché ; 3) pour lutter contre le totalitarisme islamiste, qui menace la cohésion du territoire ; 4) pour stimuler et guider la troisième révolution industrielle, notamment en faveur de la protection de l'environnement et de la préservation des ressources de la planète. Bref, si je puis dire, en matière de programme, la concision est devenue salutaire.

*

L'abbé Sieyès disait : « L'autorité vient d'en haut ; la confiance vient d'en bas. » Tout l'enjeu d'une campagne électorale est de les faire se rencontrer, ne serait-ce qu'un instant. C'est difficile, fugace et jamais totalement réussi. D'ailleurs, dans toutes les campagnes, c'est la même musique qui revient : « elle est une occasion manquée » ; « on n'a pas parlé du fond » ; « les vraies questions que se posent les Français n'ont pas été abordées ». Ce serait là une entrée supplémentaire au catalogue de poncifs du nouveau « dictionnaire des idées reçues ». Mais ces propos masquent l'essentiel : une élection est gagnée quand le peuple retrouve de la confiance en lui, entre les individus qui le composent, entre lui et ses gouvernants. L'intérêt colossal des élections est de réactiver à intervalles réguliers cette confiance et la légitimité.

Le grand défi du temps présent est que celles-ci sont menacées par un bouleversement inédit : celui de l'espace public. Je citerai pour conclure le témoignage d'Alex Stamos, professeur à Stanford, mais surtout ancien responsable de la cybersécurité chez Facebook de 2015 à 2018. Revenant sur l'élection américaine de 2016, il montre comment elle a été polluée par des interventions étrangères sur les réseaux sociaux, ce que l'on sait bien. Ce qui est intéressant, c'est son analyse de la finalité de ces interventions. Celles-ci ne visent pas à faire basculer l'élection dans un sens ou dans un autre, car cela personne ne sait le faire en toute certitude. Le but est tout autre : « Avec des cybertechniques offensives et des campagnes de désinformation, n'importe quel pays ou groupe hostile peuvent susciter la confusion et le sentiment qu'un scrutin est illégitime, et ainsi pousser la moitié de la population à estimer que ce scrutin lui a été volé[34]. » Les élections démocratiques frappées d'illégitimité par un espace public censé être à leur service : voilà la très mauvaise nouvelle pour la démocratie libérale. L'espace public ouvert – qui est sa marque de fabrique – ne garantit plus le caractère équitable d'une campagne. S'il y a des hackers de la démocratie, comme on l'a vu, il y a donc aussi des trolls de la délibération*. La démocratie libérale saura-t-elle s'en garder ? Quel art politique pour notre espace public bouleversé ?

* Le troll est celui qui, sur le Web, vous pourrit un débat.

CHAPITRE 4

Comment réussir une délibération ?

« La dictature, c'est ferme ta gueule ; la démocratie, c'est cause toujours. »

Jean-Louis BARRAULT,
Comme je le pense.

La démocratie est *bavarde* : c'est là son moindre défaut, voire, pour certains, sa principale qualité. Ainsi Clemenceau, qui, le 4 juin 1888, face au général Boulanger qui appelait à dissoudre l'Assemblée pour instaurer un régime moins « bavard », rétorque : « Eh bien, puisqu'il faut le dire, ces discussions qui vous étonnent, c'est notre honneur à tous... Ces discussions ont leurs inconvénients, le silence en a davantage. Oui ! gloire au pays où l'on parle, honte au pays où l'on se tait. Si c'est le régime de discussion que vous croyez flétrir sous le nom de parlementarisme, sachez-le, c'est le régime représentatif lui-même, c'est la République sur qui vous osez porter la main. » Plus de deux mille trois cents ans plus tôt, Périclès tenait à peu près le même langage contre le « laconisme spartiate » : « Nous ne sommes pas, disait-il dans son *Oraison funèbre*, réécrite par Thucydide, de ceux qui pensent que les paroles nuisent à l'action. Nous estimons plutôt qu'il est dangereux de passer aux actes, avant que la discussion nous ait éclairé sur ce qu'il y a à faire [...]. Chez les autres, la hardiesse est un effet de l'ignorance, tandis que la réflexion engendre l'indécision. » Située à égale distance de la folle témérité et de la loquace velléité, la parole démocratique tire aussi sa force, ajoutait Périclès, du fait qu'elle est libre et ouverte à tous. Chaque citoyen, de l'alpha au lambda, voire au plus bêta, peut prétendre donner son avis.

Sans doute ne faut-il pas exagérer cette liberté et cette égalité dans l'Athènes antique. Prendre la parole à l'*Ekklesia* n'était pas sans risque. On pouvait se faire moquer, mais surtout se faire accuser. Le citoyen s'exposait aux attaques, aux procès, aux condamnations, voire à l'exil, y compris quand ses propositions étaient acceptées par l'Assemblée. On n'y parlait donc pas à la légère ni sans s'assurer de puissants appuis. Parole libre ne voulait pas dire, parole vaine, voire irresponsable. C'est ce qui permet de distinguer bavardage et délibération. Gardons-nous de les confondre ! Et cette distinction vaut aussi pour notre démocratie contemporaine. Car, certes, on y parle beaucoup, mais y délibère-t-on vraiment ? L'homme traditionnel était un taiseux : il ne disait rien, mais n'en pensait pas moins ; l'homme démocratique est loquace, et, même quand il ne pense rien, il parle beaucoup... et veut en outre que tout le monde le sache. Cette vacuité est amplifiée par les réseaux sociaux qui diffusent un bruit continu et massif sur ce qui reste de cerveau disponible, au point de plonger la démocratie elle-même dans un vertige terrifiant. Tout le monde aspire à donner son avis sur tout, ou plutôt de s'indigner de celui des autres. La démocratie n'est pas née dans la rue, mais au comptoir d'un café du commerce et, depuis sa naissance, elle y passe l'essentiel de son temps, jamais repue de l'ivresse de ses propres discours.

... Et me voilà pris au piège ! En dénonçant le bavardage de mes contemporains, je ne fais qu'ajouter le mien au vacarme des opinions tranchées. Fameuse dialectique du « vieux con » !

À dire vrai, comme Clemenceau, Périclès, mais aussi comme Euripide, Mill et bien d'autres[1], j'éprouve plutôt de l'affection à l'égard de ces discussions sans fin, de ces polémiques sans répit où l'on refait la démocratie et le monde comme on refait le match… Mais, encore une fois, discuter, bavarder, converser, ce n'est pas délibérer. Et confondre tous ces registres n'est pas rendre service à la démocratie. De sorte que la première tâche pour un art politique délibératif consiste à bien définir ce qu'est la délibération et à comprendre pourquoi la démocratie en a un si crucial besoin.

Délibérer n'est pas bavarder

La délibération est « l'examen qui prépare la décision » : cette définition assez plate prend une profondeur presque poétique si l'on se rappelle l'étymologie du terme « examen ». En latin, il désigne l'*essaim*. Examiner, c'est donc faire comme les abeilles : sortir en masse de la ruche (comme des questions sortent du cerveau), aller butiner le nectar des fleurs (tous les savoirs appris des maîtres, des livres ou des choses) et revenir faire son miel (c'est-à-dire son devoir sur table en quatre heures). Montaigne formule l'image à merveille dans un chapitre de ses *Essais* (1580) consacré à l'éducation des enfants. « Les abeilles, écrit-il, pilotent deçà delà les fleurs, mais elles en font après le miel, qui est tout leur : ce n'est plus thym ni marjolaine ; ainsi les pièces empruntées d'autrui, il [l'élève] les transformera et confondra, pour en faire un ouvrage tout sien : à savoir son jugement[2]. » Voilà qui devrait donner envie de passer des examens plus souvent.

L'image est belle, mais elle serait incomplète pour définir la délibération si on ne lui ajoutait deux autres précisions qu'apporte là encore l'étymologie. Celle-ci, ce qui va de soi pour un tel terme, est débattue. Dans délibération, certains voient le mot latin *libra* (balance) ; d'autres, le mot *liber* (libre). À vrai dire, les deux origines font sens puisque, dans une délibération, il s'agit bien de peser le pour et le contre (d'où la balance), ce qui suppose un esprit apte à choisir (d'où la liberté). L'esclave ne délibère pas, il se soumet. L'abeille, fût-elle en essaim, ne délibère pas, elle agit par instinct. Le citoyen délibère parce qu'il peut hésiter et parce qu'il doit décider librement, faute de quoi il n'est pas citoyen mais sujet (au sens d'assujetti).

Les leçons d'Aristote

C'est que montrait déjà Aristote qui fut le premier et sans doute le plus grand penseur de la délibération. De son analyse magistrale, je retiens trois idées principales.

1) D'abord, qu'elle soit individuelle ou collective, la délibération est l'organisation du désaccord. C'est évident quand on échange à plusieurs, mais c'est aussi le cas quand on réfléchit tout seul. Aristote utilise d'ailleurs le terme de *bouleusis*, tiré de *Boulè*, qui désignait, déjà chez Homère, le conseil des Anciens puis, dans la démocratie athénienne, l'instance de cinq cents membres, chargée de préparer les décisions de l'Assemblée du peuple (*Ekklesia*). C'est une manière de dire que, quand on délibère, même seul, notre esprit devient un petit parlement – les Romains diront un « *forum* (fors) intérieur » – où l'on doit s'efforcer de penser contre soi. L'idée est essentielle : penser, c'est certes penser par soi-même et, parfois, avec les autres, mais c'est d'abord penser contre soi et/ou contre les autres. Nulle pensée, sans altérité ; aucune idée, sans désaccord. C'est d'ailleurs ce qui rend si formateur et fécond l'exercice scolastique de la *disputatio*, où l'on s'oblige à plaider à l'inverse de son point de vue spontané[3].

2) Aristote remarque ensuite que nous ne délibérons que « sur les choses qui dépendent de nous et que nous pouvons réaliser[4] ». Ce qui veut dire que la délibération porte sur l'*action* possible et future. Elle n'est donc pas un pur jeu de l'esprit, un débat gratuit ou une démonstration théorique, elle vise à conseiller ou à déconseiller, à exhorter ou à dissuader de *faire* quelque chose. C'est pourquoi le registre de celui qui délibère se distingue de celui du juge (qui évalue la justice des actions passées), du savant (qui recherche les vérités éternelles) ou encore de celui qui ne regarde que l'instant présent pour en faire l'éloge ou s'en indigner[5]. La délibération vise à éclairer une décision à prendre dans une situation d'incertitude après l'examen attentif des circonstances.
3) Enfin, note Aristote, la délibération ne porte pas sur les finalités de l'action, mais sur les moyens de les atteindre. Un médecin ne se demande pas s'il doit guérir son malade ou un général s'il doit gagner la bataille, mais comment y parvenir. Et si les fins sont « hors délibération », c'est que, selon Aristote, elles sont « inscrites dans la nature ». Évidentes et incontestables, elles relèvent de l'ordre des choses, de l'harmonie cosmique elle-même, ce qui rendrait absurde de les contester. L'homme aspire au bonheur, il désire la santé : voilà ce qu'on ne saurait mettre en doute, puisque c'est la nature elle-même qui l'établit. Grande leçon de celui qui fut le précepteur d'Alexandre le Grand : pour pouvoir délibérer, il faut être déjà d'accord sur l'essentiel.

Délibération et démocratie

C'est sur la teneur de cet « essentiel » que la délibération moderne se sépare d'Aristote. Car, pour nous, la nature ne peut plus servir d'horizon infaillible pour la détermination des fins.

Certes, nous aimons le naturel : l'air pur, l'eau claire, les vertes prairies, les produits bio… mais nous voyons aussi que son spectacle ne saurait nous guider. Car la nature c'est aussi la violence, le règne de la force brute, les maladies, les cataclysmes… contre lesquels l'homme utilise des moyens aussi peu naturels que le droit, la médecine et les technosciences. La nature que nous aimons est en fait très aménagée : cela s'appelle l'environnement. Nous ne l'aimons pas pour elle-même, mais pour la qualité, la beauté et la durabilité du cadre de vie qu'elle nous procure.

C'est tout le problème de la démocratie moderne : les fins n'y ont plus l'évidence de jadis. Elles ne sont plus localisées ni dans le passé (qui se perd), ni dans la nature (qui se tait), ni dans le ciel (qui est vide). D'où le spectre d'une *délibération sans fin*… aux deux sens du terme, c'est-à-dire sans finalité prédéfinie et sans achèvement possible. Ce qui ouvre une perspective angoissante de conflits permanents et d'indécision croissante. À moins que l'on envisage une autre manière de fonder la délibération, non plus de manière naturelle ou transcendante, mais humaine et intérieure à la cité. C'est cette autre fondation – *transcendantale* et non plus transcendante – qui organise les démocraties modernes.

Comment la concevoir ? Par ce simple constat. Quand on délibère à plusieurs, et même s'il y a de très profonds désaccords, on reste d'accord sur un point : il est préférable de discuter plutôt que de se battre. Cet accord minimal et tacite n'est pas anodin. Il entraîne avec lui, comme l'a montré le philosophe allemand Karl-Otto Apel, un grand nombre de normes éthiques. En effet, dès que je commence à discuter, je reconnais implicitement les principes suivants : il me faut être clair, mon discours doit avoir du sens, je dois être sincère, de bonne foi et la vérité doit être toujours visée à défaut d'être jamais atteinte. Quelqu'un qui nous dirait avant d'entamer une discussion : « Je vous préviens tout de suite : je serai incompréhensible et incohérent, mes propos n'auront aucun sens ni aucune sincérité, ma mauvaise foi sera totale ; et je me moque totalement de la vérité ; d'ailleurs je n'existe pas ! » ; il est très probable que, passé l'effet de curiosité, l'échange tournera court. Aucune communication ne serait plus possible. Cela nous révèle que, même sans y penser, nous embarquons avec nous, quand nous discutons, des principes éthiques majeurs. Les plus fondamentaux sont même massifs.

D'abord, la liberté, on l'a vu, car, à partir du moment où je délibère, non seulement je me suppose libre (puisque j'ai un choix à faire entre le pour et le contre), mais encore je pose autrui comme libre (puisque je peux espérer le faire changer d'avis) et, en outre, je mise que ma pensée peut avoir des effets sur le réel (sinon pourquoi délibérer ?). Bref, j'admets implicitement (et peut-être à tort) que mon choix (pour ou contre) peut modifier la réalité. Ce sont là trois postulats métaphysiques majeurs !

Mais ce n'est pas tout, car, en délibérant, j'affirme aussi l'égalité, puisque dans une discussion véritable, les droits à la parole sont égaux tant qu'ils se soumettent à la règle universelle (elle aussi implicite) du primat de l'argument le meilleur. Quand on délibère, on s'oblige à préférer l'autorité de l'argument à l'argument d'autorité.

Enfin, la fraternité pour autant que toute discussion repose sur le pacte tacite que j'évoquais : celui qui consiste à préférer l'échange d'arguments à l'échange de coups ! Même s'il peut parfois arriver qu'à court d'arguments, on puisse en venir aux mains… Ce sera alors l'échec de la délibération. Ce point est confirmé, au niveau international, par cette grande loi de l'histoire : les démocraties ne se sont jamais fait la guerre entre elles ! Aussi graves que soient les crises, la discussion conserve chez elles, si je puis dire, le dernier mot.

Il ne sert donc à rien de délibérer pour savoir si la liberté, l'égalité et la fraternité sont des fins acceptables ; car dès lors que je délibère, *je les pose comme acceptées* et suis donc logiquement contraint de les admettre. Celui qui les refuserait par la délibération serait en contradiction avec lui-même. Voilà pourquoi ce sont des transcendantaux ! Sans eux, aucun débat ne serait possible.

Par où l'on voit que, dans une délibération, il y a beaucoup plus que des paroles ou des arguments ; il y a un véritable *contrat moral, social et politique*. On pourrait même affirmer, comme le faisait Cicéron, qu'il n'y a pas de peuple véritable sans délibération authentique*. De sorte que, dénigrer la sphère délibérative, comme le font les dictatures, les démocraties illibérales ou celui qui leur sert aujourd'hui de maître à penser, Carl Schmitt[6], revient à détruire ce qui nous fait vivre ensemble. Cela laisse démuni devant le retour de la violence : la guerre de tous contre tous plutôt que le débat de chacun avec chacun. Par où l'on peut conclure qu'il y a une essence démocratique de la délibération et une essence délibérative de la démocratie. Mais, cela dit, il faut tout de suite apporter deux précisions capitales.

Délibération et gouvernement

D'abord, il ne faudrait pas en conclure que l'âge démocratique moderne aurait inventé la délibération : ce serait oublier les palabres des chefs coutumiers ou la virtuosité du génial Thomas d'Aquin, dont la *Somme théologique* est un chef-d'œuvre incontesté en la matière. On peut dire en revanche qu'à partir du moment où une procédure de discussion se met en place, quelque chose de

* Dans la *République* (I, 39-42) : « Un peuple n'est pas toute réunion d'hommes assemblés au hasard, mais seulement une société formée dans l'acceptation d'un droit et pour un intérêt commun. Ce qui pousse les hommes à s'unir c'est moins leur faiblesse, qu'un sens social qui est pour ainsi dire inné en eux [...]. Or tout peuple [...], toute chose publique [...] ont besoin pour durer, d'être gouvernés par des délibérations et des décisions rationnelles [*consilium*] et, ce "conseil" doit se rapporter sans cesse et avant tout au principe même qui a produit la cité [c'est-à-dire l'utilité commune et le consentement au droit]. Or ce *consilium* peut être exercé par un seul, ou par une minorité choisie, ou par la multitude entière. »

démocratique a lieu entre ceux qui ont *voix au chapitre*. L'époque contemporaine ajoute cette simple idée – mais elle est capitale : *toutes* les voix comptent. Et même les plus ineptes, absurdes, scandaleuses, ce qui n'est pas un mince défi pour la démocratie !

La démocratie délibérative

La notion de démocratie délibérative s'est imposée en philosophie politique, dans le milieu des années 1980, sous la plume de trois auteurs : le Français Bernard Manin (né en 1951), l'Allemand Jürgen Habermas (né en 1929) et l'Américain Joshua Cohen (né en 1951). Tous trois ont insisté sur l'aspect de la dimension délibérative que les théoriciens de la démocratie représentative avaient eu parfois tendance à minimiser. L'image traditionnelle était celle d'un peuple, doté d'emblée d'une volonté claire, qu'il revenait aux Parlements et aux gouvernants de refléter fidèlement pour la traduire en actes législatifs et exécutifs. Les partisans de la démocratie délibérative modifient cette vision. Pour eux, le peuple n'a pas d'emblée d'opinion, mais c'est la délibération qui permet de la forger après un intense travail d'échange collectif et public. La volonté générale ne précède donc pas la représentation, elle en est plutôt l'horizon, toujours visé et peut-être jamais atteint.

Cette transformation de la conception démocratique, qui me semble très juste, peut néanmoins donner lieu à deux types d'interprétations. La première cherche à perfectionner la démocratie représentative par une meilleure intégration de cette dimension délibérative ou « communicationnelle », pour parler comme Habermas. La seconde entend inventer un *modèle tout à fait neuf de démocratie*, animé par une nostalgie pleine d'espoir envers la démocratie directe. J'ai, pour ma part, une réserve de fond à l'égard de cette seconde attitude, dont le principe peut être formulé simplement : il ne suffit pas de délibérer ni pour tomber d'accord ni pour décider correctement.

La deuxième remarque est encore plus importante. Si elle est une condition nécessaire de la démocratie, la délibération n'en est pas une condition suffisante. Il est, certes, tentant de considérer, comme le font des penseurs très estimables*, que la liberté de penser et de parler est la clé de la démocratie. Mais c'est oublier

* Comme Anthony Giddens, Ulrich Beck, Jürgen Habermas ou Amartya Sen.

qu'elle est aussi un pouvoir et qu'il ne suffit pas de discuter pour se mettre d'accord. Il existe des désaccords insurmontables, même entre démocrates partageant les principes de liberté, d'égalité et de fraternité. Ne serait-ce que parce que l'ordre des priorités entre eux peut être discuté. Ainsi, un socialiste mettra peut-être l'égalité au-dessus de la liberté ; un républicain mettra la fraternité nationale plus haut que la liberté individuelle ; tandis que, pour un libéral, cette liberté personnelle primera tout.

De tels désaccords sont la richesse des démocraties, mais ils peuvent aussi être leur faiblesse, car aucune délibération collective, même très élaborée, n'assure ni qu'une décision soit prise ni que celle qui est prise soit la bonne (ou du moins la moins mauvaise). De sorte que le culte délibératif peut se retourner contre le pouvoir démocratique en oubliant que son but est la *décision* et non la *discussion*. Si l'on délibère, ce n'est pas pour causer, c'est pour *décider*… Que s'est-il passé pour que nous l'ayons oublié ?

Comment Internet a révolutionné l'espace public

Il s'est passé un total bouleversement de l'espace public : soudain, complexe et mondial. Difficile à interpréter aussi, car porteur du meilleur comme du pire. En voici une brève histoire.

Les trois délibérations

Plantons d'abord le décor : dans les démocraties modernes, il y a trois sphères où l'on parle des affaires de la cité.

La première est, comme son nom l'indique, le Parlement. Il est l'emblème de la délibération institutionnelle ou étatique, même si, autour de lui, il faudrait ajouter tous les conseils qui nourrissent, suscitent, permettent, contrôlent ou évaluent les décisions qu'elles soient législatives ou exécutives. Dans toutes ces instances, la délibération est soumise à des règles strictes, car on s'est vite aperçu que la parole dite « libre », dans une assemblée (du type « générale ») ou un conseil (du type « soviet »), était le meilleur vecteur de l'oppression. Les minorités, voire la majorité silencieuse, y perdaient vite leurs droits ; le temps de parole était confisqué ; l'ordre du jour était manipulé. D'où ces normes précises, qui organisent et encadrent les débats, et dont l'origine vient moins des cités grecques ou de la république romaine que des institutions ecclésiastiques et notamment monastiques. On a en effet tendance à oublier que, comme pour les élections, c'est dans l'histoire chrétienne que nous puisons les ressources de notre culture délibérative. Dans la très dogmatique Église catholique, le pluralisme était un principe majeur : d'ailleurs même le diable avait droit à son avocat* !

La deuxième sphère d'échange est l'espace public. C'était celle, jadis, des salons et des journaux, aujourd'hui des *médias* dans leur ensemble. Le terme, d'ailleurs, dit bien leur mission : ce sont (en principe) des *médiateurs* entre les croyances privées et les opinions publiques, entre les intérêts particuliers divergents et un intérêt général émergent, entre le flux de l'actualité et les enjeux de long terme. Ce vaste champ médiatique est, lui aussi, balisé par quelques règles ; certaines de droit – atteinte à l'ordre public, diffamation – définies en France par la loi de 1881, et d'autres qui relèvent de la déontologie du journaliste. Aucune n'empêche d'être partial, voire partisan, pourvu que l'opinion

* La formule vient de l'institution des procès en béatification ou canonisation au sein de l'Église catholique romaine (depuis 1587). Puisqu'il est question de statuer sur la sainteté d'une personne, il faut que tous les protagonistes soient représentés : y compris l'avocat du diable (officiellement le *Promotor fidei*) qui n'aura de cesse de montrer que la prétendue sainteté est une vaste supercherie… dans le but de la fonder de manière incontestable. Sur la délibération monastique, voir L. Moulin, « Les origines religieuses des techniques électorales et délibératives modernes » (rééd.), *Politix*, 1998, 11, 43, p. 153.

soit distincte de l'information. On le voit, ces règles sont seulement internes : la seule critique qu'admet l'espace public est l'*autocritique*. Les journalistes sont par définition des démocrates irresponsables ; non parce qu'ils seraient insouciants, mais parce que, dans le cadre du respect de la loi, ils n'ont de comptes à rendre qu'à eux-mêmes et au public.

Enfin, au cœur du peuple-société, il existe une troisième forme de délibération ; c'est celle qui s'exerce en famille, entre amis, au bureau ou à l'usine. On la pratique dès le matin au café du commerce, le soir dans les dîners en ville, à midi dans les déjeuners sur l'herbe ou à 16 h 30, à la sortie de l'école. Elle est totalement informelle, régie seulement (et en principe) par les règles tacites de la politesse et de la civilité. C'est pourquoi on peut l'appeler *délibération civile*, même si elle ne l'est pas toujours.

Délibération institutionnelle, délibération publique, délibération civile : la démocratie a besoin de ces trois sphères. Si les deux premières sont absentes, c'est la dictature, et quand la troisième fait défaut, on entre en mode totalitaire. À l'opposé, le dynamisme, l'équilibre, mais aussi la distinction de ces trois sphères révèlent la bonne santé d'une démocratie. Et c'est là que l'inquiétude peut poindre aujourd'hui, car les rapports entre ces trois délibérations sont brouillés.

Brouillage des trois sphères

Après le décor, voici l'intrigue. La délibération institutionnelle a longtemps prétendu avoir la primauté sur les deux autres. L'idée de départ était que les citoyens étaient soit trop ignorants, soit trop occupés, soit trop passionnels, pour s'occuper raisonnablement de la cité. Il fallait donc faire appel, comme dit James Madison, un des « Pères fondateurs » des États-Unis d'Amérique, à « l'intervention d'un corps de citoyens modérés et respectables

[…] pour suspendre le coup que le peuple médite de se porter à lui-même[7] » : ce sont les élus, chargés de protéger le peuple de ses propres égarements et de ses passions temporaires. Ce qui explique, aussi, qu'à l'origine des démocraties il y ait une certaine méfiance à l'égard de l'espace public. C'était le cas de Napoléon III au moment où les journaux se développaient. Il était convaincu de leur effet nocif sur le peuple : au lieu de l'informer, ils le corrompent ; au lieu de le représenter, ils le trahissent ; au lieu de générer l'intérêt général, ils le fragmentent en intérêts particuliers. Bref, selon lui, les journaux n'assuraient pas leur fonction de médiation ; il fallait donc les contrôler. Par où l'on voit que les « illibéraux » d'aujourd'hui n'ont rien inventé. Dans cet esprit, la seule délibération admise est celle, inscrite dans la loi, qui vise à maintenir le cap d'un intérêt général au milieu des tempêtes que nourrissent les emportements fugaces et les passions funestes.

C'est contre ce privilège du surplomb étatique que la délibération médiatique a voulu s'affirmer en contre-pouvoir. Les journalistes n'entendaient plus être les simples greffiers des échanges internes de l'État ; ils aspiraient à en vérifier les contenus et à dénoncer les éventuels abus. Salutaire évolution, mais qui n'est pas sans risque. Car, comme l'a bien perçu Marcel Gauchet[8], les médias sont tentés, au-delà du rôle de contre-pouvoir, de prendre celui de « méta-pouvoir », voire d'« antipouvoir ». Le méta-pouvoir, c'est penser : « Les contraintes de la décision ne nous intéressent pas ; seule la vérité pure – les faits – mérite notre attention. » L'antipouvoir, c'est dire : « Le pouvoir inévitablement corrompt ; tous les puissants sont suspects ; nous devons donc *toujours* les dénoncer. » Pourquoi ces dérives sont-elles fâcheuses ? Parce qu'elles oublient que la démocratie est un pouvoir et donc que décider d'être systématiquement à côté (méta-) ou contre (anti-) lui, c'est être à côté ou contre la démocratie. Premier brouillage du champ délibératif qu'un démocrate aussi sincère que

Michel Rocard avait perçu très tôt, avec un brin de nostalgie : « Il fut un temps, celui de la conquête de la liberté de la presse, où le support médiatique intervenait dans l'art de gouverner en assurant la diffusion d'à peu près toute l'information nécessaire à la compréhension. Ce temps s'éloigne, la pente est au spectacle. Les médias vendent mieux de l'émotion et du drame que de l'information pure, et le journalisme d'investigation mange l'espace de l'information[9]. »

La suite de l'histoire est celle de l'arroseur arrosé. Car les médias furent, à leur tour, inscrits sur la liste des suspects. Collusion, complaisance, « entre-soi » ou préoccupations mercantiles, pensée unique ou biais idéologique : l'objectivité médiatique est mise en cause. Le doute venait de la troisième sphère ; celle des conversations jadis privées, mais qui pouvaient désormais s'étaler au grand jour grâce aux réseaux sociaux. Avec eux, la délibération informelle de tout un chacun concurrence non seulement les institutions délibératives, mais les médias eux-mêmes, qui sont tentés de s'en faire les vitrines. Collectifs, organisations, groupes de pression, voire simples personnalités peuvent désormais, pourvu qu'ils maîtrisent un peu ces outils, exercer une influence décisive sur l'espace et la puissance publics. C'est l'âge des e-médias (pour ne pas dire *immédiats*), qui bouleversent toutes les règles : ils sont quasi hors loi, hors déontologie et, même parfois, hors civilité. Ils ne connaissent d'autre norme que le succès de leur buzz. Avec Internet, la troisième délibération – celle du peuple-société – risque de se retourner contre les deux précédentes. Le « public » tend à régresser en « foule », selon la distinction de Gabriel Tarde[10].

La troisième révolution de l'espace public

L'arrivée d'Internet, puis celle du Web avaient pourtant suscité un immense espoir pour l'espace public démocratique. On nous promettait l'émergence d'une agora hypermoderne et universelle, où tous les citoyens, à égalité, pourraient désormais se faire entendre, s'informer à partir de sources multiples et contradictoires, participer au débat politique, voire à la décision. Bref, ce serait la fin de la dépossession démocratique à l'échelle du monde. Trente ans après, la déception est là, parfois à la hauteur de l'espérance : excessive ! Le bilan pour la qualité du débat démocratique semble pour le moins mitigé. Côté pile, une extraordinaire facilité dans la recherche d'informations, dans la diversité des sources ; côté face sombre, ce sont le triomphe des *infox* et autres « vérités alternatives », les lynchages médiatiques, les manipulations à grande échelle. Tout ceci a emporté les belles illusions initiales. Que s'est-il donc passé ?

À la Renaissance, l'invention de l'imprimerie avait rendu possible la construction de l'espace public moderne. En faisant baisser le coût des livres et des journaux, elle allait permettre l'éducation et l'information des citoyens. À l'époque contemporaine, l'avènement des radios libres et des chaînes de télévision privées suscite une extension et une pluralisation de ce même espace public. Qu'apportera la troisième révolution, celle de l'Internet ? Certains prophétisent sa destruction tandis que d'autres annoncent son accomplissement… C'est un peu trop simple, et la réalité sera, comme toujours, bien plus grise et donc plus difficile à penser : comment envisager le type de bouleversements que les nouvelles technologies font subir à la délibération démocratique ?

Il faut commencer par les décrire : pour l'essentiel, elles comportent trois couches distinctes.

La première est l'*Internet* au sens strict. Porte d'entrée dans le virtuel, il consiste en un réseau très réel de communications physiques composé de câbles, de serveurs et d'ordinateurs. Mais, parce qu'il est dénué de centre névralgique, parce qu'il n'a aucun organe central surplombant, parce qu'il n'a plus d'interrupteur général pouvant l'éteindre, on peut dire qu'il s'agit d'un dispositif de type libertaire ou anarchiste[11]. C'est en tout cas l'idéologie qu'il porte en lui.

À cette première couche viennent s'ajouter les *applications* qui permettent la transmission d'informations selon un protocole commun. Ce sont, par exemple, le courrier électronique, la messagerie instantanée ou le partage de fichiers. La plus célèbre d'entre elles reste le Web ou World Wide Web, inventé en 1989 par Tim Berners-Lee et Robert Cailliau au sein du CERN. Il offre un langage commun (html pour HyperText Markup Language) pour toutes les informations mises en ligne et un unique protocole (http pour HyperText Transfer Protocol) pour y accéder en tout lieu.

Face à la masse phénoménale d'informations disponibles sur le réseau, le moteur de recherche est indispensable. C'est lui qui va trouver, mais aussi hiérarchiser l'information demandée à partir de nos mots clés. Alors qu'Internet est anarchiste, le Web est *aristocratique*, c'est-à-dire élitiste et censitaire. Les informations les plus demandées (nombre de clics, réputation des *links*, popularité des sites) apparaissent en premier, sauf si l'on rémunère le moteur pour qu'il les mette en haut du panier (référencement et indexation). Ce sont les plus cliqués et/ou les mieux-disants qui seront les mieux classés. Le Web ne signe pas la fin du pouvoir ni le règne de l'horizontalité : il s'agit de nouveaux pouvoirs et d'une verticalité reconfigurée. Si vous en doutez, interrogez Google !

La troisième couche est celle des réseaux sociaux (ou Web 2.0) : Facebook, YouTube, Twitter, Snapchat, Instagram, Wechat, etc. Leur caractéristique principale est d'effacer la barrière entre le privé et le public, entre la production et la consommation d'informations. Une idée, une remarque, un témoignage, une blague, une image… qui jadis auraient été réservés à un petit cercle d'intimes, peuvent désormais (et pas toujours de plein gré) avoir une visibilité mondiale. Et nous-mêmes pouvons *liker*, partager, commenter les propos de nos (plus ou moins) proches qui apparaissent dans notre fil d'information. Le *like* ajoute un élément supplémentaire au *clic*. Il crée un filtre, d'un autre type, qui détermine les informations futures qui me seront proposées. Toujours plus proches de nos amis, toujours plus loin de nos ennemis, nous ne sommes plus confrontés qu'à des opinions que l'on partage ; ce qui induit faussement que « tout le monde pense comme nous ». Le moteur d'information devient moteur de confirmation. Autrement dit, les réseaux sociaux sont à tendance communautariste. Et si le mot communauté est, aux États-Unis, un mot positif ; il est en France assez péjoratif. Internet : fin de la majorité silencieuse ; triomphe des minorités bavardes.

Anarchie de l'Internet, aristocratie du Web et communautarisme des réseaux sociaux : telle est la triple idéologie des nouvelles technologies de l'information, toutes portées par de fortes personnalités : les monarques charismatiques des GAFAM et BATX et les hackers libertaires de l'ombre. Force est donc de le constater : aucune n'est naturellement favorable à la démocratie ! Même s'il est envisageable que la démocratie puisse se les rallier. Ces trois niveaux peuvent produire le meilleur comme le pire. Le meilleur, c'est l'incroyable gain de liberté et de valeur (en l'absence de contrôle central) ; c'est l'hallucinante facilité d'accès à l'information ; c'est la formidable capacité offerte de créer son petit média personnel, nourri par des personnes de confiance ou des leaders d'opinion. Le pire, c'est la dérégulation totale d'un réseau opaque devant lequel chacun est vulnérable ; c'est le règne d'un *mainstream* et l'extinction progressive de l'idéo-diversité ; c'est la sauvagerie sans borne des rumeurs et des calomnies.

D'où les deux défauts qui sont à l'origine du « désenchantement de l'Internet[12] » :

1) D'un côté, la privatisation de l'espace public qui tend à ressembler à une juxtaposition de bulles de croyances particulières entre lesquelles n'existent plus que l'indifférence ou l'agressivité.
2) De l'autre côté, la fragilisation de l'espace public face aux « industries de la rumeur » : les *leaks* n'apparaissent plus si désintéressés ; les *trolls*[13] du Web ne sont plus de joyeux drilles ; les *fake news* ne relèvent plus du simple folklore ; les hacktivistes n'ont plus le masque sympa de gentils libertaires ; le *buzz-ness* est devenu roi.

Désormais la prise de conscience est là : les manipulations à grande échelle viennent faire basculer une élection (États-Unis en 2016, Malte en 2017) ; des officines opaques tirent un profit juteux de l'idéologie de la transparence ; les commanditaires de ces fuites jouent un jeu complexe à plusieurs bandes ; les journaux bien établis, qui relaient ces mêmes fuites, enquêtent en détail sur tout… sauf sur les motivations de ceux qui les leur ont fournies (car cela risquerait peut-être de tarir leur source).

Bref, loin de réaliser le rêve d'une apothéose civique, l'Internet tend à accroître le sentiment de dépossession démocratique. Avec cette perspective terrible : un espace public qui loin de renforcer la démocratie, ne lui appartiendrait plus, voire se retournerait contre elle. On n'en est pas encore là, mais la question se pose avec urgence : comment un gouvernement démocratique peut-il aujourd'hui promouvoir une délibération de qualité, c'est-à-dire efficace pour la décision ?

Utopies délibératives et illusions participatives

Sur ce sujet, ce ne sont pas les idées qui manquent. La créativité est même impressionnante. Mais je dois prévenir le lecteur que je vais jouer ici le rôle ingrat du rabat-joie ! Car les bouleversements de l'espace public impliquent de faire un tri sévère entre les vrais mauvais problèmes et les fausses bonnes solutions. Les secondes s'entendent très bien avec les premiers pour que rien ne vienne améliorer le fonctionnement démocratique. Animé de ce mauvais esprit, je propose au lecteur de me suivre dans un petit voyage au cœur de la galaxie des innovations démocratiques les plus récentes, y compris (et surtout) de ses ratés ou de ses impasses.

Le rêve doux de l'Open Gov

Le 20 janvier 2009, Obama s'installe à la Maison Blanche après une flamboyante campagne numérique. Le premier acte de son premier jour de travail est le lancement de l'Open Government Initiative. Il s'agit de promouvoir la transparence du pouvoir, la participation des citoyens et le travail collaboratif des institutions, bref, de créer une sorte de « méta-gouvernement citoyen » qui accompagnerait, inspirerait, contrôlerait et – peut-être – sanctionnerait le gouvernement institué. En 2010, les agences gouvernementales fédérales commencent à produire des pages Web invitant les citoyens à contribuer (www.data.gov). En 2011, l'idée s'internationalise avec le PGO (ou Open Government Partnership) qui réunit, outre les États-Unis, huit États signataires : Royaume-Uni, Brésil, Afrique du Sud, Indonésie, Mexique, Norvège et Philippines. Le projet consiste à élaborer une plateforme recueillant les « bonnes pratiques ». Cinq ans plus tard, soixante-dix autres pays les rejoignent (dont la France depuis 2014). Le quatrième sommet du PGO se tient à Paris les 7 et 9 décembre 2016. Ce partenariat s'attache à « promouvoir la transparence de l'action publique et son ouverture à de nouvelles formes de consultation et de participation citoyennes, à renforcer l'intégrité publique et combattre la corruption, et à utiliser les nouvelles technologies et le numérique pour renforcer la démocratie, promouvoir l'innovation et stimuler le progrès* ».

Beau projet, réunissant de magnifiques initiatives, nourri de subtils et longs débats, alimenté par d'astucieuses innovations… mais dont on peut dire, aujourd'hui qu'il est loin d'avoir produit la transformation espérée. D'abord, la présidence Obama ne s'est pas toujours caractérisée par cette transparence promise : c'est même son gouvernement qui a été la cible privilégiée de la surenchère inquisitoriale de WikiLeaks et autres Snowden. Ensuite, on s'est aperçu que l'ouverture des données pouvait profiter non pas seulement aux gentils citoyens, mais aussi aux méchants dévoreurs de big data, voire aux puissances étatiques adverses. Il a aussi fallu peu à peu distinguer entre des projets de simplification administrative très louables et des projets tout

* L'expression *civic techs* désigne les technologies qui ont pour but de renforcer le lien démocratique entre les citoyens et le gouvernement. On peut les classer en deux catégories : celles qui permettent l'ouverture du gouvernement (ou *open gov*), qui va du pouvoir aux citoyens en permettant à ceux-ci d'accéder aux données publiques ; celles qui favorisent la participation citoyenne en organisant débats, pétitions, groupes de pression et financements participatifs. En France, les données publiques sont ainsi disponibles sur le portail data.gouv.fr (géré par la mission Etalab, placée sous l'autorité du Premier ministre). (*Cf.* D. Lathrop et L. Ruma, *Open Government, Collaboration, Transparency and Participation in Practice*, O'Reilly, 2010.)

à fait révolutionnaires*. Enfin, il ne faut pas négliger que ces changements participatifs excluent une bonne partie des électeurs et alimentent leur sentiment d'être un peu plus dépossédés du pouvoir. On peut certes dire qu'il s'agit là de ringards voués à disparaître, mais défendre la démocratie participative contre une partie de la population est aussi indéfendable que périlleux. L'élection de Trump a été aussi le signe de la révolte des exclus de l'« innovation démocratique ».

L'appétit de la pétition

Aujourd'hui, la France est avec les États-Unis, l'Espagne et la Russie, championne des pétitions au risque de l'indigestion. Parcourons le site Change.org, cela donne : « Sauver le vaquita » (mammifère marin) ; « Stop au déterrage des blaireaux » ; « Non au nouveau contrôle technique », etc. On est là très loin de l'esprit originel des « barricades de papier » que ce beau texte rappelle (cité par F. Jarrige[14]) : « Pétitions ! Pétitions ! Pétitions ! Que ce cri retentisse en échos formidables d'un bout de la France à l'autre, qu'il éclate comme la foudre à chaque rue, sous chaque toit de la capitale, qu'il se répande dans les âmes et se traduise en une activité militante, énergique, incessante. Que les pétitions se signent à toute heure et partout, aux bureaux de la presse républicaine, dans les magasins, dans les ateliers, au foyer domestique. Que les hommes de cœur et de dévouement y consacrent tous les efforts de leur zèle, toute l'énergie de leurs convictions. Le temps presse ; un jour, une heure, un moment perdus sont un crime. Debout tout ce qui a du feu dans la poitrine, de la force dans l'âme ! Debout tout ce qui veut la Constitution, tout ce qui est républicain, tout ce qui est peuple ! Debout Paris et les départements ! Debout la France entière ! Que chaque nom soit pavé, chaque signature un fusil, chaque pétition une barricade, et nous verrons quelle armée pourra vaincre cette Révolution du pétitionnement » (*La Voix du peuple*, 14 mai 1850).

---

* C'est la principale faiblesse du livre de Nicolas Colin et Henri Verdier (*L'Âge de la multitude*, Armand Colin, 2015, 2e éd.), par ailleurs stimulant, qui me semble singulièrement aveugle sur les présupposés philosophiques et politiques de leur mentor Toni Negri. Les auteurs utilisent un appareil idéologique terriblement révolutionnaire pour promouvoir une gentille réformette de l'État.

C'était en 1850, à la naissance de l'esprit pétitionnaire. Le 31 mai, une nouvelle loi électorale est votée à l'Assemblée qui limite très fortement le suffrage universel : elle va priver de vote près de 3 millions d'électeurs (sur 9,6 millions). Aussitôt le pétitionnement s'impose comme le mode de protestation. En seulement trois semaines, 500 000 signatures sont recueillies sur l'ensemble du pays pour dénoncer cette nouvelle procédure. Par la suite, l'idée est apparue, au-delà de la protestation, de donner une force contraignante ou légale aux pétitions (par exemple pour imposer un référendum ou un projet de loi). Mais elle devient problématique, puisqu'à l'âge technologique, il est désormais possible de créer des « machines pétitionnaires » réunissant de manière automatisée quantité de « signatures » ou de clics. Trop de pétitions tueraient-elles la pétition ?

La mode des budgets participatifs

En 1988, Olivio Dutra, militant du Parti des travailleurs brésiliens est élu maire de Porto Alegre (1,4 million d'habitants). Le problème est qu'il est minoritaire au sein de l'assemblée municipale, qui a été élue séparément. La situation est bloquée. Il décide alors, pour le contourner, de mettre en place un processus de consultation et de décision de la société civile. Un dispositif à trois étages est inventé : des assemblées ouvertes dans tous les quartiers, des assemblées de délégués dans les secteurs et un conseil général du budget participatif au niveau de la commune. Les discussions portent sur tous les domaines de l'action publique et s'attachent à redéfinir l'ordre des priorités. Le « budget participatif » était né. Il mettait fin à une gestion opaque et clientéliste. Et lorsque, en 2004, le Parti des travailleurs perdit la mairie après seize années de pouvoir le dispositif était si bien installé qu'il ne put pas être remis en cause (même si sa portée en fut limitée).

Cette idée se diffusa rapidement, non seulement au Brésil, mais partout dans le monde ; et elle ne se borna pas à séduire les majorités politiques les plus à gauche. Trente ans plus tard, le nombre d'expériences se réclamant de l'appellation est très significatif sur tous les continents – on a même pu parler d'un « retour des caravelles », puisque l'innovation politique était désormais diffusée depuis l'Amérique du Sud vers l'Europe. Mais cette appellation est bien peu contrôlée au regard de la diversité considérable des pratiques et des objectifs[15]. Le politologue français Yves Sintomer en a proposé une définition rigoureuse accompagnée d'une typologie. Un budget participatif est un dispositif qui permet aux citoyens non élus de contribuer à la définition et/ou à l'allocation de fonds publics. Il suppose qu'une délibération ouverte et publique soit organisée pour les citoyens, de manière régulière, dans un territoire donné disposant d'une assemblée élue, autour de différents projets susceptibles d'être financés par un budget d'un montant défini. Cette délibération doit déboucher sur une décision et les actions menées à son issue doivent être restituées à la collectivité.

Sur cette base commune, les objectifs peuvent être extrêmement divers – favoriser la participation citoyenne, lutter contre la corruption, mieux contrôler les élus, apaiser des conflits locaux, redéfinir les priorités de l'action publique – et les modalités très variées : la délibération est-elle contraignante ou simplement consultative ? Concerne-t-elle l'assemblée générale des citoyens, les seuls conseils de quartier ou également les organisations associatives, économiques, syndicales, militantes ? L'examen porte-t-il sur le budget global ou seulement sur une partie dédiée du budget ? Le contexte, enfin, varie considérablement selon qu'il s'agit d'une démocratie développée ou d'un pays émergent.

Les adversaires de ces procédures dénoncent leur caractère lourd, long et coûteux. Ils notent aussi qu'il s'agit plus souvent de créer une « représentation *bis* » qu'une véritable participation de tous les citoyens. Ils relèvent enfin que ces dispositifs peinent à intégrer le long terme et une vision globale au profit de projets ponctuels, restreints et à réalisation immédiate. Aux yeux des partisans, ces défauts sont secondaires au regard d'une qualité fondamentale : ces pratiques font vivre la démocratie, en permettant aux institutions de respirer.

La solution des sondages délibératifs

James S. Fishkin est un politologue réputé et actif. Directeur du centre de démocratie délibérative de Stanford, il ne se contente pas d'observer la vie politique de son temps, il propose des solutions. L'une d'entre elles est le *sondage délibératif*, qu'il a théorisé et formalisé sur la base de ce constat. La plupart des enquêtes de sondage se contentent de demander aux sondés ce qu'ils croient. Le sondage délibératif les invite à se forger une opinion, c'est-à-dire à réfléchir et à s'informer. Il comporte trois étapes. On demande d'abord à un échantillon aléatoire et représentatif son opinion spontanée sur un sujet ; mais au lieu de s'en tenir là comme dans les sondages habituels, on leur propose en outre de se réunir durant une période donnée (un week-end ou plus) non seulement pour échanger entre eux, mais aussi pour auditionner des experts et des leaders politiques, le tout encadré par des modérateurs formés. L'ensemble de ces débats est filmé et peut éventuellement être diffusé à la télévision ou sur le net. À l'issue de cette phase, un nouveau sondage est effectué qui permet de mesurer les changements d'avis et éventuellement l'orientation du groupe vers une position convergente, qui servira ensuite, de manière plus ou moins contraignante, d'outil à la décision politique.

> Prenez un échantillon national représentatif de l'électorat et rassemblez ces personnes venues de tout le pays dans un même lieu. Plongez cet échantillon dans le thème en question, avec un matériel informatif soigneusement équilibré, avec des discussions intensives

> en petits groupes, avec la possibilité d'auditionner des experts et des responsables politiques ayant des opinions opposées. À l'issue de plusieurs jours de travail en face à face, sondez les participants de façon détaillée. Le résultat offre une représentation du jugement éclairé du public[16].

Ce dispositif se rapproche ainsi des « conférences de consensus » mises en place au Danemark, mais avec un nombre de participants plus important. Il a ainsi été mis en pratique en Californie pour décider des orientations futures du plus grand État américain (What next California), au Texas, en Australie, mais aussi en Chine dans la ville de Wenling. De nombreuses expérimentations sont toujours en cours[17]. Parmi les derniers sujets évoqués : les modifications constitutionnelles mongoles, la sécurité alimentaire au Sénégal ou au Ghana, les options de politique énergétique pour le Japon, etc.

Cette démarche est séduisante et on peut difficilement en contester le principe, car elle met le citoyen lambda en situation de décision. Mais il faut en voir aussi les limites. D'abord elle est lourde, longue et coûteuse à organiser. Ensuite, elle suppose que les sujets abordés soient intéressants, porteurs d'enjeux forts et pas trop techniques. Il se peut enfin que des clivages importants demeurent au terme de la démarche : ce processus ne garantit nul consensus. Pour toutes ces raisons, cette méthode est difficilement généralisable, et c'est même son caractère exceptionnel qui en fait la force et en assure l'efficacité.

Ainsi, quand J. S. Fishkin, en collaboration avec le grand juriste de Yale, Bruce Ackerman, tente d'en institutionnaliser l'esprit au travers d'une « journée de la délibération[18] », je crois qu'ils s'égarent. L'idée d'instituer un nouveau jour férié, avant chaque élection nationale, qui serait réservé à la délibération collective au niveau des quartiers suivant une organisation stricte, dont les deux auteurs décrivent le détail, me paraît aussi irréaliste qu'inefficace.

Le mirage de la participation

Quelles leçons peut-on tirer de ces quelques exemples ? Ceux qui les étudient en sont souvent les promoteurs militants. Ils y voient parfois le prélude à une véritable régénération politique : *open gov, civics techs*, budgets participatifs, sondages délibératifs, sont pour eux les premiers jalons vers une démocratie participative, seul horizon possible de la démocratie.

Je suis très loin de partager cette association spontanée entre démocratie et participation civique. C'était peut-être justifié dans l'Athènes antique, où cette participation était délibérative certes, mais surtout militaire et obligatoire. Chaque citoyen avait le droit de parler, mais aussi le devoir de mourir pour sa cité et de toujours choisir un camp : le vote blanc ou l'abstention y étaient proscrits. De nos jours, la participation demeure délibérative, mais elle n'est plus que militante et facultative. Les citoyens ne sont plus obligés ni de s'intéresser à la politique, ni de voter, ni d'avoir un parti pris politique, ni de mourir pour la patrie. Et cela change la donne. Dans ce contexte moderne, promouvoir l'avènement d'une démocratie participative, c'est commettre une triple erreur.

D'abord, la délibération/participation s'use vite dès qu'on s'en sert un peu trop. Parce qu'elle se fonde sur l'enthousiasme et l'engagement des citoyens, elle est à la merci d'une baisse de régime des bonnes volontés. Ce qui les soumet, par ailleurs, aux manipulations des mauvaises : dès que l'engagement civique faiblit, il ne reste plus que les militants professionnels pour occuper le terrain déserté. On voit, d'ailleurs, que parmi les expérimentations participatives réussies, il en est très peu de pérennes. Le souffle pionnier finit toujours par retomber et même assez vite ; et les initiatives s'embourbent dans le quotidien. Ou alors c'est la participation qui ne va pas dans le sens de ceux qui l'ont promue : on s'aperçoit alors avec effroi que la générosité ne l'étouffe pas et que l'avenir radieux ne l'inspire pas. Autrement dit, la démocratie participative ne permet pas le développement durable de la démocratie. Parce qu'elle est anti-institutionnelle par esprit, elle met en péril l'institution démocratique elle-même.

Ensuite, la démocratie participative instaure une dictature d'un type particulier : la dictature « de-ceux-qui-ont-le-temps », c'est-à-dire aussi, bien souvent, de ceux qui ont les moyens – financiers, culturels, rhétoriques – de participer. Les autres, ceux qui n'ont ni le goût ni le loisir des réunions interminables où il faut que « tous s'expriment » dans le respect le plus total de propos parfois intelligents parfois indigents, ceux-ci n'auront pas voix au chapitre... qui s'écrira sans eux. Ceux qui ont vécu les réunions de copropriétaires, les conseils d'école ou les comités de quartier – « beaux » exemples de démocratie participative – savent tout ce que la nature humaine recèle de caractères : le tatillon, le grincheux, le méfiant, l'opposant systématique, l'expert, le désinvolte, etc. Difficile d'en faire un idéal de vie collective !

Enfin, la participation pose un insoluble problème de responsabilité : si l'ensemble des citoyens élabore et contribue à la prise de décision, qui sera responsable des mauvaises ? Et qui prendra les douloureuses ? La participation annihile ainsi un des piliers de la démocratie : la reddition de comptes. Celle-ci ne se limite pas à désigner des coupables, elle permet d'évaluer avec le recul la valeur d'une décision : sa réussite ou son échec.

Voilà pourquoi attendre le salut public d'une participation ou d'une délibération citoyenne me semble, pour le dire à nouveau, à la fois illusoire et nocif. La délibération propre à la société civile exige d'être étayée à la fois par celles des institutions (qui la sollicitent, comme un instrument de gouvernement) et par celle de l'espace public (qui la relaie).

Faudrait-il alors rejeter ces initiatives ? Non pas. Mais elles ne seront bénéfiques que si on les regarde avec modestie. Elles ne sont pas, comme le prétendent parfois leurs adeptes, des solutions technologiques miracles, des utopies conviviales (voir encadré) ou des promesses d'avenir radieux ; ce sont des *outils neufs du vieil art de gouverner*. Elles viennent enrichir la palette du bon gouvernement, c'est-à-dire du gouvernement efficace. Et c'est à cette aune qu'on doit les juger. Leur promotion ne doit pas laisser croire de manière démagogique qu'il faut libérer le peuple de la domination des politiques professionnels, mais qu'elle doit permettre *de susciter de manière plus efficace l'obéissance volontaire des citoyens*. Si ce propos peut choquer, c'est que l'on confond trop souvent *obéissance* et *servitude* et que l'on est tenté de voir dans la *désobéissance* l'acte civique (pardon citoyen !) par excellence. Le 18 juin 1940 n'arrive pas tous les jours et n'est pas de Gaulle qui veut. Le citoyen de la démocratie doit certes dire « Non ! » s'il faut la défendre, mais il doit aussi dire « Oui ! » quand il doit la construire. Par où l'on voit que la fascination à l'égard de tous ces nouveaux moyens laisse presque intacte la difficile question des fins. Délibérer : pour quoi faire ?

Le festival démocratique de l'Almedalen

Chaque été, depuis cinquante ans, les représentants des huit partis suédois se rendent à Visby petite ville sur l'île de Gotland. Pendant huit jours, ils vont être en contact direct avec les citoyens venus pour une sorte de kermesse politique où l'on va pouvoir parler de tout : légalisation du cannabis, conséquences du Brexit, situation économique, islam et droits de l'homme, etc. Chaque soir, à 19 heures précises, la foule converge vers un grand pré, pour écouter un des leaders des huit formations politiques prononcer un discours de politique générale. C'est le social-démocrate, Olof Palme, Premier ministre de la Suède pendant plus de dix ans avant d'être assassiné en 1986, qui fut à l'origine de cette initiative. À l'été 1968, il était venu avec une poignée de partisans faire un premier atelier démocratique. Depuis, le rendez-vous s'est élargi à tous les partis et est devenu une quasi-institution, qu'aucune des forces vives de la nation ne saurait manquer. Toutes les causes y sont représentées sur stands ou par des « performances », des plus farfelues aux plus intéressées, pour un lobbying intense. Le mélange des genres peut agacer, mais l'esprit festif ne peut que réjouir. L'Almedalen est le symbole de la culture suédoise du consensus. L'initiative a essaimé, mais dans une moindre mesure en Norvège (l'Arenddalsveckan), en Estonie (Arvamusfestival) et au Danemark (Folkemodet).

Comment ne pas délibérer sans fin...

« Alors la crainte et la flatterie changent les acclamations en suffrages ; on ne délibère plus, on adore ou l'on maudit. »

Jean-Jacques ROUSSEAU,
Du contrat social, IV, II.

Le principal problème des démocraties hypermodernes est que la délibération s'est « définalisée » : on y discute pour discuter et non plus pour décider. L'échange démocratique tend aujourd'hui à être saturé par ces trois maux que sont l'*indignationnisme*, la *transparentite* et la *communicationnite*.

L'*indignationnisme*, c'est la confirmation de sa propre vertu par le spectacle jouissif des vices du monde. Ses deux piliers sont : 1) je pense, donc je suis contre ; 2) les autres sont méchants, donc je suis bon. Vision exclusivement morale du monde, il se situe à des années-lumière de la prise en compte de sa complexité ; à mille lieues des lourdes contraintes de l'action. C'est le degré zéro de la politique.

La *transparentite*, c'est l'idée que la vérité peut et doit se donner à voir toute nue ; qu'il suffit de suivre l'actualité « en temps réel » – et en la « décryptant » – pour avoir une représentation parfaite de la réalité. C'est aussi prétendre décortiquer les (mauvaises) intentions des acteurs du pouvoir, qu'ils soient politique, économique, médiatique, culturel ou intellectuel. C'est étaler les âmes, toutes nues là encore, au risque de les dissoudre. C'est aussi traquer les intérêts qui motivent les actions quitte à produire un monde… sans aucun intérêt.

La *communicationnite*, c'est l'idée qu'il suffit de dire pour faire ; c'est le triomphe sans partage du performatif : au commencement était le verbe ; mais, ensuite et à la fin, aussi ! N'est donc réel que ce qui est communicable ou communiqué, ce dont « on » parle et si possible beaucoup : triomphe du buzz, qui gangrène même ses adversaires. Car il faut bien qu'on parle d'eux…

Le trait commun de ces trois dérives de la délibération, c'est l'oubli de la décision comme but. Et c'est toute la difficulté, car comment un peuple pourrait-il se gouverner lui-même, s'il s'enferme dans une délibération sans fin ? La tentation illibérale surgit à cet endroit précis : car elle, elle entend retrouver de l'efficacité contre un espace public, qui semble devenu incapable de faire émerger l'intérêt général.

Comment l'art politique démocratique peut-il répondre à ce défi ? Comment les démocraties libérales pourront-elles protéger leur environnement délibératif ? En guise de réponse, je propose ici cinq règles pour un art politique délibératif des démocraties hypermodernes. Le lecteur me pardonnera, j'espère, de les relier à plusieurs récits et témoignages pour les rendre moins abstraites.

Règle n° 1 : pour la protection de l'environnement délibératif

L'espace public ouvert et pluraliste était la force des démocraties ; il est devenu une de ses faiblesses. Son ouverture et son pluralisme – qui atteignent aujourd'hui un degré inédit – sont utilisés et manipulés par ses adversaires. À l'intérieur, l'espace public sert de vitrine aux ennemis de la laïcité et aux fauteurs de troubles publics, à cette petite minorité qui considère qu'il y a des lois plus hautes que celles de la République : que ce soient celles de la nature (écologisme radical), de Dieu (fondamentalismes en tout genre) ou d'une liberté sans entraves (anarchisme extrême). Avec un sens aigu du marketing, qu'ils dénoncent par ailleurs, ces groupuscules saturent, épuisent ou parasitent l'espace délibératif.

À l'extérieur, la liberté d'opinion est utilisée par tous ceux qui entendent mener des guérillas de déstabilisation. Je recommande à ce propos la lecture édifiante de l'enquête de Pierre Gastineau et Philippe Vasset, *Armes de déstabilisation massive. Enquête sur le business des fuites de données*[19], qui permet de sortir de l'état d'hébétude où nous ont plongés l'idéologie de la transparence et l'admiration naïve à l'égard des « lanceurs d'alerte ». En la lisant, on perçoit à quel point l'espace public est devenu le théâtre d'une véritable cyberguerre (voir encadré).

**Gramsci 2.0.
La nouvelle lutte
pour l'« hégémonie culturelle » mondiale**

Souvenons-nous, c'était l'époque la plus glaciaire de la guerre froide : le général russe Ivan Agayants, grand maître soviétique de la manipulation, aurait dit : « Si l'Occident n'avait pas la liberté de la presse, il faudrait l'inventer[20]. » L'avènement d'Internet et des réseaux sociaux l'aurait fait sauter de joie ! Aujourd'hui, n'importe qui, pour une somme très modique, peut lancer une campagne de rumeurs (ou *fake news*) boostée par les réseaux sociaux et démultipliée par la puissance d'algorithmes de profilage.

Dans un rapport publié en juin 2017, le service de renseignement du Pentagone note que « depuis au moins 2010, la doctrine militaire russe a fait du développement des forces et des moyens consacrés à la "confrontation informationnelle" le concept russe visant à instaurer la suprématie dans les guerres médiatiques, une priorité. Et ce, en temps de paix comme en temps de guerre. La "confrontation informationnelle" porte à la fois sur le contrôle de l'information et sa dissémination… Les cyber-opérations constituent une partie non négligeable des velléités russes du contrôle de l'environnement informationnel[21] ». C'est WikiLeaks et Snowden qui vont donner aux Russes l'idée d'utiliser ces outils à des fins géopolitiques. D'ailleurs, Snowden est réfugié en Russie. Il ne faut sans doute pas exagérer la cohérence de la puissance exécutrice russe, mais son efficacité est indéniable. Les Russes sont loin d'être les seuls sur ce marché de la subversion. La Corée du Nord, l'Iran, la Chine, le sont aussi. Certaines officines – composées d'anciens agents des services secrets – sont très demandées par des acteurs tant privés qu'étatiques, pour des stratégies compliquées et des tactiques à plusieurs bandes. Reste que le recours aux hackers, anarchistes dans l'âme, pour une fin politique claire est toujours très aléatoire et risque à tout moment de se retourner contre leurs utilisateurs.

Tout l'enjeu pour les démocraties libérales sera de se défendre contre ces adversaires ou ces ennemis sans perdre leur âme, c'est-à-dire sans renier l'esprit de liberté et de publicité. L'exemple de la Chine, qui a construit une nouvelle grande muraille numérique depuis 1998, renforcée en 2013 (c'est le Grand Firewall), ne saurait être suivi[22]. Comment alors y parvenir ? Je vois trois pistes, qui ne sont pas des solutions miracles, mais des chantiers à ouvrir.

En ouvrant le premier, il ne faut pas se tromper de cible. Ce que l'on doit viser n'est pas la fausse nouvelle ou la rumeur, mais la nouvelle nuisible. Le seul critère valable ne doit pas être : telle nouvelle est-elle vraie ou fausse (car cela relève de la science) ? Mais telle nouvelle nuit-elle ou non à l'intérêt national ? Voilà qui concerne la politique. Et si elle nuit à l'intérêt national – ce dont nos représentants sont juges et gardiens : nous les avons élus *pour cela* (et si nous n'avons pas confiance, ce n'est pas la peine de vivre en démocratie) –, elle doit être combattue avec la plus grande fermeté. Par la loi, si c'est possible et suffisant* ;

* Voir les propositions d'Alex Stamos (*Le Monde*, 30 août 2018) qui en appelle au régalien : « Le Congrès doit bâtir un cadre légal pour lutter contre la désinformation en ligne.

par d'autres moyens, si c'est nécessaire. Et ces autres moyens relèvent des services de renseignement, du contre-espionnage et de tout ce qui touche à la guerre cybernétique[23]. Voilà ce qui doit être renforcé massivement, plutôt que l'arsenal législatif. Vive la loi pour défendre l'idéal de publicité ; et vive les services secrets pour lutter contre les déstabilisations de la transparence… C'est une mission de la défense nationale que de protéger notre espace, y compris public.

À condition de ne pas avoir trop d'illusions, on peut proposer une deuxième piste : la pression sur les GAFAM. En France, au regard de la loi de 1881, les éditeurs de presse sont responsables au plan pénal des articles qu'ils publient. C'est la contrepartie de la liberté de la presse affirmée par ailleurs. Toute personne qui s'estime lésée par un article paru peut ainsi poursuivre en correctionnelle le directeur de la publication (en qualité d'auteur) et le journaliste (considéré comme complice). À l'âge d'Internet, cette disposition a été élargie aux commentaires des internautes, dès lors qu'ils sont mis en ligne sur le site Internet du journal. D'où l'apparition d'une nouvelle profession : les « modérateurs ».

Or les GAFAM se sont soustraits à ces obligations. Considérés par la loi française comme de simples « hébergeurs », ils sont pénalement irresponsables à l'égard des contenus qu'ils diffusent. Blogs, réseaux sociaux et plateformes permettent ainsi à des personnes inconnues et à des sources anonymes de publier des informations ou des commentaires sans aucun contrôle ni recours possible. Face à cette situation scandaleuse, il convient que le Web 2.0 se « médiatise » et se responsabilise juridiquement à l'égard des contenus qu'il diffuse. Est-ce la fin de la neutralité

Les réseaux sociaux, y compris mon ancien employeur, ont commis de graves erreurs en 2016. Les sociétés du secteur des technologies utilisaient encore une définition de la cyberguerre centrée sur les techniques de piratage traditionnelles – comme le harponnage, ou la diffusion de logiciels malveillants. Elles n'étaient pas préparées à détecter ni à endiguer les campagnes de propagande qui ont été par la suite révélées et stoppées. »

du Web ? Sans hésiter, oui, pour ce qui est du Web 2.0 ; car, au nom de la prétendue neutralité, il est devenu un champ de bataille sanglant. Les géants du Web 2.0 doivent prendre en charge une responsabilité éditoriale.

Les BATX chinois (Baidu, Alibaba, Tencent, Xiaomi) n'ont pas ce genre de problème. Leur époustouflante montée en puissance laisse augurer que l'avenir ne sera pas celui de l'Internet libertaire. Mais, quoi qu'il en soit, entre l'Internet anarchiste de la Silicon Valley et l'Internet autoritaire de Shenzhen, l'Europe n'a aucune place ni aucun moyen de pression. Et ce n'est pas avec la CNIL et le RGPD que nous conquerrons une quelconque voix au chapitre.

La troisième piste possible dans la lutte contre les pollutions numériques se situe du côté des médias eux-mêmes. Le 26 mai 2004, le *New York Times* publiait un éditorial d'autocritique rare dans la presse mondiale. Le début mérite d'être cité :

> Au cours de l'année qui vient de s'écouler, notre journal a apporté un éclairage critique sur les décisions ayant entraîné les États-Unis en Irak (intervention de 2003). Nous avons analysé les erreurs des services de renseignement américains et de leurs collaborateurs, en particulier sur la question des armes irakiennes [les fameuses armes de destruction massive] et des liens possibles de ce pays avec des terroristes internationaux. Nous avons étudié les hypothèses d'une crédulité de l'administration américaine ou d'une exploitation médiatique. Aujourd'hui, il est grand temps de procéder au même examen sur nous-mêmes.
>
> En passant en revue des centaines d'articles écrits pendant le prélude à la guerre et au début de l'occupation, nous avons trouvé un énorme travail journalistique dont nous sommes fiers. [...] Mais nous avons aussi trouvé un certain nombre d'exemples où la rigueur faisait défaut. Dans certains cas, des informations alors controversées et aujourd'hui mises en doute ont été insuffisamment nuancées et questionnées.

Suit un relevé scrupuleux de tous les articles, où la vigilance du journal fut mise en défaut. Le *Washington Post* fera le même exercice quelques jours plus tard. Le chancelier allemand, Gerhard Schröder, qui cite cet éditorial dans ses Mémoires[24] en tire la conclusion suivante : « Cet article confirme ce qui m'était apparu clairement [...]. Contrairement à tout ce à quoi j'avais longtemps cru, il ne s'agissait pas de lutter contre le terrorisme organisé et protégé par certains États ; il ne s'agissait donc pas de répliquer au 11 Septembre. » Les buts de guerre étaient définis par la vision mondiale des « néoconservateurs américains » loin des menaces réelles que représentait le régime – par ailleurs atroce – de Saddam Hussein. En 2004, un journal, pour sauver son âme, pouvait faire cette autocritique courageuse. Serait-ce encore possible ou visible aujourd'hui que les réputations se fragilisent ?

C'est pour répondre à ce défi qu'a été lancée la Journalist Trust Initiativ (initiative pour la fiabilité de l'information), le 3 avril 2018, par le président de Reporter sans frontières, Christophe Deloire (en collaboration avec Global Editors Network, l'AFP et l'Union européenne de radio télédiffusion). Il s'agit d'un « dispositif d'autorégulation des médias visant à lutter contre la désinformation en ligne[25] ». Le projet consiste à élaborer un label pour les médias (journaux, chaînes de télévision, mais aussi sites Internet, blogs) qui respectent l'indépendance éditoriale, la publicité du modèle économique, la déontologie journalistique, le respect des méthodes professionnelles d'enquête, l'autocritique. Au terme d'un processus rigoureux de certification sera ainsi établie « une liste blanche » des « médias de confiance ». Cette liste, au-delà de l'honneur d'en être, offrirait plusieurs avantages concrets, comme un traitement privilégié par les algorithmes des moteurs de recherche et des réseaux sociaux, ou encore comme l'accès plus immédiat aux annonceurs qui pourraient se prévaloir de sa bonne image. Le projet a suscité beaucoup d'intérêt. Google a décidé de participer au processus, la Fédération mondiale des annonceurs (FMA) est aussi partie prenante.

Cette initiative est à la fois intéressante dans sa conception et révélatrice du souci de reconstituer des formes d'« autorité » sur le Net, qui avait fait de l'antiautoritarisme son cheval de bataille. Il ne s'agit pas d'« autorités de domination », mais d'« autorités de service ». Ce qui pourrait redonner au journalisme le rôle, non de dénonciateur ou de procureur dans lesquels il avait cru trouver sa planche de salut, mais de médiateur.

Le caractère limité et peut-être décevant, de ces trois solutions, ne doit pas cacher l'essentiel : les démocraties libérales doivent d'urgence cesser d'être naïves en matière d'espace public. Comme tous les espaces, celui-ci a besoin de frontières définies et de règles claires. L'oublier revient à mettre la démocratie en grave danger. Mais cette protection, pour nécessaire qu'elle soit, n'est pas suffisante à la reconquête délibérative. Il faudra aussi assurer la qualité du contenu au regard de ce qui constitue, pour les démocraties, les grands défis du futur.

Règle n° 2 : pour un développement délibératif durable : complexité et impartialité

Le contexte des débats démocratiques a changé. Il y a cinquante ans, il mettait en jeu un petit millier d'acteurs – les leaders d'opinion –, bien identifiés, dotés d'idéologies claires, dans un cadre national ; il portait sur des questions politiques et géopolitiques assez stables avec des perspectives assez prévisibles. Aujourd'hui, ce sont des millions de contributeurs dans un cadre mondialisé soumis à un changement permanent, qui, par sa complexité, défie non seulement l'anticipation mais aussi l'entendement. Le contexte délibératif est celui d'une course de vitesse hallucinante entre la croissance démographique mondiale, l'épuisement des ressources naturelles, les modifications profondes apportées par l'activité humaine à l'environnement et les innovations bio-techno-scientifiques de ce que l'on appelle les NBIC (nanotechnologies, biotechnologies, informatique et sciences cognitives). Le tout avec cette possibilité toujours présente, même si pour l'instant moins probable, d'un cataclysme nucléaire. C'est peu dire que la situation s'est dramatisée

Cette situation nourrit parfois l'idée que les institutions démocratiques ne seraient plus adaptées aux défis du futur. Trop étroites dans leurs perspectives spatiales et temporelles ; pas assez compétentes pour l'extrême technicité des dossiers ; trop timorées pour des enjeux qui les dépassent, il faudrait les réformer d'urgence, voire en inventer de nouvelles. Et, derechef, les bons démocrates, soucieux de l'avenir, hésitent entre la tentation radicale et les séductions illibérales. D'un côté, l'appel permanent au peuple ; de l'autre, la mise en place d'un gouvernement d'experts ; mais les deux s'accordent sur un point : il faut se débarrasser des gouvernants rassis, aveugles, sourds, toxiques et impotents.

Il me semble que plutôt que d'envisager de changer d'institutions (ah ! l'Assemblée des générations futures), voire de constitution (ah ! la VIe République écologique)[26], il convient de mieux armer celles qui existent. Comment y parvenir ?

Au moment où je me posais cette question, je découvre dans la revue *Le Débat* deux articles du député François Cornut-Gentille, qui, sur la base d'une analyse précise, plaide pour que le Parlement réinvestisse deux missions qu'il a délaissées : la prospective et l'évaluation. Cela m'a donné envie de lire son livre *Gouvernez*[27] *!*, excellent lui aussi ; et finalement de le rencontrer pour une série d'échanges.

Son analyse de l'impuissance publique est cruelle mais implacable. Trop et de plus en plus souvent, montre-t-il, les lois sont des assemblages hétéroclites, répondant à des logiques d'urgence plus médiatiques que politiques. Lois sécuritaires sans cesse renouvelées, refondation permanente de l'école, mise à plat continuelle de la politique énergétique, ou des mesures en faveur de l'emploi… : la multiplication de solutions ponctuelles et contradictoires empêche une stratégie d'ensemble et surtout durable. L'exécutif considère le Parlement comme une simple chambre d'enregistrement de ses projets soumis à un agenda court-termiste d'un côté, et à la technicité administrativo-juridique de l'autre. À aucun moment, la question de savoir si la loi est nécessaire et sera efficace n'est posée. Plutôt que de demander des rapports à des commissions, créées *ad hoc*, il faut, selon Cornut-Gentille, confier aux représentants du peuple cette mission d'évaluation pour laquelle ils sont les plus légitimes : Pôle emploi est-il efficace ? Faut-il un deuxième porte-avions ? Comment ne pas devenir une simple colonie des GAFAM et des BATX en matière d'intelligence artificielle ? Comment évaluer l'intégration des migrants ? La République a-t-elle encore sa place en Seine-Saint-Denis[28] ? Ces questions stratégiques cruciales ne sont jamais abordées hors urgence et hors polémiques ressassées.

> Le rôle des représentants, écrit François Cornut-Gentille, est d'engager ces débats d'un nouveau type, qui ne sont plus idéologiques mais ne se réduisent pas au brutal rapport de forces. Il s'agit, non pas d'imposer une vision ou une solution, mais d'ouvrir la discussion à des choix multiples aujourd'hui inconcevables. Le parlementaire ne se laisse plus enfermer dans le rôle restrictif de soutien ou d'opposant au gouvernement. Sa fonction est plus large. Ni godillot ni frondeur, il devient d'abord un représentant au sens fort du terme ou un lanceur d'alerte capable d'interpeller sur les insuffisances de l'action publique[29].

Bref, il manque une case à la délibération ; et, pour Cornut-Gentille, c'est au Parlement de la remplir, à partir de prérogatives qu'il ne tient qu'à lui d'exercer. Nul n'est plus légitime que lui pour assurer la double fonction du diagnostic et du contrôle.

> [Ce] nouvel exercice du pouvoir propose une solution institutionnelle originale. Il s'oppose au parlementarisme débridé qui fut celui de la IVe République et que l'on pressent de retour dans beaucoup de réflexions sur la VIe République. Il constitue cependant une évolution très significative du parlementarisme rationalisé de la Ve République, qui confine bien le Parlement dans un rôle d'auxiliaire. En initiant et en portant le débat public, le Parlement retrouve en effet un rôle majeur et singulier sans se substituer aucunement à l'exécutif. Cette confiance accordée au Parlement pour replacer le débat au niveau qui convient me suggère l'expression de « Parlementarisme adulte » pour qualifier le système[30].

On ne saurait mieux dire. Mais cela suppose de libérer l'agenda parlementaire, saturé par des occupations tatillonnes qui ne sont pas à la hauteur. En amont des décisions, la qualité du diagnostic fait défaut. Sans doute faut-il se garder d'un gouvernement trop lié à l'expertise, mais la complexité accrue des dossiers oblige à renforcer la valeur des informations et des données. Il est symptomatique qu'une instance aussi remarquable que l'Office parlementaire des choix scientifiques et technologiques (OPECST), créée en 1983 (actuellement présidé par Gérard Longuet et Cédric Villani), soit aussi méconnue, alors que son rôle est absolument indispensable. Le Parlement a un besoin vital d'un service fiable capable de faire une veille scientifique, d'alerter sur les enjeux de long terme, de concevoir des scénarios et de clarifier des savoirs complexes pour les rendre opérationnels.

On pourrait objecter que cette étape diagnostique est totalement irréaliste, car elle suppose une parenthèse d'impartialité dans un débat politique par nature partisan. Cette objection ne tient pas, car on peut présenter *avec impartialité* des options concurrentes, voire partisanes, fondées sur des interprétations différentes. Le moment d'impartialité ne vise pas à nier les désaccords, mais au contraire à les présenter de la manière la plus claire possible. Pour pouvoir, à partir de là, décider en connaissance de cause et en toute responsabilité.

C'est d'ailleurs la même logique que l'on devrait défendre dans l'organisation des débats publics*. Alors qu'on cherche à faire émerger le consensus ou l'opinion majoritaire, il vaudrait mieux s'efforcer d'établir le panorama fiable de toutes les argumentations concurrentes. Ainsi personne ne s'estimerait exclu du débat public en voyant sa position formulée ; mais personne ne pourrait prétendre avoir raison contre tous. Il reviendra ensuite au prince de trancher.

Règle n° 3 : du bon usage du secret

Le 25 mai 1787, les cinquante-cinq délégués désignés des États de la toute neuve Confédération américaine se retrouvent à Philadelphie « pour aviser aux dispositions qui leur sembleraient nécessaires pour rendre la Constitution du gouvernement fédéral adéquate aux exigences de l'union ». La situation est grave et presque désespérée, car depuis la fin du conflit avec l'Angleterre, le Congrès qui a gagné la guerre ne parvient pas à gagner la paix. Les désaccords semblent insurmontables. Il faut donc d'urgence inventer des institutions efficaces : c'est le but de cette convention qui réunit ce que l'Amérique compte de mieux. Jeunes, expérimentés, parfois diplômés, souvent juristes, ces délégués représentent l'élite du nouveau peuple du nouveau monde. Dès l'ouverture, ils s'engagent de la manière la plus solennelle à ne rien révéler au-dehors de leurs discussions. Le secret fut observé

* C'est le rôle, en France, de la CNDP (Commission nationale du débat public) ou du CNCE (Comité national consultatif d'éthique).

scrupuleusement. Sans lui, il est probable que l'entreprise aurait échoué tant les pressions, les oppositions et les tensions étaient vives. Les délibérations durèrent presque quatre mois, jusqu'au 17 septembre 1787 pour un total de trois cents heures. Le résultat fut l'éblouissante Constitution américaine. Un texte d'une incroyable concision : 89 phrases de 4 000 mots qui continuent, plus de deux cent trente ans après, de régler le fonctionnement des institutions politiques américaines. La démocratie moderne est née d'une délibération totalement secrète. Nous devrions toujours nous souvenir de ce moment fondateur lorsque nous faisons aujourd'hui l'éloge inconsidéré de la transparence.

Cette règle vaut aussi pour les négociations, qui sont une forme particulière de délibération[31], à ceci près qu'elle ajoute à l'examen du pour et du contre, le rapport de forces et l'esprit vindicatif. Autant la délibération peut être publique, autant la négociation doit rester secrète. On doit pouvoir y être de mauvaise foi, buté, hargneux, excessif, caricatural, exaspérant… jouer avec les lignes blanches, jaunes ou rouges, risquer le clash pour mieux trouver l'accord ; mais on doit pouvoir aussi y changer d'avis, ce qui n'est guère possible quand on est sous le feu des projecteurs. Pour toutes ces raisons, le secret est la condition nécessaire (mais non suffisante) d'une négociation réussie. Et je voudrais étayer cette idée par un témoignage.

En 2000, je participe à la création, sous la houlette de Sylvie Mesure, d'une revue formidable, hélas disparue : *Comprendre*. Elle se voulait interdisciplinaire en se focalisant non sur les disciplines mais sur les objets à « comprendre ». J'assure la direction du troisième numéro annuel avec la très regrettée Évelyne Pisier. L'objet à comprendre est cette fois « les hommes politiques ». Notre introduction s'intitule : « Il faut sauver l'homme politique ! » Les contributeurs sont prestigieux et font du numéro un petit bijou : l'ancien président de la RFA, Richard von Weizsäcker, Luc Ferry, qui vient juste d'être nommé ministre de l'Éducation nationale, Françoise Gaspard, Guy Carcassonne, Alain Renaut, Olivier Duhamel, le dessinateur Wiaz, et celui avec qui nous décidons d'ouvrir le numéro : Michel Rocard. Quand je le rencontre pour lui demander un papier sur l'art de gouverner : il paraît surpris. « Drôle d'idée, me dit-il ! » Et je suis évidemment surpris de sa surprise. Mais l'étonnement est bref car, aussitôt, il s'embarque dans les longues phrases hachées dont il a le secret. Et, très vite, l'œil s'allume d'une flamme gourmande ; l'esprit s'emballe et, avec lui, le flot de paroles et d'anecdotes. Il fut manifestement satisfait du passage de l'oral à l'écrit puisqu'il fit figurer sa contribution dans son propre recueil d'articles[32]. Je trouve très significatif qu'un passionné de politique comme lui ait été surpris d'une commande sur l'art de gouverner : c'est sans doute ce qui le distinguait de son meilleur ennemi Mitterrand, qui aurait sans doute été à la fois moins surpris et moins disert.

L'intérêt de son article est qu'il revient avec honnêteté et sans fausse modestie sur quelques épisodes emblématiques de sa propre expérience de Premier ministre. Il manifestait notamment sa méfiance à l'égard des grandes messes délibératives – du type « Grenelle de… » – où les opinions convenues relèvent de la pure posture, du concours de langue de bois, dénué de tout esprit de responsabilité.

> L'exercice est donc absolument dépourvu de tout intérêt. Mais comme ce qui pourrait en avoir le devrait à la discrétion de la procédure, c'est la presse, frustrée, qui rappelle à l'ordre l'autorité publique pour manque de considération de la société civile et mépris du dialogue social. Il faut donc bien y passer, quitte à tripler ou quadrupler le temps consacré pour conduire les conversations sérieuses, donc discrètes, où l'on n'est engagé que lorsque la négociation est à son terme mais où l'on a pris beaucoup de risques tout le long de la période. La prise de risque, inhérente à toute négociation, ne supporte la publicité qu'à la fin.

Et Rocard cite l'exemple de plusieurs négociations. Celle particulièrement tendue qu'il eut à mener pour réformer l'enseignement agricole en 1984 : « Cela a duré quatorze mois. Il y a eu douze versions des textes, et pas une fuite. Une seule aurait tout détruit. » L'autre concerne la Nouvelle-Calédonie : les discussions entamées en pleine lumière (le 15 juin 1988) étaient dans l'impasse. Michel Rocard annonce qu'il les suspend pour une semaine mais, en secret, il fait revenir les émissaires du RPCR et du FLNKS à Matignon, où il les « séquestra » durant tout le week-end. Libérées de toute pression médiatique, les négociations purent avancer et, à la grande surprise de tous, le dimanche une conférence de presse fut convoquée pour annoncer un accord.

Règle n° 4 : éloge de la ruse délibérative

Le 12 juillet 1961, Alain Peyrefitte est reçu en audience par le général de Gaulle sur la situation en Algérie. Après l'échec du projet d'assimilation puis d'intégration, le scénario de l'indépendance se dessine de plus en plus. Mais à quelles conditions ? C'est tout l'enjeu des négociations secrètes engagées avec le FLN. Quelques jours auparavant, de Gaulle avait évoqué la possibilité d'un « regroupement des Européens d'Algérie » qui pourrait « esquisser un partage ». Lors de cet échange, Peyrefitte objecte que ce scénario recèle plein d'inconvénients et que, pour être crédible, il ne doit pas être seulement une menace tactique. De Gaulle chasse toutes les critiques d'un revers de main au nom des deux avantages pour lui fondamentaux : des garanties pour les Européens et l'accès au Sahara (ses champs de pétrole et son terrain d'expérimentation nucléaire). « Ce n'est pas l'idéal, poursuit de Gaulle, mais il ne serait pas mauvais que le FLN se rende compte qu'on va nécessairement vers ça, s'il continue à fuir le contact. » Et, il termine : « Vous qui écrivez, pourquoi n'approfondiriez-vous pas cette solution dans des articles de journaux ? » Puis, sur le seuil : « Inutile de parler de notre entretien à quiconque. »

Enthousiaste, Peyrefitte se met au travail avec acharnement. Il rédige un premier article, puis quatre autres qui paraissent, fin septembre, à la une du *Monde*. Ils sont ensuite édités dans une plaquette financée sur la cassette des fonds spéciaux. L'idée fait son chemin, reçoit des soutiens notables : Michel Debré, Georges Pompidou, Olivier Guichard, Jacques Foccart. Fin novembre, le livre est prêt à être publié quand Peyrefitte est convoqué à l'Élysée. Nous sommes le vendredi 8 décembre 1961, voici l'audience retranscrite par Peyrefitte[33] :

> GÉNÉRAL DE GAULLE. – Alors, on me dit que vous faites campagne pour le partage de l'Algérie et que vous voulez même publier un livre ?

Peyrefitte interloqué tente de rappeler qu'il s'agit d'une commande de sa part !

> DE GAULLE le coupe. – Peu importent les détails, dites-moi l'essentiel de votre plan.

Peyrefitte explique alors son plan en quatre points, que je résume : 1) regroupement entre Alger et Oran de tous les Français de souche et des musulmans alliés ; 2) transfert dans le reste de l'Algérie de tous les partisans de l'Algérie algérienne ; 3) autonomie du Sahara par rapport aux deux entités ; 4) négociation sur le reste, notamment sur la division d'Alger (à l'instar de Berlin ou Jérusalem).

> Lapidaire, DE GAULLE résume. – En somme, vous voulez faire un Israël français… Ne vous faites pas d'illusions. La séparation entre ces deux Algéries se ferait dans la douleur. Ce sont les extrémistes qui prendraient le pouvoir : les musulmans les plus révolutionnaires à l'Est, les pieds-noirs les plus réactionnaires à l'Ouest. On passerait du coup de couteau au coup de canon. La guerre ne serait pas finie. Elle se poursuivrait sous d'autres formes. Et nous y serions entraînés

malgré nous [...]. Le temps travaille contre nous ! L'Algérie, ça nous gangrène ! Ça gangrène notre jeunesse ! Mieux vaut s'en aller la tête haute que de rester au prix du sang [...]. Nous n'allons pas suspendre notre destin national aux humeurs des pieds-noirs ! Si nous suivons votre solution, nous dresserons la Terre entière contre nous.

PEYREFITTE, dépité et abattu. – J'ai compris, mon général. Je vais demander à l'éditeur de mettre au pilon la composition de mon livre.

DE GAULLE. – Je ne vous le demande pas. Gardez-vous-en bien ! Ça peut encore servir. La seule chose que je vous demande, c'est de ne pas laisser entendre que je suis favorable à cette solution.

Trois mois plus tard, en mars 1962, les négociations avec le FLN aboutissent ; l'indépendance est actée. De Gaulle en informe Peyrefitte au détour d'une réception : « Alors, ce partage, on ne va pas le faire !... Croyez-moi, ça vaut mieux ! [...] Mieux vaut la paix dans la coopération que la séparation dans la violence. »

Magnifique épisode, dont Peyrefitte fut le jouet lucide et admiratif... *a posteriori*, et qui montre surtout que l'espace public est une formidable arme de négociation. « Ainsi, de la besogne sur laquelle j'avais peiné cinq mois à sa demande, il ne reste plus rien. De Gaulle a vu en moi un franc-tireur qu'il pouvait utiliser. Parce qu'à ses yeux, sans doute, dans les circonstances où nous étions, le service de la France le rendait souhaitable. Rien ne reste... si ce n'est une jolie démonstration de l'art de commander. » Et j'ajouterai de l'art de la diversion délibérative : ouvrir toutes les options, pour conserver la puissance de décider.

Règle n° 5 : l'art de clore les débats

En 1953, aux États-Unis, le sénateur Wayne Morse tenta d'empêcher l'adoption d'une loi pétrolière par un interminable discours de 22 heures et 26 minutes. En fait, il s'était lancé dans la lecture complète de l'annuaire téléphonique, en sachant qu'il était interdit au speaker du sénat américain d'interrompre un sénateur durant un discours quel qu'il soit. Le record, toutefois revient au sénateur Strom Thurmond – opposé à une loi sur les droits civils – avec un temps de référence de 24 heures et 18 minutes, les 27 et 28 août 1957. On appréciera la performance en rappelant que l'orateur n'a le droit ni de s'interrompre, ni de s'asseoir, ni de boire (sauf, paraît-il, de l'eau et du lait), ni de manger, ni d'aller aux toilettes, ni même de s'appuyer sur le bureau. Il peut seulement se reposer un peu la voix si l'un de ses collègues, avec qui il se sera préalablement entendu, vient à lui poser une question, la plus longue possible. C'est ce qu'on appelle en anglais : *filibuster*, qui dit bien la logique de piratage (légal) du débat parlementaire. La pratique a été mise en scène par Frank Capra dans *M. Smith au Sénat* (avec James Stewart, en 1939).

En 1917, le président Woodrow Wilson tenta d'encadrer cette pratique qu'il trouvait scandaleuse : « Le Sénat est la seule assemblée législative au monde qui ne peut pas agir quand sa majorité est prête à l'action », fulminait-il. Aussi fit-il inscrire au règlement du Sénat la *cloture rule* qui permettait à une majorité (des deux tiers) de sénateurs de déclarer l'arrêt des débats. Récemment (en avril 2017), le seuil de cette majorité a été abaissé dans le cas des nominations à la Cour suprême.

L'équivalent français de la flibuste est la bataille d'amendements. En février 2003, la gauche et l'UDF ont déposé 13 000 amendements pour tenter de contrer la réforme des modes de scrutin régional et européen. Le record sera atteint en 2006 avec 137 537 amendements déposés par le PS et PCF contre le projet de loi relatif au secteur de l'énergie.

Ce travail d'obstruction fait partie du jeu parlementaire ; c'est le moyen légal pour la minorité de retarder, voire d'empêcher une prise de décision de la majorité. Mais il révèle surtout un moment délicat de la vie démocratique : celui qu'on appelle l'arbitrage et qui est l'art de clore la délibération.

Il est délicat, parce que la démocratie est affaire de paroles et que clôturer les débats semble trahir son esprit. Pourtant, à lire l'histoire des démocraties, on perçoit une certaine constante : les grandes délibérations se sont souvent conclues par de grands discours. C'est celui de Simone Veil en faveur de la dépénalisation de l'avortement (26 novembre 1974), ou celui de Robert Badinter pour l'abolition de la peine de mort (17 septembre 1981), pour ne prendre que des exemples récents et français, mais on pourrait en citer mille autres[34].

La valeur de ces grands discours démocratiques est que l'éloquence vient à la fois condenser et dépasser la délibération (voir encadré). La parole individuelle peut ainsi mettre fin à la discussion collective sans pour autant la nier.

Conversation et éloquence

Dans son traité *Des devoirs*, rédigé à l'attention de son fils, Cicéron distingue deux types de parole : la parole de l'éloquence et la parole de la conversation. « L'éloquence sera de mise dans les débats des tribunaux, des assemblées, du sénat ; la conversation se tiendra dans les réunions, les discussions, les rencontres amicales » (XXXVII, I, 134). Le mode de la conversation est libre, ouvert (à tous sujets et à tous participants), égalitaire, réglé par la recherche collective du meilleur argument, sans souci de victoire. Le mode oratoire s'inscrit, lui, dans un ordre institutionnel ; il est asymétrique non seulement parce que peu parlent et beaucoup écoutent, mais aussi parce que le talent oratoire n'est pas donné à tout le monde ; il vise la victoire et use pour cela d'autres moyens que la seule argumentation (émotion, insincérité, exagération, voire mensonge). La délibération peut donc utiliser les deux modes : la conversation pour commencer et l'éloquence pour se conclure.

Clemenceau, qui était un expert en la matière, a cherché, au terme de sa vie, à élucider cette alchimie étrange de la rhétorique démocratique. Il rédige en 1925 un brillant petit essai consacré à Démosthène et à ses *Philippiques*, qui désignent la série de discours flamboyants dans lesquels l'orateur athénien dénonçait la menace que le royaume macédonien de Philippe, le père d'Alexandre le Grand, faisait peser sur la démocratie. Bien sûr, dans le contexte de l'après-guerre, l'intention de Clemenceau saute aux yeux : Démosthène, c'est lui et Philippe, c'est l'empereur prussien Guillaume. Mais le « Père la Victoire » tente surtout de formuler l'idée qu'il y a dans la vie parlementaire un au-delà de l'argumentation sans laquelle celle-là ne peut subsister. Clemenceau écrit :

> L'orateur saisit l'assemblée moins par la qualité positive de ses arguments, réservés aux plaisirs des commentateurs, que par la sensation de la somme de lui-même qu'il engage au combat. La bonne flèche du bon arc voudra que l'archer vise haut. Cependant, qui veut, avant tout emporter le vote d'une assemblée doit se résoudre à baisser l'argument. Moyennant quoi, la foule se donnera parfois pour un jour, si elle sent que celui qui vient s'offrir à elle commence par se donner. [...] Ce n'est pas l'art, ici, qui l'impose à notre admiration. C'est l'offrande sans réserve d'un idéal de volonté. Ainsi comprise, la parole s'élève au rang d'une puissance d'action... L'action oratoire, en des heures décisives, est d'une catapulte qui abat l'obstacle d'un seul coup.

C'est cette recette magique qui permet le passage à la décision. Mais la méthode est si subtile, qu'elle ne garantit jamais le résultat. Et un passage du livre de Clemenceau résonne comme une glaçante prophétie de ce qui allait arriver quinze ans plus tard :

> Avant la bataille, le parti oligarchique [...] regardait la victoire de la Macédoine comme un fait accompli, et ne songeait qu'à se concilier le vainqueur. Démosthène et sa *démocratie* défendaient ce qui restait de l'Hellade. Seulement, Démosthène poursuivait sa bataille,

> et le *démos* flottait de la gloire à la honte, incertain du profit. Quand un peuple s'abandonne lui-même, il n'y a pas de magicien pour le sauver[35].

Prémonition de la débâcle ? C'est là, en tout cas, une autre manière de clore les débats : l'indécision. Par où l'on retrouve le fameux adage attribué au petit père Queuille : « Il n'est aucun problème assez urgent en politique qu'une absence de décision ne puisse résoudre. » Cette calme bonhomie, sous l'apparence d'une sagesse blasée, ne résiste pas aux moments tragiques de l'histoire. Elle rend surtout aveugle sur ce point de fragilité des démocraties : le moment critique où la délibération doit laisser place à la décision.

Pourquoi critique ? Parce que, coincée entre la délibération, qui se dilue dans le bavardage, et la reddition de comptes, qui est aspirée par le flux du « temps réel », la place de la décision politique se réduit comme peau de chagrin. Peut-on encore décider en démocratie ?

CHAPITRE 5

Comment prendre de bonnes décisions ?

« Pour prendre une décision, il faut être un nombre impair de personnes, et trois c'est déjà trop. »

Attribué à Georges CLEMENCEAU.

Chaque époque a ses urgences ; chaque campagne électorale offre une dramatisation du temps : à chaque fois, c'est « la dernière chance ! » et chaque candidat se pose en sauveur : « Moi ou le chaos ! », « Moi et le sursaut ! ». Cela pourrait blaser. D'autant que les urgences semblent se faire toujours plus urgentes. Dans le cadre strict de l'État-nation, il s'agissait d'assurer l'unité du pays, d'équilibrer le jeu du concert international et d'assurer la prospérité, et ce n'était déjà pas simple. À l'âge global, les défis ont changé d'échelle. Il y a, d'un côté, la question des limites et des fragilités de la planète qui est d'une complexité sans nom et dont les réponses restent encore bien incertaines ; de l'autre, ce sont les effets, eux aussi incertains, de la troisième révolution industrielle avec son cortège d'innovations époustouflantes et convergentes : intelligence artificielle, bio- et nanotechnologies, Internet des objets, robotique. Tout cela exigera de la concertation, de l'influence et de la puissance internationales ; mais aussi, à tous les niveaux, des décisions rapides qui engageront dans un sens ou dans un autre l'avenir commun.

Or, et c'est assez paradoxal, le démocrate n'aime guère la décision politique. Certes, il peste, quand elle n'est pas prise ; mais, dès qu'elle l'est, il la déteste. D'un côté, il soupire contre l'impuissance ; de l'autre, il dénonce les abus de puissance. Point de milieu. Or la décision politique, en démocratie, vise ce moyen terme : elle est censée être à la fois respectueuse des libertés et garante du bien commun. Comment la concevoir ? C'est tout le mystère ; et il est d'autant plus profond que la décision est la clé de voûte du peuple-méthode. Pourquoi votons-nous ? Pour élire des décideurs ! Pourquoi délibérons-nous ? Pour concevoir la meilleure décision ! Pourquoi exigeons-nous que des comptes soient rendus ? Pour évaluer *après coup* les décideurs et leurs décisions ! Tout cela est clair mais la décision, elle, ne l'est pas. D'emblée suspecte d'excès de pouvoir, de trahison du peuple, de soumission à des intérêts cachés, de corruption larvée ou de démagogie médiatique – cochez la ou les mentions inutiles –, la décision a perdu tout crédit. À moins que – extrême inverse – on ne l'idolâtre en s'en remettant à un Grand Décideur, chargé de nous sauver par la seule force de sa volonté. Entre l'hyperlibéralisme qui ne voudrait que des contre-pouvoirs et l'illibéralisme qui aspire à les détruire, le démocrate hésite ne sachant pas comment retrouver la maîtrise de son destin. Pour le premier, la décision relève de la *tératologie* (la science des monstres les plus affreux : ceux qui disent non à tout) ; pour le second de la *sotériologie* (la science du salut le plus parfait : celui qui a réponse à tout). Quelle science pourra nous expliquer que la décision n'est ni monstre ni salut ?

Le mystère de la décision politique

Aucune car, de la décision, on ne peut guère faire de théorie. Ce n'est certes pas ce que disent les « théories de la décision » qui analysent avec beaucoup de finesse et de force – j'en conviens – les raisons (neurologiques, psychologiques, sociologiques, économiques), qui font que des agents, plus ou moins rationnels, agissent. Mais cela ne concerne pas l'agent de la *polis* pour au moins quatre raisons, qui révèlent aussi les traits caractéristiques de la décision politique.

Crise et commencement

> « La décision souveraine est commencement absolu, et le commencement n'est rien d'autre que décision. »
>
> Carl Schmitt,
> *Über die drei Arten des rechtswissenschatlichen Denkens.*

D'abord, la décision politique relève de la pratique. Or vouloir faire une théorie de la pratique revient *ipso facto* à la rater. En fait, une théorie de la décision peut expliquer les décisions (après coup), mais elle ne permet ni de les *prendre* (avant) ni de les *comprendre* (pendant). Car toute décision s'affiche (et peu importe que ce soit à tort ou à raison) comme une *cause première*, ce que la science n'aime guère (même si elle la recherche secrètement).

Celle-ci travaille en effet selon le principe de raison suffisante, qui veut que rien ne soit sans cause (*nihil est sine ratione*). Or la décision prétend être cause d'elle-même (*causa sui*). Certes, quand je dois me décider, j'essaie d'avoir de bonnes raisons de le faire, mais ces bonnes raisons ne sont pas déterminantes, sinon je n'aurais pas besoin de me décider. Et même lorsque je me dis :

« Je n'ai pas le choix ! », je ne peux pas m'empêcher de croire que j'ai au moins celui de faire le mauvais… La décision est donc un acte de l'esprit qui prétend *trancher* dans le vif du réel. C'est d'ailleurs l'origine du mot : *De-caedo* en latin qui se retrouve aussi dans la *Entscheidung* allemande.

D'excellents neurobiologistes nous expliquent que cette rupture est illusoire. Ainsi Patrick Haggard a cette formule très claire : « *We feel that we choose, but we don't* [nous croyons choisir, mais ne choisissons pas][1]. » Ce qu'ils ont plus de mal à expliquer, c'est pourquoi cette illusion est présente dans certaines situations et pas dans d'autres. Car si je ne décide pas de respirer, d'avoir faim ou de me réveiller, j'ai pourtant le sentiment de décider de retenir ma respiration, choisir mon plat dans un menu et sortir du lit douillet. Ce qui fait la différence, c'est une situation de *crise*. La crise est un moment qui, pour ainsi dire, nous oblige à être libre (ou – du moins – à nous sentir libre), c'est-à-dire à décider, même si, d'ailleurs, nous décidons de ne de pas décider. Sans ce couple crise/commencement, la politique n'aurait aucun sens et c'est le grand défaut (ou parfois le rêve secret) de certaines théories de la décision que de chercher à la dissoudre dans un processus qui serait purement mécanique ou biologique.

La décision n'est donc pas qu'un processus neurologique, elle est aussi un phénomène de la conscience (qui éprouve la sensation du choix). C'est ce que montre très bien Xénophon, qui fut, tout comme Platon, l'élève de Socrate, dans un livre cher à tous les apprentis de grec ancien, l'*Anabase*. L'ouvrage raconte comment, en 401 avant J.-C., Xénophon s'est engagé avec dix mille mercenaires grecs dans l'armée du Perse Cyrus le jeune entré en rébellion contre son roi et néanmoins frère, Artaxerxès II. La bataille finale, qui devait régler le différend, a lieu à Counaxa, au fin fond de la Mésopotamie, à une centaine de kilomètres de Babylone. C'est une défaite totale pour le jeune Cyrus, qui y trouve la mort ; mais pas pour la troupe grecque qui, elle, bat à plates coutures ses adversaires désignés et demeure avec ses forces intactes et redoutables. Simplement, elle est isolée en pays hostile à plus de 2 000 kilomètres de ses bases. Et plus grave encore, ses chefs, piégés par Artaxerxès II, sont assassinés quelques jours après la bataille. Apprenant cette nouvelle, les soldats grecs sont stupéfaits et tétanisés : voilà la crise.

Quand le soir arrive, Xénophon s'endort, puis se réveille brutalement après un songe horrible. La situation lui apparaît alors clairement :

> Pourquoi suis-je couché ? La nuit s'avance. Avec le jour nous aurons probablement l'ennemi sur les bras ; si nous tombons au pouvoir du roi, qui l'empêchera, après que nous aurons été témoins du plus affreux spectacle, après qu'il nous aura fait souffrir toutes les horreurs des supplices, de nous condamner à la mort la plus ignominieuse ? Personne ne se prépare, personne ne songe même à prendre les moyens de repousser l'ennemi. Nous restons tous couchés comme si nous avions le loisir de nous livrer au repos. Que fais-je moi-même ? D'où attends-je un général qui prenne le parti qu'exigent les circonstances, et jusqu'à quel âge dois-je différer de veiller moi-même à mon salut. Car je n'aurai pas l'occasion de vieillir beaucoup si je me rends aujourd'hui à l'ennemi (*Anabase*, III).

Fort de cette réflexion, il se lève, assemble les chefs de bataillons et se lance dans un de ces discours d'exhortation dont la postérité saura se souvenir. L'ensemble de la troupe se prend alors en main et tous décident, comme des adultes qu'ils sont enfin devenus grâce à cette décision, de renoncer aux offres douteuses d'Artaxerxès, pour rentrer au pays. Cette remontée épique (*Anabase* en grec) prendra plusieurs mois et s'achèvera par le fameux cri : *Thalassa ! Thalassa !* En retrouvant la mer, les Grecs étaient de retour chez eux. Ce bref récit offre une description parfaite du processus de décision politique. Il y a un moment critique et il y a un choix, qui vient trancher dans le cours des choses. Sans ce choix, la politique n'aurait aucun sens, elle serait pure contemplation des événements.

Résolution et application

> « Il y a loin de la velléité à la volonté, de la volonté à la résolution, de la résolution au choix des moyens, du choix des moyens à l'application. »
>
> Cardinal DE RETZ, *Mémoires**.

Décider n'est pas tout, il faut en plus agir et, qui plus est, dans la durée. Je peux décider très facilement de faire un régime pour maigrir, et je peux même le décider plusieurs fois par jour. Mais si c'est seulement entre les repas, cela n'aura guère d'effet. Autrement dit, la décision ne vaut rien sans une résolution qui l'accompagne. Politiquement, comme militairement d'ailleurs, la résolution n'est pas qu'affaire de détermination, elle exige aussi du jugement. Sans celui-ci, l'homme déterminé et résolu n'est qu'un entêté. Par où la décision englobe aussi l'art de l'exécution ou de l'application. Elle concerne non seulement le « que faire ? », mais aussi le « comment faire ? ».

Dans un passage de ses *Mémoires*[2], Raymond Aron raconte ce qui l'avait poussé en 1957 à faire paraître dans un contexte très hostile son livre sur *La Tragédie algérienne*. Dans cet ouvrage lucide et courageux, il prônait, au terme d'une analyse théorique, à mes yeux impeccable, ce qui lui apparaissait comme la seule option possible : le retrait français d'Algérie et le rapatriement des colons. En revenant dans ses *Mémoires* sur cet épisode, il ne tire aucune gloire de sa lucidité précoce. Au contraire, il se reproche, avec une honnêteté qui force mon admiration, d'avoir

* La pique vise Monsieur, « frère du roi ».

omis d'envisager les conditions de réalisation de cette solution. Ayant réussi à voir clairement « ce qu'il fallait faire », il avait oublié de réfléchir à « comment le faire ». Et c'est à l'occasion de ce regret qu'il rend hommage à de Gaulle – avec lequel pourtant les désaccords ne manquaient pas – pour avoir su trouver les ressources permettant de réaliser ce qu'il s'était contenté de concevoir. Une chose est d'envisager, le plus clairement possible, la bonne décision ; une autre est de décider vraiment et de la réaliser. C'est ce qui distingue *in fine* le savant du politique, la délibération et la décision. Autrement dit, c'est par la résolution judicieuse que la décision devient effective : action.

Commandement

> « La politique est l'art de commander à des hommes libres. »
> « L'une des formes de la liberté, c'est de commander et d'obéir tour à tour. »
>
> Aristote, *Politique* I, 7 et VI, 2*.

Il faut ajouter un élément supplémentaire pour distinguer, parmi toutes les décisions que nous prenons (ou croyons prendre), la décision politique. Elle partage avec la décision militaire, ce fait qu'elle n'est pas seulement un *choix pour soi*, elle est aussi un commandement pour les autres. Son succès ne se joue pas au seul niveau de la volonté individuelle : elle suppose, en plus de vouloir, d'être obéi. C'est le sens d'une fameuse locution, qu'aimait à rappeler mon très cher professeur de latin, M. Brivet, pour désigner le parfait dit « factitif » : *Caesar pontem fecit.* Elle ne veut pas dire que César fit un pont, mais que sa décision le

* En bon disciple d'Aristote, Pierre Dac ajoutait : « Il y en a qui sont faits pour commander et d'autres pour obéir. Moi je suis fait pour les deux : ce midi, j'ai obéi à mes instincts en commandant un deuxième pastis. »

fit construire. La formule fait référence à un épisode de la guerre des Gaules qui se déroule en 55 avant J.-C. Toute la Gaule est alors occupée par les Romains. Toute ? Oui ! Mais les Germains voisins commencent à prendre cette fâcheuse habitude de faire des incursions par-delà le Rhin. Aussi César décide-t-il de franchir lui-même le fleuve afin de poursuivre ces tribus. Pour cela, il fait construire en dix jours seulement un pont en dur, dont il décrit en détail la conception et la réalisation. Ce coup de « génie » civil marqua durablement les esprits. Pour César, l'enjeu était aussi de politique intérieure puisque, face aux attaques de Caton qui l'accusait de sacrilège, il s'affirmait – par une allégorie qui n'échappait alors à personne – *pontife* (*Ponti-fex,* c'est-à-dire « faiseur de pont » !). Et, il pouvait par la même occasion se placer dans la postérité d'autres légendaires poseurs de pont : Hercule, le héros et ses colonnes, Xerxès le roi des rois (qui fit traverser l'armée perse sur l'Hellespont) ou encore Alexandre le conquérant, lorsqu'il franchit le Gange… Deux petits bémols à cette belle histoire : on ne trouve l'expression nulle part dans le texte latin de *La Guerre des Gaules*… Et César fit démonter le pont une fois son offensive achevée[3].

Cet épisode de la guerre des Gaules n'étonnait guère de Gaulle, qui n'a cessé de scruter les mystères du commandement. Dans son deuxième ouvrage, *Le Fil de l'épée* (1932), il y ajoutait cette idée que la décision ne se contente pas de trancher la chaîne des causes : parce que le décideur devient responsable des vies et des destins, elle coupe aussi les liens humains et isole le décideur. Mais, quand la décision est bonne, elle peut aussi rassembler et faire lien. Elle remet de la cohérence là où il semblait ne plus y en avoir au moment de la crise. Par où l'on retrouve la résolution, mais dans un autre sens.

Crise, commencement, résolution, commandement : le processus de décision politique comporte donc quatre actes. Ce qui m'incite à penser que celle-ci prend la forme d'une tragédie. Ce terme n'est pas anodin, car il apporte un ultime trait à la décision politique, surtout quand elle est grande.

Tragique

> « Rien ne marque tant le jugement solide d'un homme que de savoir choisir entre les grands inconvénients. »
>
> Cardinal DE RETZ, *Mémoires*.

On dit souvent que la décision politique ne se fait jamais entre la bonne et la mauvaise option, mais entre la mauvaise et la pire. Et c'est un point que notre monde démocratique, très pacifié, est tenté d'oublier. Je trouve une belle et claire formulation de cette idée dans les Mémoires du chancelier allemand Gerhard Schröder, dont le titre allemand est d'ailleurs *Entscheidungen* (*Décisions*)[4].

La scène se passe en mars 1999. Le numéro deux du gouvernement, Oskar Lafontaine, vient de démissionner au moment où le chancelier Schröder doit convaincre l'Allemagne réunifiée et son propre parti (le SPD), très divisé, de la nécessité d'une intervention militaire allemande au Kosovo. C'est un choc pour le pays, car elle va obliger l'Allemagne à sortir du pacifisme de l'après-guerre pour renouer avec les tumultes de l'histoire militaire. Au moment de prendre sa décision, Schröder réunit quelques ténors du SPD, dont Ehrard Eppler, qui en est une figure historique et qui a, pour soutenir le chancelier, cette parole forte :

> Le mouvement de [19]68 nous a apporté beaucoup de nouveautés et beaucoup de bonnes choses. Mais il en a aussi enseveli certaines, notamment le sens du tragique. Nous en sommes venus à qualifier de « tragique » tout ce qui est triste. Non, une situation est tragique si l'on se rend coupable quoi qu'on fasse. Bien sûr qu'on devient coupable

> quand on largue des bombes. Mais la seule question qui vaille, c'est de savoir comment on peut se rendre plus coupable encore. C'est la raison pour laquelle ce parti doit maintenant supporter ce conflit tragique auquel il n'est absolument pas préparé. Il doit apprendre ce qu'est une décision tragique et il doit le supporter de telle sorte que chacun reconnaisse que les motifs de l'autre sont également bons. Puis, le gouvernement doit agir. J'ai le sentiment qu'il agit de façon que nous devenions un peu moins coupables que si nous ne faisions rien.

On ne saurait mieux dire. Et voilà qui devrait immuniser contre tout espoir d'une démocratie seulement participative : tant qu'il y aura de l'histoire, c'est-à-dire du tragique, il faudra des chefs pour prendre de mauvaises décisions afin d'éviter le pire. C'est d'ailleurs le trait distinctif de la grande décision politique : non pas celle qui produit un monde meilleur, mais celle qui nous préserve du malheur.

Crise, commencement, résolution, commandement, tragique : on a là, je crois, les cinq dimensions de la décision politique qui interdisent d'en faire une théorie parfaite. C'est pourquoi d'ailleurs la politique est un art et non une science. Pourtant dire que la décision n'est pas théorisable ne signifie pas pour autant qu'on ne puisse pas en parler sérieusement. C'est même le contraire ; cette mystérieuse et inaccessible décision a suscité un nombre hallucinant d'ouvrages. Ce sont les traités d'art de gouverner. Beaucoup racontent les décisions ou les biographies de décideurs illustres, comme Plutarque le fait dans ses *Vies parallèles* ; d'autres tentent d'énumérer les bonnes maximes de l'art politique en une sorte de vade-mecum à l'usage des princes, tels Richelieu dans son *Testament* ou Louis XIV dans ses magnifiques *Mémoires*.

Certaines tentatives sont plus ambitieuses encore. Celles qui ont cherché à modéliser *tous* les types de décisions et/ou les types de décideurs. Car, faute d'indiquer la décision à prendre *hic et nunc*, on peut tenter d'en faire l'inventaire *semper et ubique* (toujours et partout).

Toutes les décisions et tous les décideurs

C'est l'objet du *Yi-King*, ce fascinant traité, pilier de la civilisation chinoise, qui a passionné aussi bien les Jésuites du XVIIe siècle que Leibniz et ses disciples, jusqu'aux inventeurs de l'informatique et toute la contre-culture californienne des années 1960[5]. Livre de divination et/ou traité d'aide à la décision[6], l'ouvrage propose un système complet des actions possibles. L'Univers entier est ramené au jeu de deux principes complémentaires, *yin* et *yang*, qu'on peut à loisir identifier comme l'ombre et la lumière, la femelle et le mâle, le repos et le mouvement, la terre et le ciel, le froid et le chaud, etc. Une technique simple, de type pile ou face, permet d'établir un hexagramme figurant (sous forme de six lignes de deux types possibles) l'exact dosage de ces principes dans l'état du monde au moment où on consulte l'oracle, et par conséquent d'y ajuster sa conduite. En soixante-quatre hexagrammes, pas un de plus, pas un de moins, se décompose l'infinie variété de la vie et des situations que son flux modifie à chaque instant. C'est pourquoi le *Yi-King* s'appelle *Le Livre des transformations*. Il ne décrit pas des états figés mais les tendances qui les animent. Il dit que tout moment est un passage, que l'apogée annonce le déclin, et la défaite la victoire future. À qui tâtonne dans les ténèbres, il apprend que la lumière reviendra, à qui exulte sous le soleil de midi que le crépuscule est déjà commencé, à l'homme sage l'art subtil de se laisser porter par le cours des choses comme une barque vide par le fleuve.

Sa postérité stratégique et politique fut considérable : du fameux traité sur *L'Art de la guerre* de Sun Zi (VIe siècle av. J.-C.) à celui *Sur l'art politique* de Han Fei Zi (mort en 233 av. J.-C.) en passant par le *Tao te King* attribué à Lao Tseu (600 av. J.-C.).

À ce recensement des types de décisions, on peut associer celui des types de décideurs. Si l'on excepte Plutarque, dont l'inventaire par binôme gréco-romain, quoique fulgurant, reste rhapsodique, la tentative la plus complète est celle de Kojève dans son ouvrage, de forme quasi chinoise, consacré à *La Notion d'autorité*[7].

Grand spécialiste de Hegel, haut fonctionnaire au ministère français des Finances, neveu du peintre Kandinsky, et, à ses heures perdues, espion au service du KGB, Alexandre Kojève (1902-1968) identifie quatre modèles « purs » d'autorité, c'est-à-dire quatre manières pour une personne d'obtenir l'obéissance volontaire d'autrui. Il les nomme : Père, Maître, Chef et Juge (P, M, C, J). Chaque modèle correspond à une doctrine philosophique. Il y a d'abord le Père, dont l'autorité sur ses enfants vient de ce qu'il en est à la fois le créateur et le pasteur. C'est la théologie chrétienne qui en offre la meilleure formulation : Dieu le père guidant ses enfants vers l'âge adulte. Ensuite vient le Maître, dont la domination sur l'esclave a été analysée par Hegel. Elle est le résultat d'une lutte pour la reconnaissance en laquelle deux adversaires s'affrontent dans un combat, propre à l'humanité, où chacun cherche à être « reconnu » par l'autre. Le vainqueur de cette lutte (le Maître) est celui qui a placé cette reconnaissance plus haut que la vie elle-même au risque de la perdre. L'Esclave est celui qui n'a pas voulu prendre ce risque : il cède sur son humanité et se reconnaît vaincu, soumis au Maître, à qui il choisit d'obéir. Pour la théorie du Chef, Kojève identifie Aristote comme le théoricien le plus pertinent : pour lui, le chef est celui qui sait et prévoit. C'est Ulysse aux mille ruses ou Périclès le prudent, tous deux aptes à entraîner et à guider leurs acolytes parce qu'ils sont les plus clairvoyants. Enfin, à la différence du Père qui conçoit, du Maître qui domine et du Chef qui prévoit, le Juge est celui qui a le don du partage : il donne à chacun la part qui lui revient. Il tire donc son autorité de sa capacité à éviter ou dépasser les conflits en se mettant en situation d'impartialité. Pour Kojève, c'est Platon qui en est le penseur le plus emblématique.

Ce système est particulièrement bien conçu, car ces quatre types, s'ils peuvent s'affiner et se cumuler en des modèles mixtes ne se recoupent pas pour autant*. D'ailleurs, chacun des penseurs n'a pensé qu'un seul modèle au détriment des trois autres.

Kojève achève ainsi son inventaire :

> Cela admis, nous pouvons dresser une liste complète de tous les types possibles d'Autorité. Nous aurons ainsi : 4 types purs (P, C, M, J). 6 combinaisons de deux types purs (PC, PM, PJ, CM, etc.) avec deux variantes de chacune (PC et CP, etc.), soit douze types. 4 combinaisons de trois types avec 6 variantes, soit 24 types. 1 combinaison des quatre types avec 24 variantes (PCMJ, CPMJ, JMPC, MPJC, etc.). Nous obtenons ainsi au total 64 types d'Autorité (4 purs et 60 combinés) ou bien 15 (4 purs et 11 combinés) si l'on ne tient pas compte des « variantes ». Si notre théorie est exacte, cette liste épuise toutes les possibilités.

La conclusion est amusante : avec le *Yi-King*, nous avions 64 décisions types ; avec Kojève, nous avons 64 décideurs types ! Démon des nombres quand tu nous tiens…

Cependant, entre les deux typologies, il y a une énorme différence. Pour le *Yi-King*, le « décideur » (roi ou sage) est celui qui, au fond, ne décide pas (c'est-à-dire qui ne tranche pas), mais qui, au contraire, s'adapte au mieux à la situation présente : il se pense lui-même comme suivant le flux, telle une eau qui coule sur la pente naturelle, contourne les obstacles et finit par les éroder avec le temps. Pour lui, la crise est une brisure, la résolution est un entêtement, le commandement est un échec.

* Chacun de ces types possède, selon Kojève, ses propres variantes. Ainsi, par exemple, l'autorité du Père peut comprendre celle des vieux sur les jeunes, de la tradition sur le présent, de l'auteur sur son œuvre, du Mort sur le vivant. L'autorité du Chef englobe l'autorité du noble sur le vilain, du militaire sur le civil, de l'homme sur la femme, du vainqueur sur le vaincu. Celle du Maître intègre l'autorité du supérieur sur l'inférieur, du savant sur l'ignorant, du maître sur l'élève, du devin, du prophète… Quant à la quatrième, celle du Juge, elle contient l'autorité de l'arbitre, du contrôleur, du confesseur, de l'homme juste ou honnête.

Les décideurs de Kojève sont, eux, des créateurs, qui tranchent, inaugurent et orientent la réalité. Ce sont des auteurs ou des sujets. La différence est décisive (si je puis dire), car elle sépare, à des millénaires de distance et aux antipodes, les deux tentatives les plus systématiques pour encadrer l'univers de la décision sans la dissoudre dans le déterminisme. Elle révèle aussi la spécificité de l'esprit démocratique qui se construit tout entier autour de la décision *subjective*. Un peuple souverain n'aurait aucun sens si la décision n'était qu'un leurre et si le peuple n'était pas un sujet. Toute la question est de savoir comment cette décision peut s'exprimer, selon quelles instances et par quelles médiations ? Et c'est là que les choses se gâtent.

Le pasteur ou le jardinier : les deux arts politiques du monde ?

Dans un essai aussi brillant que stimulant, *Traité de l'efficacité*[8], François Jullien oppose deux grandes modalités de la décision : la modalité occidentale qui pose une analyse moyens/fins ; la modalité orientale (ou chinoise) qui s'inscrit dans un flux de transformations. La première imagine qu'elle force le réel par son action : c'est un art de diriger par en haut ; la seconde pense qu'elle accompagne un mouvement en cours : c'est un art de gouverner par en bas. La première impose l'obéissance par des ordres impérieux ; la seconde la suscite par l'intelligence des situations. D'un côté, les grandes batailles de Clausewitz ; de l'autre, l'art de la non-bataille de Sun Zi. Si vous voulez contraindre des ennemis à s'entendre, placez-les ensemble face à un grand danger ; si vous voulez obliger vos soldats à être courageux, faites-les pénétrer très avant dans les lignes ennemies. Il faut trouver les situations dans lesquelles on parvient à être obéi sans avoir besoin de commander (Sun Zi, *L'Art de la guerre*, chapitre 11). Surtout ne pas chercher à forcer le destin, mais en suivre attentivement le cours. Ainsi, dans la tradition confucéenne, le gouvernement est moins le lieu de l'autorité que le garant de l'harmonie : « Il est droit, tout marche sans qu'il doive rien commander. Il n'est pas droit, il a beau commander, nul ne le suit » (Confucius, *Entretiens*, XIII, 6). Parmi les nombreuses hypothèses pour justifier cette dualité, celle proposée par l'ethnobotaniste André Haudricourt est suggestive[9]. Elle distingue deux types de sociétés. Dans les sociétés à dominante pastorale, il faut

domestiquer les bêtes et cela ne se fait qu'avec le bâton et la contrainte ; dans les sociétés à dominante horticole, il faut « faire pousser » en créant les conditions les plus favorables à l'éclosion des plantes. Se faire obéir des bêtes et se faire obéir des plantes sont donc deux logiques bien différentes. D'où deux figures du décideur : le pasteur ou le pilote d'un côté ; le jardinier ou le chef d'orchestre de l'autre. Comme toujours les abeilles se situent dans l'entre-deux : à mi-chemin entre l'art pastoral et l'art botanique l'apiculteur en est autant l'api-gouverneur. Ce qui signifie que l'on cultive la ruche tout en la gouvernant. Une fois de plus, la ruche offre une bonne motion de synthèse[10]...
Et elle apporte aussi des raisons de douter de cette belle construction idéal-typique, certes stimulante, mais peut-être trop nette pour être honnête. À la suivre, une bonne part de l'histoire militaire et politique chinoise devrait être occidentale, Mao et Xi Jinping compris, et le libéralisme économique d'un Hayek serait intégralement chinois. Autre inconvénient (mais est-ce une objection eu égard à la situation politique actuelle de la Chine ?), la démocratie – comme philosophie de la subjectivité – serait essentiellement étrangère à l'esprit chinois[11].

Pourquoi est-il si difficile de décider en démocratie ?

« Que de choses il faut ignorer pour agir. »

Paul Valéry, *Tel Quel.*

La décision est donc le pilier de l'édifice démocratique : sans elle, il n'y a pas de peuple, pas de volonté ni de représentation. Et pourtant, jamais le peuple ne peut utiliser la formule du monarque absolu, « tel est mon bon plaisir », car cela supposerait une unanimité inaccessible. C'est pourquoi la décision, si nécessaire au fondement de la démocratie, risque fort de devenir introuvable dans son exercice. C'est d'ailleurs là le principal reproche adressé au régime démocratique depuis son origine : l'indécision.

Indécision

« Ah les cons ! S'ils savaient. » Chacun connaît cette phrase et son contexte. C'est celle qu'aurait marmonnée Édouard Daladier en septembre 1938 en voyant la foule l'acclamer au Bourget à son retour de Munich. Dans ses *Mémoires*, il écrira, de manière plus policée : « Je m'attendais à recevoir des tomates, j'ai reçu des fleurs. » Un an après, ce sont des bombes. La guerre redoutée arrive malgré tout et avec elle la tragédie de la débâcle. Comment a-t-on pu autant nier le réel ? Après coup, on peut expliquer l'aveuglement à défaut de le comprendre : une opinion publique traumatisée par le souvenir de la guerre, qui ne veut pas voir qu'il faut à nouveau s'y résoudre ; un état-major français tétanisé par des choix stratégiques incohérents ; une Angleterre prête à toutes les compromissions – y compris un accord séparé avec Hitler moyennant quelques concessions coloniales. La phrase de Churchill – encore plus célèbre que celle de Daladier – résume tout : « Ils devaient choisir entre le déshonneur et la guerre. Ils ont choisi le déshonneur, et ils auront la guerre » (discours du 21 novembre 1938). Elle est la confirmation exacte du diagnostic de Machiavel : « Ce que les républiques faibles peuvent faire de pire, c'est d'être irrésolues ; et si jamais il leur arrive de faire quelque chose de bien, elles le font forcées, et non à cause de leur prudence[12]. »

Dans la mémoire collective, ces accords sont le prototype de l'indécision démocratique : la désagrégation de la volonté collective, la perte de toute lucidité commune. Ce fut un moment pathétique d'autodestruction comme il en arrive de temps à autre en démocratie, à plus ou moins grande échelle. Coup de fatigue ou tentation suicidaire : le peuple en masse cesse de vouloir pouvoir ou de pouvoir vouloir. C'est d'ailleurs ce que diagnostiquait Husserl quelques années auparavant : « Le principal danger qui menace l'Europe, écrivait-il, c'est la lassitude[13]. » Simplement, cette grosse fatigue ne doit pas être interprétée comme un déclin de l'Occident, comme le fit Oswald Spengler mais comme un surcroît d'exigence. La liberté et l'autonomie, c'est dur, beaucoup plus dur que la soumission et la tradition. L'effort doit être permanent, la lucidité continuelle, le questionnement infini, ce qui rend, du même coup, très périlleuse la moindre baisse de régime. Et, quand l'énergie fait défaut, les vertus démocratiques se caricaturent elles-mêmes : la soif d'idéal devient idéalisme, le goût de la liberté hésitation, l'accès au savoir inaction. Le citoyen ressemble alors au Hamlet dionysien décrit par Nietzsche dans *La Naissance de la tragédie*[14] : « L'homme dionysien est semblable à Hamlet : tous deux ont plongé dans l'essence des choses un vrai regard : ils ont vu, et ils sont dégoûtés de l'action, parce que leur activité ne peut rien changer à l'éternelle essence des choses ; il leur paraît ridicule ou honteux que ce soit leur affaire de remettre d'aplomb un monde sorti de ses gonds. » Comme Hamlet, le démocrate peut être tenté de ne rien décider, parce que tout revient au même (excès de savoir), parce qu'il ne veut que l'idéal (excès de désir) ou encore parce que l'éventail des possibles est trop vaste (excès de liberté). Ce sont là trois forts motifs d'indécision pour celui qui laisse la mélancolie le gagner. Qui croit pouvoir tout, finit par ne rien faire du tout.

Décision automatique

Dans le même esprit, il existe une autre tentation tout aussi puissante : ne plus *jamais* décider en créant le système qui le fera à notre place. Pilotage automatique, décision mécanique ou gouvernance magique, c'est là une autre solution à la difficulté de la décision démocratique. Voici comment cette idée étrange est passée de la fiction à la réalité.

En 1791, après la fuite de Varennes et le piteux retour du roi, se pose la question de l'existence même de la monarchie. Certains, comme Barnave, se refusent à envisager la république, pensant qu'elle allumerait aussitôt une guerre civile. Pour l'éviter, ils défendent l'idée d'une monarchie constitutionnelle où le roi n'aurait plus qu'une fonction symbolique, comme l'est devenu depuis le régime anglais. C'est ce scénario que raille Condorcet quand il rédige, contre ce projet, un pastiche intitulé « Lettre d'un jeune mécanicien » (16 juillet 1791). Ce jeune homme, qui se présente comme un expert en automates, offre ses services à l'Assemblée. Il a étudié, auprès des meilleurs horlogers-fabricants, ce qu'on n'appelle pas encore les « robots » : Vaucanson (1709-1782) réputé pour son joueur de flûte et son canard mécanique ; l'abbé Mical (1730-1789) inventeur de « têtes parlantes », ou encore le baron de Kempel (1734-1804) qui réussit, bien avant Deep Blue, à fabriquer un joueur d'échecs assez doué. Fort de cette expérience, ce jeune spécialiste assure au comité de constitution qu'il peut fabriquer « sous quinze jours, [...] un roi avec sa famille royale et toute sa cour ». Ce roi-machine « ira à la messe, se mettra à genoux dans les moments convenables. Il fera ses pâques suivant le rite national ». Au besoin, on pourra l'adapter à une autre religion si la nation venait à en changer. Il aura à sa disposition un chambellan automate pour l'habiller et le déshabiller. Il sera programmé pour signer les décrets à la pluralité des voix de son conseil automatique ; il saura nommer et renvoyer les ministres avec un air de majesté. L'ensemble de la Cour pourrait aussi être mécanisé ; et si l'on tablait sur un total de deux cents machines cela constituerait, en termes d'entretien, une très sérieuse économie par rapport à l'actuelle Cour pour des résultats très similaires. Condorcet conclut sa parodie : « Il existe depuis longtemps, chez plusieurs nations, des rois héréditaires ; qu'on en liste l'histoire, et qu'on ose dire ensuite qu'elles n'auraient pas beaucoup gagné à suivre ma méthode. Mon roi ne serait pas dangereux pour la liberté, et cependant, en le réparant avec soin, il serait éternel, ce qui est encore plus beau que d'être héréditaire. On pourrait même le déclarer inviolable sans injustice, et le dire infaillible sans absurdité[15]. » Quel beau système où la politique, devenue mécanique, se débarrasse enfin de cette fâcheuse contrainte de décider !

Quelques années plus tard, le savant et philosophe, André-Marie Ampère (1775-1836) invente le mot cybernétique[16] – du mot grec *kubernêtès* : « pilote, gouverneur ». Il entend désigner par là une science politique parfaite, apte à régir un peuple à partir des savoirs objectifs – on dirait aujourd'hui *data*. Le mot aura une belle postérité puisqu'il renaît en 1947 sous la plume du mathématicien Norbert Wiener pour désigner « une théorie entière de la commande et de la communication, aussi bien chez l'animal que dans la machine ». Elle sera l'objet des fameuses conférences de Macy qui établissent les fondements de l'informatique et de l'intelligence artificielle. On est encore dans l'utopie, même si l'application politique recommence à être envisagée.

En 1948, B. F. Skinner (1904-1990), théoricien de la psychologie béhavioriste radicale, publie un roman intitulé *Walden 2. Communauté expérimentale*[17]. Cet hommage au livre de Thoreau (voir plus bas) raconte l'histoire d'un ex-psychologue, T. E. Frazier, qui bâtit une communauté idéale gérée de manière scientifique. La politique n'y existe plus, remplacée par la planification sociale. On n'y trouve ni police, ni armée, ni aucun appareil coercitif. La religion en est absente. La famille traditionnelle a disparu et les enfants sont élevés en commun. L'argent n'y a pas cours. Les notions de profit, de compétition, de jalousie sont étrangères à ses membres. Chaque membre travaille quatre heures par jour pour la communauté et occupe le reste de son temps à s'épanouir. L'utopie de Skinner sera développée dans un autre livre *Beyond*

Freedom and Dignity paru en 1971, best-seller, qui se termine par ces mots : « Nous n'avons pas encore vu ce que l'homme peut faire de l'homme[18]. » Il ne s'agit ni plus ni moins que de produire un homme nouveau dans une société nouvelle. Prélude au posthumanisme.

Et le passage de l'utopie à la pratique s'opère au même moment. À son arrivée à la présidence du Chili en 1970, Salvador Allende décide de planifier l'économie de son pays en temps réel grâce à une mystérieuse « machine à gouverner ». C'est le projet Cybersyn qui est basé sur un tableau statistique dynamique censé détecter les signaux faibles de l'évolution de la production industrielle. Un réseau de télex devait relier les entreprises à un ordinateur central situé à Santiago* et permettre la gestion économique du pays en « temps réel ». Il y avait aussi Cyberfolk, un boîtier placé dans chaque foyer, qui devait faire remonter, là encore en temps réel, la satisfaction ou l'insatisfaction des citoyens. Le projet n'a jamais abouti, mais il continue de faire rêver bien des technocrates. D'autant que les technologies sont désormais mûres pour le faire advenir.

Indécision et décision automatique : voilà les deux périls qui menacent la démocratie d'autant plus fortement qu'elles semblent résoudre d'un coup de baguette magique le difficile problème du gouvernement du peuple. Avec elles, la solution est simple : plus de gouvernement, plus de décision ! Mais la difficulté est que, par la même occasion, on a perdu le peuple. Car c'est la décision qui fait le peuple.

* Le Chili de Pinochet sera ensuite un terrain d'expérimentation pour le néolibéralisme de Hayek. Pour mettre en œuvre exactement le même projet de « détrôner la politique » au profit des mécanismes socio-économiques. Convergence des extrêmes… (https://www.inriality.fr/vie-citoyenne/vote-electronique/cyberliberte/en-2067-le-gouvernement/).

La nouvelle impuissance publique

Prenons comme exemple le dossier, si brûlant, de l'immigration. Plus que tout autre, il est devenu, partout en Europe, l'emblème de la dépossession démocratique et de l'impuissance publique.

Pour la France, tout commence le 29 avril 1976, par un simple décret, signé par le Premier ministre Jacques Chirac, qui instaure le principe du « regroupement familial* ». La mesure – généreuse en apparence – visait surtout à éviter les transferts de fonds des travailleurs immigrés vers le Maghreb et à pérenniser leur présence sur le territoire. Aussitôt, la décision provoque un important afflux de jeunes personnes en provenance d'Afrique du Nord ; elle met d'ailleurs en tension les services sociaux et administratifs. À tel point que le Premier ministre suivant, Raymond Barre – plus familier des réalités de l'immigration du fait de son origine réunionnaise – suspend le décret. Mais, en 1978, le Conseil d'État annule cette suspension (arrêt GISTI** du 8 décembre 1978), expliquant que le regroupement familial fait désormais partie des « principes généraux du droit français ». Cette date est importante, car elle marque le début du lâcher-prise *politique* sur l'immigration.

Je ne voudrais pas qu'il y ait de malentendu sur ce sujet sensible. Le principe du regroupement familial est légitime du point de vue individuel. Quiconque, dans une situation de réfugié ou même d'immigration professionnelle prolongée, aspire à réunir sa famille ; et on peut considérer qu'il s'agit là, en effet, d'un des

---

* Le regroupement familial (https://www.service-public.fr/particuliers/vosdroits/F11166) concerne un étranger non européen, titulaire d'un titre de séjour en France (depuis au moins dix-huit mois), qui peut demander à être rejoint par son conjoint et ses enfants. Cette demande est conditionnée, puisque le demandeur doit disposer de ressources stables et suffisantes, ainsi que d'un logement pour assurer l'accueil de sa famille dans de bonnes conditions. Sont exclues du calcul de ces ressources, la plupart des prestations sociales (RSA, ASPA...). Les conditions pour les réfugiés sont spécifiques.

** Groupe d'information et de soutien des immigrés.

droits fondamentaux de l'homme (article 8 de la Convention européenne des droits de l'homme). Mais, du point de vue d'une collectivité démocratique, il est anormal d'abandonner tout contrôle de ses flux migratoires, ou, comme c'est le cas en France, de ne les soumettre qu'à des conditions de ressources et de logement sans prendre en considération *aussi* les conditions d'accueil, les impératifs d'intégration, les effets sur la population indigène et la répartition sur le territoire.

Voilà la véritable difficulté : l'immigration a cessé, en 1978, d'être un *sujet de gouvernement* pour ne devenir qu'une affaire juridico-administrative ou une question morale. Sa gestion est passée en mode « automatique », tout comme le débat qui l'a accompagnée. Et c'est cet abandon délétère qui va faire le lit du Front national, à qui la dimension politique du thème est sottement abandonnée tandis que tous les autres partis se contenteront d'une posture morale. Ironie de l'histoire : les responsables de cet abandon furent de fervents gaullistes, qui avaient manifestement oublié ces paroles prononcées par le Général, plus de dix ans plus tôt. C'était au Conseil des ministres du 7 mai 1963 : « J'attire votre attention sur un problème qui pourrait devenir sérieux. Il y a eu 40 000 immigrants d'Algérie en avril. C'est presque égal au nombre de bébés nés en France pendant le même mois. J'aimerais qu'il naisse plus de bébés en France et qu'il y vienne moins d'immigrés. Vraiment, point trop n'en faut ! Il devient urgent d'y mettre bon ordre ! Je vous demande, monsieur le Premier ministre, d'étudier les parades[19]. » Voilà un propos qui serait aujourd'hui qualifié de « populiste », voire relevant de la facho-sphère. Cet épisode est emblématique de l'abandon de la décision politique en démocratie au bénéfice du droit et de la morale. Et l'on voit aujourd'hui combien il est difficile de reconquérir sereinement le terrain qui a été perdu. Car cette reconquête exigerait une légitimité forte qui semble désormais inaccessible aux dirigeants.

Qui est décideur légitime ?

C'est le cœur du problème : plus que la nature de la décision, c'est la légitimité du décideur qui est en cause. Entre le peuple abstrait et la décision bien concrète, l'écart est devenu tel que n'importe quel citoyen peut s'autoriser des procès en illégitimité. Que s'est-il passé ?

Pour tenter d'y voir plus clair, il faut distinguer en démocratie plusieurs types de décisions. Il y a les décisions fondamentales, pour lesquelles la volonté populaire est requise, et des décisions quotidiennes, qu'elle peut déléguer. Autrement dit : le peuple doit *d'abord* décider qu'il décidera *ensuite et le plus souvent* par l'intermédiaire de ses représentants.

Cette première décision fondamentale s'appelle la Constitution, parce que c'est par elle qu'un peuple se *constitue* et se dote d'institutions auxquelles il choisit librement de se soumettre. Comme le disait Sieyès, le pouvoir constituant est « la volonté nationale qu'on ne peut soumettre à aucune forme, à aucune règle[20] ». À ceci près que cette volonté nationale ne saurait être totalement arbitraire, car, en se formant, le peuple s'oblige à tous les principes qui font de lui un peuple (et non seulement une foule ou une multitude)*. Quelles règles ? Disons *grosso modo*, les droits de l'homme. Ceux-ci ne sont ni arbitraires ni occidentaux, comme on le prétend parfois : ils désignent les conditions de possibilité qui font qu'un peuple est un peuple. J'entends une collectivité de citoyens et non un ensemble de sujets. Libre à lui, ensuite, de décider de ses institutions : régime parlementaire, modèle présidentiel, monarchie constitutionnelle, etc.

* Tout comme le roi-souverain, même absolu, était contraint par des règles qui le dépassaient (lois de succession, principe de non-aliénation du royaume), car elles étaient constitutives de sa souveraineté.

À la suite de cette première décision « constitutionnelle », et dans le cadre fixé par elle, viennent les deux autres types de décisions démocratiques : la loi et le décret.

La loi est élaborée par les représentants du peuple, issus des assemblées prévues par la Constitution. Elle fixe, de manière générale, domaine par domaine, les règles globales qui permettent et règlent la vie collective ; par exemple, les critères de l'impôt ou les conditions d'accès à l'emploi ou aux marchés publics.

Le décret, quant à lui, détermine les moyens d'agir et de réagir ici et maintenant. C'est la décision *stricto sensu*, qui définit le champ du pouvoir exécutif ou du gouvernement*.

La démocratie connaît donc trois types de décisions : 1) celles par lesquelles un peuple décide d'être un peuple en se dotant d'institutions durables ; 2) celles par lesquelles ses représentants s'accordent sur les règles générales de la vie collective ; et 3) celles, enfin, qui permettent aux gouvernants élus de piloter le navire-cité. La démocratie libérale établit une claire distinction entre ces trois niveaux sans les confondre jamais, mais la question de leur relation n'est pas pour autant réglée, car on peut les envisager de deux manières.

Souveraineté du peuple ou empire des lois ?

La première suit la stricte hiérarchie de ces trois ordres décisionnels. Le décret est soumis à la loi, qui est elle-même soumise à la Constitution. Cela semble logique : l'exécutif est subalterne, il exécute. Cette première conception est défendue par ceux qui ont pour souci premier de limiter le pouvoir politique contre ses tentations à la fois tyranniques – quand la décision se cantonne au seul décret – et absolutistes – quand le décret du monarque

* Les deux autres types de décisions – les décisions de justice et les décisions administratives (l'« arrêté ») – sortent de la sphère strictement politique.

(« tel est mon bon plaisir ») prime la loi. C'est la préoccupation des libéraux. Tout comme dans les grandes maisons de jadis : la décision politique y est une *gouvernante* soumise à la fois à la maîtresse de maison, qui fait la loi (Assemblée), et au père de famille, qui est souverain (peuple). L'exécutif est un esclave, mais l'esclave se rebiffe…

Et c'est le second point de vue, selon lequel, au contraire, la décision politique est primordiale et capitale. Elle prolonge, sous une forme républicaine, la majesté royale. À la fois parce qu'elle règne sur un domaine administratif de plus en plus précis et ample, qu'elle est juge des situations exceptionnelles* et parce qu'elle s'incorpore la direction des armées, la décision exécutive conserve une primauté. Maîtresse aussi bien de la gestion quotidienne que des moments de crise, elle a pour charge de maintenir la cohésion et l'intégrité du peuple.

Autrement dit, deux idées se font face : celle d'un exécutif faible soumis à ceux qui *représentent* le peuple et celle d'un exécutif fort détenu par ceux qui l'*incarnent*. La « démocratie parlementaire » s'oppose à la « démocratie exécutive » (Nicolas Roussellier[21]).

Entre ces deux conceptions, il est difficile de trancher. C'est même là le dilemme de toutes les républiques, comme le notait déjà Abraham Lincoln, dans son message spécial au Congrès du 4 juillet 1861 : « Cette fatidique faiblesse est-elle inhérente à toutes les républiques ? Un gouvernement est-il nécessairement trop *fort* pour les libertés de son peuple ou trop *faible* pour se maintenir ? » D'un côté, il faut diviser le pouvoir afin d'annuler sa tentation oppressive ; de l'autre, renforcer sa puissance pour éviter l'incapacité mortifère.

* Même si la formule semble y faire allusion, je ne traite pas ici du « décisionnisme » de Carl Schmitt, qui ne concerne pas la constitution démocratique. Celle-ci, selon lui, est d'ailleurs essentiellement contradictoire puisqu'il considère que c'est toujours une décision non démocratique qui constitue la démocratie. C'est le sens de sa fameuse formule : « Est souverain celui qui décide de la situation exceptionnelle » (*Théologie politique*).

En fait, ces deux positions ne sont pas aussi antagonistes qu'il y paraît, car on peut penser qu'il y a deux manières « démocratiques » de défendre la liberté : ce peut être *contre* le pouvoir (quand il tend à l'absolutisme) ou *par* le pouvoir (quand le chaos menace).

La liberté peut en effet être tout autant menacée par un excès de pouvoir que par un défaut de pouvoir : l'un opprime les choix individuels au-delà de ce qui est nécessaire pour la vie collective ; l'autre les expose sans protection à la sauvagerie des rapports de forces. Pour le dire autrement : il peut y avoir autant d'abus de pouvoir que d'abus de contre-pouvoir !

Cette tension est constitutive de la politique et elle a trouvé dans l'histoire des républiques deux types de solutions.

La première est la figure du président dans la Constitution américaine. Il s'agit d'un « prince apprivoisé » (selon l'expression du politologue américain Harvey C. Mansfied[22]) ou d'un monarque républicain. Il revient à Hamilton (1757-1804), un des rédacteurs de la Constitution américaine, d'en dresser le portrait le plus précis : « L'énergie de l'exécutif est un caractère directeur de la définition d'un bon gouvernement. Elle est essentielle à la protection de la communauté contre les attaques étrangères ; elle n'est pas moins essentielle à l'administration régulière des lois ; à la protection de la propriété contre les combinaisons irrégulières et autoritaires qui parfois interrompent le cours ordinaire de la justice ; à la sécurité de la liberté contre les entreprises et les agressions de l'ambition, des factions et de l'anarchie[23]. » Cette dimension d'incarnation est indispensable, et même les démocraties parlementaires les plus avancées ne parviennent pas à s'en passer tout à fait.

La seconde réponse est l'état d'exception. Certaines constitutions ont prévu des exceptions qui confirmaient la norme, parce que sans elles les normes risquaient d'être détruites par les exceptions. En France, ce sont les « pouvoirs exceptionnels » (article 16), l'état de siège (article 36) ou l'état d'urgence qui envisagent des régimes *anormaux* prévus par la *norme*. On trouve cette idée clairement formulée dans l'exposé des motifs de la loi sur l'état de siège du 28 juillet 1849 : « Quand la société est menacée dans son existence, et que la loi ordinaire devient impuissante à la protéger, dans l'intérêt même de la loi, pour la sauver, il faut avoir le courage de la suspendre, ou plutôt la loi elle-même doit prévoir les atteintes momentanées qu'elle devra subir. Les mesures exceptionnelles qu'autorise la nécessité de concentrer la force publique doivent être déterminées par la loi, et lui rendre hommage tout en la suspendant. »

Ces deux solutions républicaines sont de nos jours contestées. D'un côté, la normalisation et la pacification de la vie démocratique paraissent rendre inutile toute espèce de régime d'exception. De l'autre côté, le pouvoir du prince semble toujours excessif, ce qui conduit le bon démocrate à penser qu'il faut l'apprivoiser encore davantage. Dans les deux cas, il dénonce les risques d'abus de pouvoir. Or il me semble que nous vivons exactement l'inverse : nos démocraties connaissent des abus de contre-pouvoir qui mettent en péril la décision politique.

Abus de contre-pouvoir

Il s'agit là d'une dialectique infernale en laquelle la protection des droits individuels vient heurter de front le pouvoir du collectif. La reconnaissance des libertés du peuple en détail interdit la maîtrise du destin par le peuple en masse. C'est, comme le souligne Marcel Gauchet, un combat tragique de « la démocratie contre elle-même » où le pouvoir d'empêcher l'emporte sur le pouvoir d'exercer. L'ensemble n'est pas aisé à démêler. On rencontre ces abus de contre-pouvoir dans le labyrinthe des normes et des règlements, dans le ton suspicieux des médias, dits d'investigation, dans la détestation spontanée à l'égard de toutes les formes de la puissance publique : police, armée, pompiers. La France de 2018, cinquante ans après Mai 68, a connu plusieurs épisodes de cet ordre : ce fut la grève perlée des cheminots pour la défense d'un statut hors d'âge ; ce furent les blocages dans les universités, où des étudiants empêchaient d'autres étudiants de passer leurs examens ; ce furent aussi les assauts des juges contre la gestion de *tous* les partis politiques* ; ce furent les « gilets jaunes ». On pourrait multiplier les exemples, mais je crois que la racine de tous ces abus se trouve dans une idée étrange qui s'est presque imposée. Celle qui défend que le cœur de la citoyenneté réside dans la « désobéissance civile », c'est-à-dire la résistance contre toute décision venue « d'en haut ».

Cette idée est née dans le contexte de la démocratie américaine au sein d'un cercle d'intellectuels réunis autour du philosophe Henry David Thoreau (1817-1862) et de son maître Ralph Waldo Emerson (1803-1882). Son principe est simple : prendre au sérieux la phrase inaugurale de la Constitution fédérale – « *We the people…* » – et affirmer que tout citoyen peut refuser que son gouvernement démocratique prenne des décisions contraires à ses convictions personnelles profondes. Dans certaines situations critiques, le contrat de consentement et de délégation serait brisé ; et le citoyen devrait avoir le droit dire : « *Not in my name !* » Le 4 juillet 1845, Thoreau décide d'emménager dans une cabane de treize mètres carrés au bord de l'étang de Walden où il passera deux ans en autarcie**. Il raconte son séjour dans un livre fameux, *Walden ou la Vie dans les bois* (1854), qui va devenir le bréviaire

---

* Assauts conformes à des lois que les élus de ces mêmes partis avaient cru bon de voter afin de « moraliser la vie politique ». Puisque tous les partis ont fait l'objet de procédures judiciaires, de deux choses l'une : soit il faut se passer des partis ; soit il faut modifier les règles qui les encadrent.

** Sa sœur vient tout de même lui laver son linge chaque semaine…

des désobéisseurs, de Gandhi aux zadistes. Après cette expérience, Thoreau est emprisonné, en juillet 1846, pour avoir refusé de payer ses impôts. Il entendait alors protester contre l'esclavage et la guerre du Mexique. À son grand désespoir, sa tante paie une caution qui permet sa libération rapide. Mais pour lui désormais l'idée est claire – il la formule dans un autre livre, paru en 1849, la *Désobéissance civile* – et elle est neuve. Elle ne se confond pas avec le vieux droit de résistance à l'oppression, qui visait à défendre la liberté contre la tyrannie. Il s'agit, dans un contexte libéral, de s'opposer à un type de société, un mode de vie ou des valeurs, qui sont majoritaires, mais dans lesquels *un* individu estime ne pas se reconnaître. Cela justifie, pour Thoreau, de refuser les règles légales, d'y faire obstruction, voire, en derniers recours, de faire acte de force.

J'ai, pour ma part, les plus grandes réserves à l'égard de cette idée, dont la teneur ne me paraît pas du tout démocratique mais anarchiste. Je perçois bien que cette désobéissance est « désintéressée » et qu'elle ne consiste pas dans la défense d'intérêts catégoriels. Cependant, j'y vois comme Romain Rolland (sans partager pourtant son éloge) la « bible du grand Individualisme ». Chaque individu devient détenteur d'un contre-pouvoir absolu, ayant en lui-même toute latitude pour décider, à tout moment, si la société lui plaît ou pas. Sa principale faiblesse est qu'on ne voit *aucun moyen de distinguer* entre une lutte qui peut paraître légitime et fondée (opposition à l'esclavage, à une guerre « injuste ») et celle qui ne le serait pas du tout. Je rappelle que c'est au nom de la désobéissance civile que les adversaires de la contraception, de l'avortement, de l'enseignement du darwinisme, de la consommation de viande, des OGM, des antennes de télévision, des éoliennes, des vaccins, des nouveaux programmes scolaires, etc., justifient leurs actions, qui sont parfois assez peu non violentes. L'intime conviction, la pitié, l'indignation, l'objection de conscience nourrissent alors une forme de terreur. Et l'égocentrisme tout-puissant se fait tellement radical qu'il ne reste plus rien du désir de vivre en société. Alors : à quoi bon la démocratie ?

C'est pour cette raison que je dénie à la désobéissance civile d'être un principe, voire comme on a pu le soutenir, le *principe* de la démocratie[24]. Elle est même son exact contraire, puisque la démocratie est le seul régime qui organise la possibilité de renvoyer ses dirigeants sans se mettre hors la loi. À la supposée « tyrannie de la majorité », elle oppose la dictature de la minorité, voire de l'ego. En revanche, je lui reconnais d'être une pratique, qui a fait ses preuves et qui peut être efficace. Il ne s'agit alors plus d'un principe, mais d'un *art politique*, voire d'une technique de communication, pratiqué par un citoyen ou un lobby, qui choisit d'entrer dans un rapport de forces avec la majorité. Comme dans tout rapport de forces, il faut en assumer les conséquences quand on le perd. Cette technique fut efficace pour l'obtention des droits civiques aux États-Unis, pour le droit à l'avortement en France, et, peut-être, pour l'indépendance de l'Inde (voir encadré), mais elle ne vaut pas pour n'importe quelle cause. En fait son seul critère est le succès : elle a réussi quand elle permet de convaincre la majorité et de changer l'état du droit. Sinon, c'est un abus de contre-pouvoir.

Gandhi : le Machiavel de la non-violence ?

Je le confesse avec honte : je n'apprécie guère Gandhi. Parce que sa non-violence n'a pas été toujours pacifique ; parce que sa religiosité fut aussi mystique qu'éclectique ; et parce que sa vision de l'humanité a connu quelques zones d'ombre. Mais je reconnais que, en dépit de toutes ces contradictions (qui sont aussi celles du temps), cette « belle âme », comme le dit Hegel, fut un maître de l'art politique ; d'abord en Afrique du Sud, puis en Inde. Son portrait est contrasté : charismatique, mais aussi organisateur hors pair ; autocrate détestant le pouvoir ; orateur médiocre mais communicant de génie ; théoricien sans souci de cohérence ; homme de compassion, n'hésitant pas à être dur, surtout avec ses proches… la liste de ses ambivalences pourrait être longue. Après son retour en Inde, il relance l'Indian National Congress (1919-1921) qu'il rend populaire ; puis il anime deux grandes campagnes de désobéissance civile (1930-1931 et 1942-1943) contre l'autorité du raj (le gouvernement britannique en Inde). La dernière quitte le registre de la non-violence et finit réprimée dans le sang. Il est assassiné en 1945, après une guerre qu'il n'avait pas comprise (il trouvait Hitler « admirable » et souhaitait la victoire du Japon) et deux ans avant une indépendance qu'il n'avait pas souhaitée. La *satyagraha* (non-violence) fut donc moins un succès politique que symbolique[25]. Ses émules doivent s'en souvenir.

L'éloge de la désobéissance civile est une dérive des démocraties libérales, qui restent persuadées, comme à l'âge moderne, qu'il faut lutter contre le pouvoir, alors, qu'à l'âge hypermoderne, rien n'est plus urgent que de le défendre. Ce n'est pas rendre service au peuple que d'affaiblir le pouvoir qui le porte. Protéger la maîtrise du destin collectif et non promouvoir le désir de toute-puissance individuelle : voilà le défi. Comment y parvenir ?

Comment protéger le pouvoir de décider ?

> « Nul n'obéit à quelqu'un qui ne croit pas à son droit de commander. »
>
> Raymond Aron, *Plaidoyer pour l'Europe décadente.*

J'élimine d'emblée deux solutions trop évidentes pour être honnêtes : instaurer des « contre-contre-pouvoirs » et exiger le courage des politiques. La première transformerait la démocratie en une usine à gaz : pourquoi pas des contre-contre-contre-pouvoirs, etc. ? La seconde revient à conseiller aux décideurs un suicide immédiat. Ce n'est pas moi qui le dis, c'est Michel Rocard, quand il ironise sur ce conseil trop souvent reçu : « Réformez donc sans vous soucier de savoir si cela déplaît. » C'est faire peu de cas de ce fait têtu que pour réformer : 1) il faut avoir conquis le pouvoir ; et 2) avoir un horizon assez dégagé pour espérer y rester[26]. Le réformateur ne peut se désintéresser de la concurrence, rarement loyale, de tous ceux qui veulent prendre sa place. Si le courage politique, c'est demander aux élus d'aller faire la guerre à ceux qui les ont élus, alors en effet il relève de la pure témérité. Pour ma part, je trouve déjà bien héroïque de *faire de la politique* sans exiger en plus de nos élus qu'ils foncent dans le mur tête baissée. La décision démocratique n'est pas affaire de courage, mais de légitimité. Et c'est là un problème infiniment plus complexe. Manifestement, le sacre de l'élection ne suffit pas. Sur tous les sujets sensibles – immigration, Europe, révolution technologique (intelligence artificielle, biotech, data), limites de la planète, protection de l'environnement, dette publique –, les décisions à prendre sont à la fois urgentes, douloureuses et complexes. Là-dessus, tout le monde est d'accord. Mais dès lors qu'elles commencent à être ne serait-ce qu'envisagées, le tollé est général. Ce qui fait défaut n'est donc ni la clarté du diagnostic ni la qualité de la délibération, c'est la légitimité de la prise de décision ; où plutôt l'autorité, car la légitimité n'est rien d'autre que l'autorité reconnue par la loi. À l'âge démocratique, nous avons la loi, mais avons-nous encore l'autorité ?

Qu'est-ce que l'autorité ?

Il faut distinguer l'autorité du pouvoir, ne serait-ce que parce qu'il peut y avoir du pouvoir sans autorité – l'autoritarisme du petit chef – et de l'autorité sans pouvoir – le prestige du vieux sage. L'autorité se distingue aussi de la contrainte par la force, qu'elle permet d'éviter, et de l'argumentation rationnelle, qu'elle dépasse. L'autorité n'a besoin ni d'imposer ni de justifier. « C'est plus qu'un conseil et moins qu'un ordre[27]. » L'étymologie du terme est éclairante : il vient du latin *augere* qui signifie « augmenter ». L'autorité est donc une opération un peu mystérieuse qui augmente un pouvoir – le petit chef devient alors un grand homme – ou un argument – puisque l'argument d'autorité est censé avoir plus de valeur que les autres. Il y a une forme de « dopage » dans le mécanisme de l'autorité, puisqu'il consiste en un accroissement artificiel de puissance de commandement ou d'argumentation. D'où peut provenir cette augmentation ? On peut d'abord en rechercher la source – c'est la piste la plus évidente – dans une instance extérieure et supérieure au pouvoir lui-même, qui justifierait qu'on fasse confiance à ceux qui le détiennent, au point de leur obéir parfois aveuglément.

Sous réserve d'inventaire, on peut repérer dans l'histoire humaine, trois sources principales. Il y a d'abord l'autorité qui vient du passé. Cela ne signifie pas seulement qu'un pouvoir ou un discours se trouve accrédité lorsqu'il a fait ses preuves et peut s'appuyer sur l'expérience ; cela veut dire plus profondément qu'un pouvoir ou un discours ne vaut que s'il est hérité et qu'il peut justifier une généalogie qui le relie, sans solution de continuité, à un passé fondateur et glorieux. La meilleure illustration est donnée par les institutions de la Rome antique. C'est là d'ailleurs que naît le mot. Pour les Romains, la fondation de leur cité avait un caractère sacré. C'est de cette fondation que les dirigeants tiraient leur légitimité. « Les hommes d'autorité, écrit Hannah Arendt, étaient les anciens, le Sénat ou les *patres*, qui l'avaient obtenu par héritage et par transmission de ceux qui avaient posé les fondations pour toutes choses à venir, les ancêtres, que les Romains appelaient pour cette raison les *majores*[28]. » Du même coup, ainsi que Cicéron le soulignait, « tandis que le pouvoir réside dans le peuple, l'autorité appartient au Sénat » (*De legibus*, 3, 12, 38), car c'est lui qui, relié au passé, a la capacité d'augmenter les décisions en les soustrayant aux querelles de la plèbe. À cette époque, l'âge et le train de vie des sénateurs étaient perçus comme une inestimable qualité ! « Qu'est-ce que la tradition ? », se demandait Nietzsche dans *Aurore* (I, § 9) : « C'est une autorité supérieure à laquelle on obéit, non parce qu'elle commande l'utile, mais parce qu'elle commande. » Ainsi, défendre la tradition, c'est déjà commettre un sacrilège à son égard : c'est reconnaître la non-évidence de sa puissance ordonnatrice.

Le pouvoir (ou le discours) peut être augmenté à partir d'une seconde source : la contemplation d'un ordre du monde ou, comme le disent les philosophes grecs, du cosmos[29]. Quand on parle aujourd'hui du microcosme politique, c'est pour en souligner l'étroitesse et la mesquinerie. Chez les penseurs de la Grèce antique, si la cité est un microcosme, c'est qu'elle doit reproduire en petit ce que l'univers est en grand. La connaissance du monde permet donc de trouver les règles pour tenter de mettre de l'ordre dans la coexistence troublée et querelleuse des hommes. La philosophie politique est la quête de ce qui permet d'augmenter le pouvoir, c'est-à-dire d'en justifier la légitimité. Qui doit gouverner la cité ? Telle est sa question directrice. Aristote répondait que, à travers l'observation de la nature, on pouvait voir que « certains sont faits pour commander et d'autres pour obéir ». C'était ainsi l'« autorité de la nature », et non pas seulement celle du passé, qui justifiait les inégalités dans les sociétés d'Ancien Régime ou les systèmes de castes. La hiérarchie y était perçue comme « naturelle », distinguant des genres d'humanité distincts.

Il existe enfin, à côté du passé et du cosmos, une troisième source d'augmentation du pouvoir : c'est celle du sacré ou du *theos* (divin). Saint Paul en est le meilleur interprète quand il énonce cette célèbre formule : « Il n'y a point d'autorité qui ne vienne de Dieu, et celles qui existent sont constituées par Dieu. Si bien que celui qui résiste à l'autorité se rebelle contre l'ordre établi par Dieu » (Rm 13 : 1-7). Cette fois-ci, ce n'est plus seulement le lien avec le passé fondateur ou l'identification avec l'ordre naturel, qui garantit au pouvoir son autorité ; c'est la proximité avec Dieu. À vrai dire, le christianisme proposa une forme de synthèse des trois modèles, puisqu'il associait l'autorité traditionnelle, par la référence à une Révélation primordiale, l'autorité cosmologique, par l'idée d'un ordre et d'une bonté de la Création, et l'autorité théologique, par l'idée d'un Dieu omnipotent, source, donc, de tout pouvoir.

Cette synthèse impressionnante d'une autorité absolue était aussi fragile, car il n'est pas certain que ces trois sources soient compatibles entre elles. C'est d'ailleurs l'ébranlement du dispositif chrétien qui est à l'origine de la crise contemporaine de l'autorité. Que s'est-il passé ?

Avec la Renaissance, et presque simultanément, les trois formes primordiales de l'autorité vont se trouver ébranlées et contestées. L'autorité traditionnelle, qui avait déjà subi plusieurs coups de boutoir chez les Grecs comme chez les chrétiens, est fragilisée du fait de la coexistence critique de plusieurs « traditions » : le dogme chrétien et la culture païenne redécouverte. Plusieurs traditions, cela signifie la fin de la tradition. L'autorité cosmologique est mise en question par les découvertes astronomiques qui interdisent désormais de voir le monde comme un ordre harmonieux beau, juste et bon. On est passé, avec Copernic et Kepler, « du monde clos à l'univers infini » (A. Koyré). Impossible donc d'y « observer la loi ». Enfin, l'autorité théologique est minée par les profonds désaccords qui la traversent à l'occasion de la Réforme : comment espérer fonder un ordre politique stable sur ce qui est devenu le principal fauteur de trouble, à savoir l'interprétation du texte sacré ? Bref, des trois fondements de l'autorité, il ne reste rien ou, en tout cas, rien d'évident ni d'incontestable.

Mais cette déconstruction de l'autorité ancienne par la modernité s'accompagne aussi d'une tentative de reconstruction.

Le projet paraît fou et voué à l'échec, puisqu'il s'agit de chercher l'augmentation d'un pouvoir non à partir d'une extériorité supérieure (le passé, le cosmos ou le divin), mais à l'intérieur de l'humanité elle-même. Quelle forme peut prendre une autorité purement humaine ? La réponse est claire : c'est parce qu'il bénéficie de l'accord des humains concernés qu'un pouvoir ou un argument se trouve augmenté ou, comme on dit aussi, légitime. Cette problématique « démocratique » de l'autorité la place dans une position scabreuse, puisque aucune de ses formes ne pourra plus accéder au statut d'absolu. Mais cette faiblesse est aussi une force puisqu'elle suppose toujours l'accord des esprits ce qui rend, lorsqu'elle y parvient, son efficacité imparable.

Qu'est-ce qui fait autorité aujourd'hui ?

Pour tenter ce bilan, il faut affronter cette question : qu'est-ce qui fait (encore) autorité aujourd'hui ? Sous réserve d'inventaire, j'en identifierai trois formes, qui ne sont pas d'ailleurs sans rapport avec les figures primordiales.

L'AUTORITÉ DU SAVOIR : L'EXPERTISE

Notre époque est d'abord très réceptive à l'autorité du savoir et de la compétence. Devant eux on s'incline ; ils ferment les bouches et éteignent les discussions. Le pouvoir en place doit s'entourer d'experts, voire confier les affaires de la cité « au meilleur économiste de France » (Valéry Giscard d'Estaing à propos de Raymond Barre). Comme s'il allait de soi que celui-ci fût aussi le meilleur politique. Platon disait lui, en son temps, que c'était au philosophe qu'il revenait d'être roi ! Sans aller jusque-là, nous exigeons au moins du politique qu'il « connaisse ses dossiers ».

Mais cela, hélas, ne suffit pas. Certes, nous croyons très fort en la science, mais la science elle-même, hormis quelques scientistes incorrigibles, n'a que peu confiance en elle. Elle n'a même jamais eu aussi peu de certitudes. Bref, si le savoir peut accompagner le pouvoir, il ne le remplace pas. Le savant et le politique, comme disait Max Weber, sont deux vocations très différentes, même si l'on peut souhaiter que le savant pense davantage « comme s'il devait agir » et que le politique agisse davantage « comme s'il devait penser ». Il n'en reste pas moins que, comme l'écrivait Hobbes dans le *Léviathan*, « *Auctoritas non veritas facit legem* [C'est l'autorité, non la vérité, qui fait la loi] ». Et Arendt ajoute que « du point de vue de la politique, la vérité a un caractère despotique[30] ». Et nous nous méfions, plus que tout, du gouvernement des experts.

L'AUTORITÉ CHARISMATIQUE : LE LEADERSHIP

Déçu par l'expertise, on se tournera alors vers une autre forme d'autorité : celle que confère le charisme. Notion confuse en vérité qu'on aurait bien du mal à définir*. Elle s'attache à un individu supposé exceptionnel, souvent en raison de sa personnalité, mais aussi des circonstances dans lesquelles il a pu l'affirmer. C'est ce qu'on demande au professeur quand l'autorité du savoir ne suffit plus. C'est ce qu'on attend du dirigeant d'entreprise en plus de sa compétence. C'est ce qu'on exige de l'homme politique lorsque le « sacre » de l'élection semble insuffisant. Avec toutefois cette réserve cruciale : la traduction allemande de *leader* est *Führer* ! Staline se faisait appeler « Guide génial » et Mao, « Grand Timonier ». Le maître charismatique risque à tout moment de se transformer en despote, voire en gourou. « Il n'est point de pire tyran, a-t-on fait dire à Spinoza, que celui qui sait se faire aimer. » Bref, le leadership peut toujours être suspecté de manipulation, de calcul ou d'oppression. La raison de cette méfiance est que

* Voir le post-scriptum « Qu'est-ce que le charisme ? », p. 331.

l'origine de son exceptionnalité n'est pas identifiable : ni la tradition, ni le cosmos, ni le divin ne viennent plus l'assurer contre les risques de dérive. Elle ne peut donc résider qu'en lui-même, dans sa grandeur d'âme ou dans sa vile bassesse.

Comme le savoir de l'expertise, le leadership du charisme est un des éléments de l'autorité contemporaine, sans doute nécessaire, mais non suffisant. L'autorité contemporaine demande une garantie supplémentaire. Où la trouver ?

L'AUTORITÉ COMPASSIONNELLE : LA SOLLICITUDE

Peut-être du côté de cette « moraline » démocratique que dénonçait Nietzsche de manière sans doute trop univoque (*Aurore*, 132 *sq*) ? Mais, avec lui, il faut bien constater, que, de nos jours, la souffrance d'autrui et l'attention à sa souffrance produisent une autorité qui semble l'emporter sur toutes les autres formes. On le voit dans la famille où, après la « puissance paternelle », l'« autorité parentale », puis l'« autorité parentale conjointe », c'est désormais l'« intérêt de l'enfant » qui fait autorité. On le voit dans la cité où après la « puissance publique », c'est le « service public », voire la « protection sociale », qui semble constituer le seul pilier incontestable.

Prenons un exemple qui peut illustrer cette nouvelle autorité moins simple et moins évidente de nos temps hypermodernes. Mettons face à face un chef d'entreprise et un de ses salariés qui vient d'être licencié économique. Le premier aura beau expliquer – avec toute sa compétence et son charisme – l'absolue nécessité de sa décision, il aura l'air d'un salaud face au spectacle vivant de la détresse humaine. Or la souffrance fait la victime, et la victime, de nos jours, fait autorité pour le meilleur ou pour le pire. Pour le meilleur, c'est la solidarité mondiale dans les catastrophes naturelles ou humaines : quand la sympathie universelle semble primer un temps sur les égoïsmes étroits. Pour le pire, c'est l'illusion que la souffrance confère mécaniquement des droits, voire des privilèges. Il faut donc user avec prudence de cette autorité de la souffrance humaine. Elle est un formidable levier pour l'action et la mobilisation des individus. Elle peut aussi donner lieu à la plus lamentable des démagogies, car la raison du plus souffrant n'est pas toujours la meilleure.

Compétence, charisme, compassion : on a là, sous réserve (encore une fois) d'un inventaire plus complet, les trois éléments d'un portrait plausible de l'autorité contemporaine. Tout le problème est qu'il est devenu très difficile de l'incarner, car chacun de ces traits permet aussi bien de dénoncer que de fonder cette prétention. Ainsi, à l'image rêvée du politique « visionnaire-charismatique-humaniste », on pourra toujours opposer celle – honnie – du « technocrate-gourou-dégoulinant-de-bons-sentiments ».

Il existe pourtant un critère assez clair qui permet de distinguer la mauvaise de la bonne autorité. L'une nous fait prendre, si je puis dire, les « messies » pour des lanternes en niant toute espèce d'humanité et de liberté, tandis que l'autre se définit comme un « service rendu » à autrui et à soi-même. C'est ce que remarquait saint Augustin quand il parlait – il y a bien longtemps – d'une autorité de « service » : « L'autorité, écrivait-il, est à qui pourvoit à l'intérêt d'autrui : elle appartient au mari sur la femme, aux parents sur les enfants, aux maîtres sur les serviteurs. L'obéissance est le devoir de ceux pour qui l'on veille : la femme obéit au mari, les enfants aux parents, les serviteurs aux maîtres. Mais dans la maison du juste vivant de la foi et voyageant encore loin de la céleste cité, ceux mêmes qui commandent sont les serviteurs de ceux à qui ils paraissent commander. Ce n'est point par la passion de dominer qu'ils commandent, mais par la loi du dévouement, non par l'orgueil d'être le maître, mais par le devoir de la providence* » (*Cité de Dieu*, XIX, 14). Il y a bien

* Le lien entre le texte d'Augustin et l'autorité démocratique peut être établi à travers l'usage qu'en ont fait les « monarchomaques protestants » (Hotman, Languet, Théodore de

des choses que nous ne pouvons plus approuver dans ce texte, puisque nous vivons à l'âge de l'égalité et de la laïcité. Du moins pouvons-nous y trouver cette idée à la fois très profonde et très opérationnelle : la bonne autorité, celle que nous recherchons avidement à l'âge démocratique, est celle qui fait grandir à la fois celui qui l'exerce et celui qui s'y soumet. Elle permet à l'un et l'autre de devenir plus grands, c'est-à-dire adultes. Par où l'on retrouve l'étymologie du terme : l'autorité est ce qui augmente, non seulement le pouvoir ou l'argument, mais aussi l'humain. Alors que l'autoritarisme infantilise, l'autorité émancipe. Il y a donc bien une autorité démocratique, et c'est peut-être même la seule véritable. CQFD.

Sauveur ou serviteur ?

Il faut toutefois convenir que cette belle conception a du mal à s'imposer dans le réel. Pourquoi ? Parce que nous ne savons pas encore très bien quel type d'art politique correspond à cette « autorité de service ». Était-ce plus clair dans le passé ? Oui. L'autorité traditionnelle exigeait un art de gouverner entièrement dicté par le passé ; l'autorité cosmologique impliquait un chef faiseur d'ordre et fabriquant de gloire. Quant à l'autorité théologique, elle invitait le prince à une humble et pieuse mission pastorale. L'idéal était rarement atteint, mais du moins l'objectif était-il clair. Or l'autorité de service est plus confuse, car son horizon n'a pas de figure : ni l'ancêtre, ni le héros, ni le saint ne sont plus là pour l'illustrer. L'image de la perfectibilité humaine est incertaine. Il faut à cet art politique de la grandeur (car la tâche est sublime), mais aussi de la banalité (car tous les citoyens sont concernés). Il lui faut à la fois le souffle de l'épopée et le

---

Bèze). Pour eux, l'autorité du roi ne vient de Dieu que pour autant qu'il est le serviteur (ministre) de son peuple (voir *Vindicae contra tyrannos*, 1579).

calme de la prospérité. Ce qui fait que l'art politique occupe, en démocratie, une place scabreuse entre l'art de la guerre (pour la conquête du pouvoir) et l'art de gérer la maison (*oikia*), que l'on appelait jadis l'*économique* (*oikonomikos*). Du premier, il reprend la forme martiale et le vocabulaire – « campagne et victoire électorales », « engagement et combat politiques », etc. ; du second, il prend le fond, à savoir le goût de la tranquillité et la quête du confort. Sans le premier, pas de mobilisation ; sans le second, pas d'adhésion. Et les deux sont bien sûr inconciliables. C'est la guerre ou la paix.

La guerre, ou à défaut la crise, a cet énorme avantage d'imposer une logique binaire : les amis et les ennemis, la victoire ou la défaite. Si sa conduite est dramatique, les finalités sont limpides. Plus la politique se rapproche de la guerre, plus elle devient simple : c'était l'idée de Carl Schmitt et le souhait secret de Stéphane Hessel, dans son livre *Indignez-vous !* qui en appelait à retrouver l'esprit de la Résistance. Nostalgie d'anciens combattants qui veulent retrouver au quotidien la fureur simple des moments glorieux. Il est vrai que les menaces internationales, les attentats, l'urgence d'une crise frappante, l'évidence du drame, tout cela produit (sauf en juin 1940…) de l'unanimité – et donc de l'autorité – qui favorise le pilotage de la cité. Le consensus se fait dès lors que l'adversité est évidente. Le politique, jusque-là honni, redevient espéré : Nicolas Sarkozy avec la crise de 2008 ; François Hollande au moment des attentats de 2015. L'un et l'autre ont été excellents dans la tempête – qui fut, pour eux, un répit paradoxal, dans leur marasme politique quotidien. L'homme politique n'aime jamais la normalité ; mais le démocrate y aspire toujours.

De Gaulle l'avouait sans détour et même à plusieurs reprises. Ainsi, en juin 1963, à Alain Peyrefitte qui lui demandait s'il comptait – comme le bruit courait alors – provoquer des élections présidentielles pour avancer la date de renouvellement de son septennat, il répond :

> CHARLES DE GAULLE. – Pourquoi voulez-vous que je l'avance ? Il faut bien que j'aille au bout de mon mandat… J'ai pris un engagement.
> ALAIN PEYREFITTE. – Mais vous pourriez avoir d'autres raisons d'abréger votre septennat…
> CHARLES DE GAULLE. – Croyez bien que j'en suis tenté quelquefois. Au fond, tout ça ne me ragoûte plus, ça a cessé d'être dramatique. Je ne suis plus nécessaire comme je pense l'avoir été par moments. Les premières années, cela avait un sens. Ce que je représente était indispensable pour que la France sorte de l'abîme. Maintenant, elle en est sortie. Un autre pourrait prendre la barre. [Et il ajoute, en bon soldat :] Mais peu importe que ça m'intéresse ou pas. C'est dans la Constitution. Il faut que la Constitution s'accomplisse. Donc, si mes forces me le permettent, j'irai jusqu'au bout[31].

L'aveu est confirmé par Valéry Giscard d'Estaing[32]. Interrogeant le Général sur ses grandes actions – France libre ou Ve République –, il lui demande ce qu'il préférait que l'histoire retienne, de Gaulle répond : « La guerre évidemment ! […] La guerre ! C'est là que l'on faisait de grandes choses[33] ! »

Pourtant, de Gaulle est obligé de reconnaître aussi – fût-ce à regret –, qu'en démocratie, le serviteur de la paix (le politique) vaut davantage que le sauveur de la guerre (le militaire).

Autre épisode ; même message. 11 septembre 1966, 5 heures du matin. Le commandant du croiseur *De Grasse* réveille le général de Gaulle et ses ministres pour qu'ils assistent au tir de la bombe nucléaire *française* sur l'archipel de Mururoa. L'essai est un succès et, le soir même, les ministres se font un devoir de se baigner dans le lagon pour montrer l'absence de contamination. Quelques jours plus tard, en discutant avec Alain Peyrefitte, alors ministre de la Recherche, le Général revient sur l'importance de l'épisode qu'ils viennent de vivre :

> Mururoa, ça veut dire l'invulnérabilité, donc la paix. C'est une situation que nous n'avions jamais connue dans notre histoire. Nous y sommes arrivés tout seuls, sans aide, et même avec l'hostilité active des Américains et l'hostilité passive des Russes. Alors que les Anglais y sont arrivés avec l'aide américaine, les Russes en espionnant les Américains et les Anglais, et les Chinois avec l'aide russe. [...] Nous avons maintenant un État digne de ce nom.
> Et, en outre, c'est la justification de l'élection populaire du président. Seul un homme incarnant la souveraineté populaire pourra engager le destin national. Un président désigné par le système des partis n'aurait jamais la capacité de presser sur le bouton. La dissuasion cesserait aussitôt d'être crédible. Oui, Mururoa, ça récapitule tout ce que nous avons essayé de faire depuis vingt-six ans. Et ça offre une chance que le pays ne retombe pas au fond du ravin quand je ne serai plus là.

Vingt-six ans ? Alain Peyrefitte fait mentalement le calcul : 1966 – 26 = juin 1940[34].

Du « Non à la défaite » de juin 1940 au « Peut-être, le feu nucléaire » de septembre 1966, la boucle gaullienne est bouclée. La France a retrouvé son rang de puissance mondiale. La geste gaullienne est ainsi achevée, encadrée par ces deux décisions : l'une, effective, qui a su refuser la déroute ; l'autre, potentielle, qui permet la paix. Ce dernier acte donne sa cohérence à l'ensemble : elle explique la Constitution de 1958, l'élection du président au suffrage universel et le subtil jeu d'équilibre entre les alliés hostiles de l'Ouest et les ennemis complaisants de l'Est. Cette décision ultime d'appuyer sur le bouton, qui ne sera peut-être jamais prise mais dont le monde entier doit être convaincu qu'elle pourrait l'être, est la clé de voûte de l'édifice.

Juste après l'essai, le Général s'est enfermé dans sa cabine ; au déjeuner, il fut laconique ; tout le reste de la journée son humeur était, paraît-il, « massacrante ». Pourquoi ? Sans doute parce qu'il avait compris, ce jour-là, que son rôle « historique » était terminé : la France était sauvée !

Être ou ne pas être un chef selon de Gaulle

Pour de Gaulle, le chef de guerre doit avoir trois qualités : la vision, le prestige, le caractère. La première permet l'intelligence des situations, aussi contingentes soient-elles. La seconde produit l'obéissance volontaire, jusqu'au sacrifice ultime. La troisième est une discipline personnelle sans faille au risque de la solitude, voire de la mélancolie. Un certain rapport au monde, aux autres et à soi : c'est à cette triple condition, dit de Gaulle, qu'un chef existe : « Il lui faut viser haut, voire grand, juger large, tranchant ainsi sur le commun qui se débat dans d'étroites lisières. [...] Ce n'est point affaire de vertu et la perfection évangélique ne conduit pas à l'empire. L'homme d'action ne se conçoit guère sans une forte dose d'égoïsme, d'orgueil, de dureté, de ruse. Mais on lui passe tout cela et, même il en prend plus de relief, s'il s'en fait des moyens pour réaliser de grandes choses » (*Le Fil de* l'épée).

Qu'en est-il du chef politique ? C'est moins clair, car, écrit-il, toujours dans *Le Fil de l'épée*, « l'action guerrière, dans sa simplicité terrible, contraste avec les détours propres à l'art de gouverner ». Mais, parce que la politique offre un champ d'action plus vaste que la guerre, et parce qu'elle oblige à un rapport au monde moins binaire, elle est la vraie condition de la grandeur.

On le comprend à travers trois portraits cruels que de Gaulle dessine dans ses *Mémoires de guerre*. Ce sont trois figures qui échouèrent à décider quand et comment il le fallait.

Le premier est Albert Lebrun, dernier président de la IIIe République. De Gaulle le rencontre à la fin de la guerre. Au cours de leur entretien, Lebrun revient, les larmes aux yeux, sur sa funeste décision de confier le pouvoir au Maréchal, sur le refus borné du commandant en chef, Weygand, de poursuivre la guerre depuis l'empire, et sur l'aveuglement du Conseil des ministres. De Gaulle conclut : « Au fond, comme chef de l'État, deux choses lui avaient manqué : qu'il fût un chef ; qu'il eût un État » (*Mémoires de guerre*, III).

Deuxième portrait, celui du général Giraud, concurrent de De Gaulle comme représentant de la France auprès des Alliés. C'est, lui, un vrai meneur d'hommes. Il le montre à plusieurs reprises, notamment lors du débarquement en Corse, premier territoire français libéré par les Français eux-mêmes (12 septembre 1943) ; mais il manque aux yeux de De Gaulle de tout sens politique. Venant le féliciter pour son succès,

de Gaulle lui reproche pourtant d'avoir conduit l'opération sans prévenir le gouvernement de la France libre. « Vous me parlez politique, répondit Giraud. – Oui, répondit de Gaulle. Car nous faisons la guerre. Or la guerre, c'est une politique. » Et de Gaulle commente : « Au fond... son esprit s'enfermait dans le seul domaine militaire, refusait de considérer les réalités humaines et nationales, fermait les yeux à ce qui appartient au pouvoir » (*Mémoires de guerre*, II). Si Lebrun est timoré, Giraud est étroit. Le troisième portrait est celui du maréchal Pétain. Pour de Gaulle, dont il fut le premier colonel après son passage à Saint-Cyr, il s'agit d'un vrai chef possédant « le don et l'art de commander ». C'est aussi un vrai politique car, à ses yeux, la « Révolution nationale » contenait des réformes judicieuses et une certaine cohérence. Mais tout fut gâché par le contexte de la défaite et de l'occupation (*Mémoires de guerre*, II). Et tout fut aussi balayé par une mise en œuvre détestable et des persécutions abominables. Au bout du compte, le jugement de De Gaulle sur Pétain est sans appel : cet authentique chef, animé d'un véritable sens politique, a eu tout faux ! « Monsieur le maréchal ! Vous qui avez fait, jadis, si grand honneur à nos armes, vous qui fûtes, autrefois, mon chef et mon exemple, où donc vous a-t-on conduit ? » (*Mémoires de guerre*, II).
À travers ces trois portraits, nous avons en négatif les qualités que de Gaulle, exige du décideur, c'est-à-dire de lui-même. Albert Lebrun n'avait ni vision, ni prestige, ni caractère ; le général Giraud fut un chef sans vision. Quant au maréchal Pétain, ce fut un naufrage.

Mais il n'est pas donné à tout le monde d'être un sauveur. Et, fort heureusement, la patrie n'est pas tous les jours en danger. Le régime de croisière de la démocratie, c'est plutôt une succession de microcrises, dont les enjeux se court-circuitent et s'entrechoquent, sans que l'on parvienne à bien distinguer l'essentiel de l'accessoire. Il devient alors beaucoup plus difficile de décider, car à la simplicité lumineuse et dramatique de la guerre fait place la calme et opaque complexité de la paix. Comment gouverner par temps calme ? Tel est le vrai défi du prince d'aujourd'hui.

Plutôt que d'en parler en général, je voudrais donner deux exemples de leaders démocratiques européens – que je prends hors de France pour garder un peu de sérénité d'analyse – qui me paraissent occuper deux positions exemplaires dans le large spectre de l'art politique actuel : Angela Merkel et Tony Blair.

Angela Merkel

Durant son mandat (qui n'est pas achevé au moment où je rédige), Angela Merkel a été perçue comme la figure emblématique du chef authentique de la démocratie. Onze années durant, elle a été classée « femme la plus puissante du monde » par le magazine *Forbes*. Et pourtant, Mutti, comme disent les Allemands, possède la force modeste et la monstrueuse banalité propres à l'âge de l'égalité. Origines humbles, vie petite-bourgeoise, rigueur protestante ; il paraît qu'on peut la croiser le week-end en train de faire ses courses au supermarché du bourg. En politique, elle est l'image même du pragmatisme. À plusieurs reprises, alors qu'on l'interrogeait sur sa vision de l'Europe, elle répondit : « Une vision ? *Mais je ne suis pas poète*[35] *!* » Quel est son bilan de treize ans de règne sans vision ? Celui d'une gestion tranquille de la puissance économique allemande. Quant à ses décisions les plus marquantes, ce sont celles qui ont plombé l'Europe. En octobre 2008, elle nie la réalité du problème bancaire avant de se rallier en catastrophe au plan de soutien du secteur financier. En 2010, elle se montre inflexible vis-à-vis des pays débiteurs au risque de couler l'euro. En mars 2011, aux lendemains de la catastrophe de Fukushima, elle annonce brutalement la sortie allemande du nucléaire, tuant l'Europe de l'énergie en train de se constituer. En 2015, l'Europe puissance est anéantie avec la suspension *de facto* des règles européennes en matière d'asile : sa décision provoque une vague migratoire sans précédent depuis 1945 avec l'arrivée de 1,3 million de réfugiés. Ce furent là, à mon sens, de colossales erreurs d'évaluation, qui ont fracturé l'espace et les esprits. Après Helmut Kohl, père de la réunification, et Gerhard Schröder, chef d'orchestre des rigoureuses réformes de l'Agenda 2010, Angela Merkel pouvait laisser le navire courir sur son erre. Mais, faute de vision, hormis sa très luthérienne vertu et son sens des rapports de forces, elle a gouverné sans jugement. Angela Merkel : une négociatrice hors pair ; une décideuse hors jeu.

Tony Blair

Tony Blair a mauvaise réputation. Méprisé par la droite parce qu'il est de gauche, haï par la gauche parce qu'il a fait une politique « de droite », honni par l'opinion internationale parce qu'il a suivi Bush en Irak contre des armes de destruction fictives. C'est injuste. Injuste au regard de l'enthousiasme qu'avait suscité en son temps sa doctrine de la « troisième voie », qui validait pourtant une recomposition idéologique ; injuste surtout au regard de son bilan gouvernemental, qui comporte une victoire historique majeure : la paix en Irlande du Nord. Dans un chapitre passionnant de ses *Mémoires* (2010), Tony Blair fait le récit de ce succès.

Vieux de plusieurs siècles, le conflit irlandais (*The Troubles*) rebondit en 1966 lorsqu'un catholique éméché, qui entonnait des chants républicains, est abattu à Belfast par un commando de loyalistes. Cet acte attise la vieille détestation entre les républicains nationalistes, principalement catholiques, partisans d'une Irlande réunie, et les loyalistes unionistes, principalement protestants, fidèles à la couronne britannique. Les groupes paramilitaires de chaque camp prennent rapidement le dessus dans une surenchère funeste : d'un côté, l'IRA qui veut chasser la Grande-Bretagne d'Irlande du Nord et, de l'autre, l'UVF (Ulster Volonteer Force) qui s'acharne à considérer les catholiques comme des citoyens de seconde zone. Les forces de sécurité britanniques, initialement mobilisées pour protéger les nationalistes, mais ensuite accusées de collusion avec les loyalistes, sont l'objet d'attaques répétées de la part de l'IRA. 1972 est l'année la plus meurtrière avec presque 500 morts. Elle commence tragiquement par le Bloody Sunday. Ce 30 janvier, l'armée britannique ouvre le feu contre une marche républicaine et fait quatorze victimes. Toutes les tentatives de conciliation, à partir de là, échouent. Les actes terroristes se multiplient, alimentés par les communautés d'Irlandais émigrés, notamment aux États-Unis. Le conflit se durcit encore sous le gouvernement Thatcher, qui refuse toute discussion avec les terroristes. Après le départ de celle-ci, John Major renoue le dialogue. Il est amplifié par Tony Blair qui, à son arrivée au pouvoir en 1997, affiche une nouvelle doctrine. Elle le conduira en un moins d'un an à conclure un accord historique : l'Accord du Vendredi saint (10 avril 1998).

> Ce qu'il y a de prodigieux dans l'Accord du Vendredi saint, écrit Tony Blair dans ses *Mémoires*, c'est qu'il doit davantage au hasard qu'à la volonté. J'étais censé rester seulement une journée pour entériner un accord négocié dont les détails auraient été préalablement réglés. Au final, j'ai passé quatre jours et quatre nuits à participer dans ses moindres détails à l'une des négociations de paix les plus extraordinaires jamais entreprises. [...] Je peux honnêtement dire que c'est la première et unique fois de ma vie que j'ai participé à un événement comparable – qui a changé le cours de l'Histoire[36].

Nous sommes là au cœur de la décision politique. Pour Bossuet, l'histoire est écrite par la Providence divine ; pour Hegel, par la Raison ; pour Thiers et Michelet, elle est le fruit des grandes forces collectives : la bourgeoisie ou le peuple en masse ; pour Marx, comme pour les néolibéraux, elle est le pur produit de l'infrastructure socio-économique. Le démocrate peut être d'accord avec tout cela, pourvu qu'une place – si infime soit-elle – soit laissée à celui qui pourra en changer le cours, et le changera en mieux pour le destin collectif. Je ne vois pas comment on pourrait être démocrate tout en pensant qu'il suffit de laisser faire les forces et que la décision est nulle. Et c'est ce que Blair raconte.

Ce jour-là, le succès de la négociation fut, certes, le fruit d'une conjoncture favorable, mais tout autant celui de volontés résolues. L'accord final était simple dans ses grandes lignes. L'Eire s'engageait constitutionnellement à renoncer à toute revendication sur l'Irlande du Nord ; en Ulster étaient posées les bases d'un gouvernement *consociatif*, mêlant toutes les communautés ; enfin chaque parti adverse acceptait un désarmement, et la Grande-Bretagne s'engageait à libérer les prisonniers. Le 22 mai 1998, deux référendums valident l'accord : l'un au Nord (approuvé à 77,1 %) ; l'autre au Sud (à 94,5 %). Les deux négociateurs irlandais, le protestant David Trimble et le catholique John Hume, reçoivent le prix Nobel de la paix 1998. Pas Tony Blair qui en fut pourtant l'artisan principal… Il fallut encore de nombreuses années pour stabiliser l'accord et réaliser la paix : presque dix ans. Le 8 mai 2007, une ultime négociation conduit à la réinstallation du nouveau gouvernement de l'Irlande du Nord.

Dans ses *Mémoires*, Tony Blair termine le récit de cet épisode par une réflexion passionnante sur l'art politique. Tous les conflits, écrit-il en substance, sont différents et il serait évidemment illusoire de fournir une règle universelle pour les résoudre. Mais, ajoute-t-il, « j'en suis tout de même venu à la conclusion qu'il existait quelques principes fondamentaux applicables à tous les cas[37] ». Et il se livre alors à l'exercice classique d'un énoncé des maximes et qualités pour une bonne décision ; maximes et qualités qu'il espérait, au moment où il finissait ses *Mémoires*, faire valoir pour la résolution du conflit israëlo-palestinien. Cet inventaire correspond à ce qu'Aristote nommait la « prudence », cette sagesse dans l'ordre pratique, qui permet non seulement de savoir quoi faire, mais surtout quand et comment. Voici les ingrédients : ténacité, mais ouverture ; patience, mais détermination ; hauteur de vue, mais sens du détail ; force de conviction, mais puissance d'impartialité. On perçoit tout l'intérêt, mais aussi la vanité de l'énumération de ces qualités contradictoires, et pourtant indispensables.

Le chef idéal ? Éloge de Thémistocle par Thucydide

« Thémistocle [était] une personnalité exceptionnelle. Grâce à sa perspicacité, qu'il ne devait à aucune formation préalable et à laquelle l'étude ne put rien ajouter, il était capable, devant une question urgente, de discerner avec une promptitude extrême la meilleure solution, capable aussi de former les conjectures les plus clairvoyantes au sujet de l'avenir le plus lointain. Quand il s'occupait d'une affaire, il savait en exposer toutes les données, et, sur celles mêmes qui ne lui étaient pas familières, il ne laissait pas de porter des jugements valables. Placé devant une situation encore confuse, il excellait à en percevoir par avance les éléments favorables et les inconvénients. Bref, par la rapidité avec laquelle il se mettait au fait, il était sans égal pour improviser les mesures nécessaires » (*Guerre du Péloponnèse*, I, 138).

De l'art d'être gouverné

> « Prescrivons donc non seulement aux magistrats comment il faut commander, mais aux citoyens comment il faut obéir. »
>
> CICÉRON, *Des lois*, III, 5.

Si j'ai repris ce récit, ce n'est pas seulement parce que je préfère la pratique visionnaire blairiste au pragmatisme tiède de Merkel, mais parce que j'y trouve une solution inattendue au problème de la décision démocratique. En fait, elle ne se trouve pas tant dans les maximes que recense Tony Blair – après tant d'autres – que dans le récit lui-même, qui recèle une formidable pédagogie de l'exercice du pouvoir. Et c'est ce dont la démocratie a sans doute le plus besoin, particulièrement aujourd'hui.

En effet, de manière habituelle et souvent spontanée, le citoyen tient sur la politique deux types de discours : soit l'exercice d'admiration qui vante le « grand homme » (ou femme), ses grands faits et ses sublimes paroles ; soit le réflexe paranoïaque qui ne voit, en lui, que mauvaises intentions, calculs sordides et corruption en tout genre. Entre l'hagiographie et le conspirationnisme, le réel a du mal à tracer sa route. L'extrême intérêt de la lecture des Mémoires est qu'ils permettent de comprendre le cheminement sinueux de la décision : les contraintes, les rebondissements, les échecs.

Cette pédagogie du pouvoir est relayée, de nos jours, par une impressionnante production de fictions – films et séries – qui, contre le « scoopisme » du flux d'actualité, redonnent profondeur et complexité à l'acte politique. Or ces fictions – c'est une excellente nouvelle – ont un grand succès public. Depuis l'inaugural et génial *The West Wing* (*À la Maison-Blanche*[38]), qui racontait le fonctionnement du cabinet du président américain mieux qu'aucun manuel de science politique, jusqu'à *Baron noir*, en passant par la sombre *House of Cards*, elles ont supplanté les traités politiques du passé. Les films ne sont pas en reste : le formidable *Lincoln* de Spielberg (2012) est tiraillé entre la possibilité de clore rapidement une guerre civile désastreuse et sa conviction de faire voter le 13e amendement abolissant l'esclavage (6 décembre 1865) ; le Churchill de Joe Wright (*Les Heures sombres*, 2017) hésite entre une guerre sans merci avec l'Allemagne nazie et la possibilité de maintenir ouverte la voie de négociations (mai 1940). Rien de simple dans ces décisions qui ont pourtant changé la face du monde.

Tous ces récits, quand ils sont bien faits, permettent au citoyen de mieux apprendre à *être gouverné*. Car si le don de la décision est rare, encore plus rare est celui de son acceptation dans le souci de l'intérêt général. C'est pourquoi l'art de gouverner et l'art d'être gouverné ont toujours été conçus ensemble, comme les deux faces réfléchissantes d'un même miroir. En lisant *Le Prince*, Rousseau avait cru identifier l'intention cachée de Machiavel : « En feignant de donner des leçons aux rois, écrivait-il dans *Du contrat social*, il en a donné de grandes aux peuples. Le *Prince* [de Machiavel] est le livre des républicains » (*Du contrat social*, III, VI). La formule est frappante, mais elle pourrait valoir pour tous les « miroirs du prince », ce genre littéraire très particulier, dans lequel un auteur, mi-courtisan mi-moraliste, tend au prince son reflet sublimé, en espérant qu'il daignera se conformer à cette image idéale.

L'auteur d'un des plus fameux miroirs médiévaux, Gilles de Rome, ne disait pas autre chose (*Du gouvernement des princes*, rédigé vers 1277) : « Si par ce livre, les princes sont instruits de leur conduite, comme aussi sur la façon de commander à leurs sujets, il convient de faire parvenir cet enseignement jusqu'au peuple afin qu'il sache aussi de quelle manière il doit obéir au prince, il importe donc que la façon de procéder dans cet ouvrage soit grossière non savante, et en style figuré. » Suit, en 193 chapitres, une étude de toutes les facettes de la vie intime et publique du bon gouvernant, afin de lui donner les moyens de prendre les bonnes décisions, et aux sujets de les évaluer.

On peut tenter de renouer le fil rompu de cette tradition, dans un contexte où la décision politique est toujours suspectée d'être abus de pouvoir, trahison du peuple, soumission à des intérêts cachés, corruption larvée ou démagogie médiatique (biffez les mentions inutiles ; plusieurs choix sont possibles). Face à ces critiques qui alimentent non seulement l'impuissance publique, mais aussi le sentiment de dépossession démocratique, il semble possible de retrouver le sens de la décision. Maxime du bon citoyen : « Agis en citoyen comme si tu devais gouverner » ; et du gouvernant : « Agis en gouvernant comme si tu étais citoyen. » La première sans la seconde : belle âme ; la seconde sans la première : vaine démagogie.

Il y a aujourd'hui une excellente raison pour que le citoyen des démocraties pense à se réconcilier au plus vite avec la décision. À très brève échéance, si ce n'est déjà le cas, la première puissance du monde ne sera plus une démocratie : la Chine aura dépassé les États-Unis. Cette nouvelle domination clôt les deux parenthèses historiques que furent la guerre froide (1945-1989), puis la paix de plus en plus chaude (1989-2018). La première inscrivait la démocratie libérale dans une logique de combat mené par l'Amérique contre le communisme ; la seconde dans une période d'insouciance et d'évidence, toujours sous protectorat américain. C'en est désormais fini. Chaque démocratie devra se prendre en main sans grande sœur. C'est pourquoi, pour qui aime ce régime, l'Europe est devenue une impérieuse nécessité, à condition que cette Europe soit une puissance et pas seulement un marché. Dans ce contexte nouveau, plutôt que d'exiger du politique le courage de décider, demandons-nous si nous avons, nous autres citoyens, l'audace d'obéir. Demandons-nous si c'est notre intérêt de dénigrer le pouvoir que nous avons prêté à nos élus. Demandons-nous si nous ne pratiquons pas ce geste absurde que Mirabeau relevait déjà à l'aube de notre modernité : « Un certain nombre d'hommes, imbus de notions faussement républicaines, deviennent jaloux de l'autorité au moment même où ils l'ont confiée » (discours à l'Assemblée, du 19 octobre 1789).

La formule me rappelle cette devinette : combien faut-il de psychanalystes pour changer une ampoule ? La réponse est : un seul, pourvu que l'ampoule ait envie de changer ! Par analogie : quel art faut-il pour gouverner un peuple ? Peu importe, pourvu que ce peuple souhaite être gouverné…

CHAPITRE 6

Comment bien rendre les comptes ?

> « Le pouvoir est comme la tête de la Méduse : celui qui en a vu la figure ne peut plus en détourner son regard, reste fasciné et charmé. Celui qui, une fois, a goûté à l'ivresse de la domination et du commandement ne peut plus s'en passer. »
>
> Stefan ZWEIG, *Fouché*.

Le 19 mai 1981, neuf jours après sa défaite aux élections présidentielles, Valéry Giscard d'Estaing s'adresse aux Français pour son ultime message de chef d'État. Dans un espace dépouillé de tout décorum, le président visiblement ému dresse un bilan de son mandat : « Vous m'avez donné les biens les plus précieux de la collectivité nationale. J'en ai été le gardien. Aujourd'hui, je m'en vais, ils vous sont restitués intacts. » Il ajoute : « Je souhaite que la Providence veille sur la France » ; puis, après un long silence, il lance son fameux : « Au revoir ! », se lève et quitte lentement la pièce en laissant sa chaise vide. En fond sonore, une *Marseillaise* est jouée.

La mise en scène fut diversement perçue et interprétée. Certains lui reprochaient son ton funèbre ; d'autres y ont vu une forme de menace, comme un « après moi le chaos ! » ; d'autres encore une grandiloquence artificielle. Giscard lui-même s'interrogera plus tard : « En ai-je trop fait dans ce mot de la fin ? Sûrement ni le décor ni le texte qui n'avaient rien de mélodramatique ! Peut-être le court ballet de la fin me sera-t-il reproché ? Peut-être aura-t-il causé de la peine à certains de ceux qui m'ont regardé ? Peut-être n'aurais-je pas dû leur tourner le dos après les avoir regardés dans les yeux en 1974 ? Mais c'était l'unique chose que je tenais vraiment à dire, une chose que j'avais le droit de dire : Au revoir[1] ! »

Pour ma part, je vois dans cette scène la quintessence de l'expérience démocratique du pouvoir : rien ne la révèle davantage que le moment où il s'agit de le quitter ! Il est un « lieu vide », selon l'expression de Claude Lefort, parce que, dans le régime du peuple souverain, étant toujours à tout le monde, il n'est jamais à personne[2]. Par où se révèle le quatrième trait essentiel du peuple-méthode de la démocratie : après les élections régulières, les délibérations publiques et les décisions solitaires, mais non isolées, nous arrivons au terme du processus. Il s'agit pour le prince temporaire de remettre sa fonction en jeu à échéance prévue et, à plus ou moins long terme, de la quitter. Ce sont alors des gestes simples et difficiles qui doivent être accomplis : faire la passation, ses cartons et le deuil, renoncer à son secrétariat, à son agenda, à ses laissez-passer, à son importance… et redevenir *inter pares* en cessant d'être *primus*.

Mais pourquoi donc ? Après tout, si le prince est bon, si son gouvernement est réussi, pourquoi devrait-il partir ? Pour lui, la tentation est forte de confondre l'exploit de la conquête, la réussite de l'exercice, avec le droit de la conservation du pouvoir… qu'il se formule souvent à lui-même comme un devoir, et même un « sacrifice » : il se dévoue pour rester encore dans l'intérêt de la collectivité. Vladimir Vladimirovitch Poutine y est parvenu grâce à une astuce institutionnelle qui lui a permis de durer en étant président, puis Premier ministre, puis à nouveau président. Xi Jinping a éliminé au Congrès de 2018 la règle posée en Chine depuis Deng Xiaoping d'une présidence limitée à dix ans. C'est aussi devenu la regrettable habitude de la plupart des dirigeants africains. Mais, dans les démocraties libérales, c'est interdit !

Cela ressemble parfois à de l'ingratitude. Churchill en fait les frais dès juillet 1945, juste un mois après une victoire dont il avait été l'artisan ; de même pour de Gaulle, à deux reprises, en 1946, puis, à nouveau, en 1969. Une fois que les sauveurs ont sauvé, à quoi peuvent-ils encore servir ? C'est cela la démocratie : ni le salut public ni le service public ne confèrent aucun droit de propriété. Le prince démocratique est un petit locataire d'une majesté inlocalisable.

On ne doit pourtant pas confondre cette expérience fondamentale avec le *dégagisme*, qui consiste à vouloir sortir les sortants… simplement pour prendre leur place*. La première est un principe démocratique ; le second est une tactique démagogique, au demeurant peu judicieuse, puisque le « dégagiste » finira toujours par être lui-même dégagé. Entre les deux, la différence tient au respect d'une procédure : la reddition de comptes. Il ne s'agit pas simplement de la vérification d'un budget mais d'une évaluation des motifs et/ou intentions d'une décision et des résultats d'une politique. La reddition de comptes, c'est le retour sur les promesses des élections (ce pourquoi elles ne doivent pas être outrancières) ; c'est la levée du secret des négociations et des actions (ce pourquoi elles ne doivent pas être inavouables) ; c'est l'évaluation de la valeur des décisions (ce pourquoi elles doivent toujours être en rapport avec l'« utilité publique ») : c'est donc un moment de vérité que l'on devrait vénérer, alors qu'on a tendance à le négliger ! Car, dans le flux de l'actualité, on préfère le contrôle

* C'est Poujade en janvier 1956 : « Sortez les sortants ! Pas un ministre, pas un président du Conseil, de la droite, de la gauche, les rouges, les blancs, les verts : on a tout foutu dans le même sac et on a dit au pays "ce sont des salauds ! Le meilleur ne vaut rien ! N'allez pas discuter, s'il est à droite ou s'il est à gauche, foutez-moi tout ça… et on triera après." » (Voir aussi, J.-L. Mélenchon, *Qu'ils s'en aillent tous !*, Flammarion, 2012.)

continu au contrôle terminal ; on favorise la facile indignation en temps réel au difficile jugement avec recul ; on goûte les protestations locales plutôt que les évaluations générales. C'est la raison pour laquelle, la reddition des comptes est aujourd'hui le point faible de la démocratie, sur lequel elle est encore immature et, sans aucun doute, « peut mieux faire ». Nous n'avons pas encore inventé les modalités judicieuses d'une reddition de comptes efficace. Comment la concevoir ?

Dans le grand livre des actions humaines…

Rendre des comptes ! Quand on y songe, l'expression est étrange. Elle implique que la totalité des actions humaines, y compris politiques, puissent être présentées sous la forme d'un « grand livre » comptable. Certes, on sait que la comptabilité est une technique très ancienne, puisqu'on en trouve les premières traces en Mésopotamie et en Égypte dès le IVe millénaire avant J.-C. Mais comment se fait-il que cette technique de gestion des biens et des échanges soit sortie du strict domaine « économique » pour accéder au rang de quasi-vision du monde ?

La métaphysique comptable

Cela suppose que l'on puisse mettre l'univers entier en nombre et en équivalence pour le considérer, ainsi que le dira bien plus tard Galilée, comme « un vaste livre écrit en langue mathématique ». Cette idée est un trait caractéristique de toutes les grandes civilisations, qu'elles soient chinoise, indienne, persane ou arabe. Les nombres servent à décrire, à comprendre, à juger, à prévoir, et leur efficacité est telle que, bien au-delà du rôle de simples outils, ils en viennent à désigner la réalité elle-même. En Grèce antique, cette idée a été portée à son paroxysme. C'est là qu'on note l'apparition simultanée d'innovations décisives : l'alphabet, la monnaie, la philosophie, la démocratie[3]. Tout cela est en rapport avec une vision numérique de l'Univers qui concurrence les conceptions mythologiques traditionnelles. L'Univers cesse d'être conçu comme une grande famille, emplie de liens, de querelles et de fureurs, pour s'agencer en opérations logiques. « Tout est arrangé d'après le nombre », dit Pythagore (580-500 av. J.-C.). Ce qui permet d'établir des systèmes d'équivalence et de convertibilité, d'envisager la traduction, d'inventer l'égalité, de penser la justice comme une balance, la santé comme un équilibre, la morale comme une réciprocité, la beauté comme une harmonie (grâce d'ailleurs à une règle et à un nombre qui seront du même métal que la monnaie : l'or !). C'est donc parce que le cosmos est fait de nombres que l'on peut rendre des comptes. Et cela vaut bien sûr aussi pour chaque vie humaine puisque chacune est un microcosme, un cosmos en petit, qui doit, s'il veut accéder au bonheur, parvenir, au terme de l'exercice, à l'équilibre général des résultats.

C'est le sens de la fameuse réponse du sage Solon au richissime Crésus, réputé d'ailleurs être l'un des tout premiers créateurs de monnaie, grâce aux ressources de sa rivière aurifère nommée « Pactole ». Crésus, après avoir montré au philosophe, qui lui rendait visite, toute sa prospérité et sa puissance, lui demanda quel était, selon lui, l'homme le plus heureux du monde. La réponse déçut beaucoup le puissant roi. Après avoir cité plusieurs anonymes aux morts glorieuses ou paisibles, le sage Athénien conclut : « Nul ne peut être dit heureux avant d'avoir fini sa vie. » Vexé par cette ingrate insolence, Crésus expulsa l'Athénien.

Peu après, il perdit son fils adoré, puis son empire et, finalement, tous ses trésors. Il allait perdre la vie, quand, au moment d'être brûlé vif par son vainqueur, le roi perse Cyrus, Crésus se souvient de l'adage du sage et s'écrie : « Ô Solon ! Solon ! » Ce cri lui sauve la mise, car Cyrus, surpris, suspend l'exécution et, à la suite de son récit, fait de lui son plus proche conseiller (Hérodote, *Histoires*, I, 32). Les morales de cette histoire nous rappellent : 1) que la philosophie peut sauver la vie ; 2) que l'argent (ou l'or) ne fait pas tout le bonheur ; mais surtout 3) qu'il faut attendre la fin de l'exercice comptable pour établir le bilan exact d'une existence.

La leçon est reprise par la théologie monothéiste avec deux ajouts : d'abord, à l'origine de l'harmonie du monde, il y a un grand Géomètre, Créateur de tout et qui « a tout réglé avec mesure, nombre, poids » (Sg XI, 20) ; ensuite, ce Créateur est aussi le Grand Trésorier-Payeur général veillant scrupuleusement à l'économie du salut sous toutes ses formes[4]. Comme le dit saint Paul (Rm : 14, 12) : « Ainsi chacun de nous rendra des comptes pour lui-même. » Ce qui inscrit aussi cette vision dans une temporalité dramatique nouvelle, puisqu'elle annonce le moment de la clôture générale des comptes, à savoir le jugement dernier. Et ce moment terrible sera d'autant plus critique, qu'il ne s'agira plus seulement de présenter des comptes à l'équilibre mais, ainsi qu'y invite la parabole des talents (Mt : 25, 14-30 ; Lc : 19, 12-27), un compte de résultat positif. Pour être sauvé, il faut travailler beaucoup, bien faire, c'est-à-dire être bénéficiaire… sinon on aura vécu en pure perte.

Dans ce contexte, est-il vraiment étonnant que celui qui a perfectionné la technique comptable ait été un moine, qui plus est membre de l'ordre mendiant des Franciscains ? Luca Pacioli (1447-1517), à qui l'on doit, outre le premier exposé systématique d'algèbre en Europe, l'invention de la comptabilité à partie double. Elle permet au marchand d'avoir un reflet plus exact de l'état de ses actifs, en intégrant des éléments « invisibles », tels que les crédits et les dettes. Comme pour les péchés et les vertus, la reddition de comptes réguliers, exacts et *sincères* exige de creuser au-delà des seules apparences*.

Certes, la plume du Grand Livre reste toujours dans la main de Dieu, mais, grâce à ces innovations, l'homme peut espérer mieux guider son action et, peut-être, agir plus efficacement pour son salut. Le regard des autres hommes l'y aidera puisque cette comptabilité moderne exige à la fois collectivité et publicité. Pour qu'elle soit bien établie, il faut en effet trois acteurs : l'*accountor* (celui qui a des comptes à rendre), l'*accountee* (celui à qui il faut rendre compte) et l'*accountant* (celui qui établit les comptes et fait office de tiers de confiance). Le gouvernement de la cité n'échappe pas à cette règle, même si le tiers de confiance est ici bien plus difficile à trouver.

Responsabilité politique

> « Le peuple qui a assez de capacité pour se faire rendre compte de la gestion des autres, n'est pas propre à gérer lui-même. »
>
> MONTESQUIEU, *De l'esprit des lois*, II, 2.

En politique, on voit bien *qui* doit rendre des comptes – le chef – et, assez bien, *à qui* il doit les rendre. Ce peut être l'instance qui lui confère son *autorité* – le « Ciel », les « Ancêtres », ou « Dieu » –, devant qui un roi comme Louis XIV disait se sentir profondément responsable « de ses peuples », ou encore le « Peuple » lui-même, comme principe souverain. Ce peuvent aussi être les personnes ou les groupes dont dépend le *pouvoir* du chef (notamment en matière fiscale), c'est-à-dire les « Grands », la petite noblesse terrienne ou le vaste ensemble de ce qu'on

* Ami de Léonard de Vinci, Luca Pacioli joue aussi un rôle décisif dans la théorisation de la perspective en peinture. Pour qu'un tableau *rende compte* de la réalité, il ne suffit pas de la refléter, il faut la construire selon des règles mathématiques.

appelle en France le « tiers état ». Mais ce tiers état, pas plus que les autres, n'est « tiers de confiance ».

En fait, en matière politique, l'*accountant* désigne moins une personne que le respect d'une procédure et de règles stables. Au fond, il s'agit du *droit*, qui est la figure politique du tiers. Et c'est donc la construction de l'État de droit qui fait naître la responsabilité politique.

Dans un livre important, paru en 2011, le politologue Francis Fukuyama propose une analyse globale des origines de l'ordre politique. Le programme est ambitieux puisqu'il s'agit d'une fresque des grands modèles étatiques et de leur « esprit », pour parler comme Montesquieu, *des temps préhumains à la Révolution française*[5]. Le titre de la traduction française – *Le Début de l'histoire* – est un clin d'œil astucieux au texte sur « la fin de l'histoire » qui a rendu Fukuyama mondialement célèbre en 1989 quand il posait la démocratie et le capitalisme comme horizon indépassable de notre temps. Arrivant au terme de son étude, Fukuyama s'interroge sur l'émergence de la notion de responsabilité politique qu'il perçoit, à juste titre, comme une caractéristique essentielle de la construction des États modernes à partir du XVIe siècle[6]. Il identifie alors quatre scénarios principaux, au sein de sociétés politiques européennes qui disposent, à la fin du Moyen Âge, de composantes similaires : féodalisme, monarchie, assemblées. On peut résumer ces scénarios de la manière suivante :

Le premier modèle est celui d'une *responsabilité forte associée à un pouvoir faible*. Il se déploie en Hongrie ou en Pologne, là où les aristocraties réussissent à imposer des limites constitutionnelles (à travers, par exemple, la Diète hongroise) au monarque. Celui-ci, affaibli par une puissante oligarchie décentralisée, ne parvient ni à protéger la paysannerie contre les prétentions des Grands ni à créer un appareil d'État susceptible de défendre le territoire.

Deuxième modèle : celui d'une *responsabilité nulle associée à un pouvoir fort.* La Russie en est le meilleur exemple : l'alliance du tsar avec la noblesse, petite et haute, qu'il domine, mais aussi avec le clergé, se fait au détriment des paysans réduits à l'état de servage. Il y a donc bien une tradition russe durable consistant à se débarrasser des pesanteurs de la responsabilité… et ce, jusqu'à nos jours.

Le troisième modèle réunit une *responsabilité (assez) faible et un pouvoir (assez) fort.* Il s'agit de la monarchie absolue, qu'elle soit française ou espagnole. C'est un type paradoxal car, en dépit de son absolutisme théorique, elle demeure, dans la pratique, débitrice de comptes aussi bien à Dieu sur qui se fonde sa souveraineté qu'aux Parlements ou Cortès qui sont la clé de prélèvements fiscaux dont le besoin ne cesse de croître. Cette double responsabilité restreint son pouvoir sans pour autant le contraindre à l'efficacité. Elle empêche l'État là où il pourrait devenir bénéfique sans le brider là où il demeure arbitraire.

Quatrième modèle enfin, celui qui élabore une *responsabilité forte et un pouvoir fort.* C'est celui de l'Angleterre mais aussi du Danemark de l'âge moderne qui, écrit Fukuyama, « ont été en mesure de développer à la fois une forte autorité de la loi et une responsabilité politique du gouvernement, tout en construisant un État centralisé puissant, capable de mobiliser le pays et de le défendre[7] ». À la fin du XIXe siècle, l'Angleterre dispose d'une démocratie libérale et le Danemark a posé les fondations de la social-démocratie*.

On comprend, dans ce contexte, pourquoi c'est le terme anglais *accountability* qui, mieux que nul autre exprime la reddition politique de comptes. Cela dit – l'honneur est sauf ! –, il a tout de même une origine française, puisqu'il fut d'abord utilisé, à partir

* La République hollandaise et la Confédération helvétique peuvent être également citées comme des réussites politiques alliant puissance et responsabilité.

du XIe siècle, par les agents de Guillaume le Conquérant pour installer son pouvoir royal. Il était alors exigé de tous les propriétaires du royaume d'Angleterre qu'ils établissent un décompte de leurs biens afin de l'inscrire dans un grand livre, judicieusement nommé : le Livre du jugement dernier (le *Domesday Book* – par où l'on retrouve la métaphysique du salut). C'est sur cette base qu'était établi le prélèvement de l'impôt. Par la suite, chaque shérif (c'est-à-dire chaque officier – *reeve* – de comté – *shire*) devait venir présenter ses comptes devant la cour de l'« Échiquier » (du nom d'une nappe quadrillée qui recouvrait la table des conseillers)*.

La typologie de Fukuyama est éclairante, car elle permet de bien identifier le cahier des charges de la reddition politique de comptes. Il s'agit de viser un cercle vertueux entre pouvoir et responsabilité. L'un et l'autre doivent se renforcer, s'il est vrai que, comme dit le grand philosophe Peter Parker, qu'« un grand pouvoir implique de grandes responsabilités[8] » et que de grandes responsabilités permettent d'accroître l'autorité d'un pouvoir. Pour le dire autrement, c'est le contrôle du Parlement qui a permis à l'Angleterre de lever une quantité d'impôts jamais atteinte auparavant ; c'est lui qui a permis au Royaume-Uni de devenir la première puissance maritime de l'époque et la première puissance capitaliste de l'histoire. Avoir à répondre de ses actes permet d'agir plus et mieux[9]. C'est tout le pari de la reddition de comptes en démocratie libérale. Elle est un instrument de la puissance du peuple qui ne devrait jamais devenir la cause de son impuissance.

* En 1295, pour faire face à ses difficultés financières, Édouard Ier réunit un « Parlement modèle » composé des représentants des comtés, ordres et corps du royaume. Il sera chargé du « consentement à l'impôt » et de la vérification de son utilisation. En son sein, la Chambre des communes se distingue de la Chambre des lords, et c'est elle qui va s'attacher à contrôler la gestion et les nominations royales. Elle devient l'instance par excellence de la reddition de comptes fondée sur le principe « pas de taxation sans représentation », même si, alors, la représentation en question n'a rien de démocratique.

Reddition de comptes et démocratie

> « En démocratie, les magistrats sont tirés au sort, les charges sont soumises à des comptes et toutes les délibérations se font en commun. »
>
> HÉRODOTE, *Histoires*, III, 80, 27-29.

Une remarque en passant : cette exigence de responsabilité n'est pas propre à la démocratie moderne ; elle caractérise le régime démocratique même dans sa forme originelle. Plutarque rapporte cette anecdote du temps de l'Athènes de Périclès (*Vie d'Alcibiade*, VII, 3). Un jour, Alcibiade voulant rendre visite à Périclès, son oncle et père adoptif, trouve la porte close. Les serviteurs du stratège lui disent qu'il ne pouvait être dérangé sous aucun prétexte, « parce qu'il examinait comment il allait rendre ses comptes aux Athéniens ». En repartant, Alcibiade aurait alors grommelé : « Ne ferait-il pas mieux d'examiner comment ne pas les rendre ? » Réponse bien peu démocratique et qui montre que la procédure de reddition des comptes (*euthynai*) n'était pas chose à prendre à la légère dans la cité antique.

C'était même une vraie passion : un mot de trop ou une obole de moins… et le procès était assuré ! Cela concernait tous les magistrats mais aussi les citoyens qui demandaient la parole à l'*Ekklesia*, les membres, tirés au sort, de la *Boulè* ; et bien sûr les stratèges, comme Périclès, qui fut censuré à plusieurs reprises (voir encadré).

Rendre des comptes dans l'Athènes antique

Le contrôle *a posteriori* était d'abord financier[10]. Il était exercé à l'égard de tous les magistrats par des auditeurs des comptes, les *logistes*, qui étaient tirés au sort parmi les citoyens et pouvaient entamer des actions en détournement de fonds publics, vénalité ou forfaiture. Mais les stratèges comme tous les autres magistrats étaient aussi comptables de leur gestion au sens large du terme. Chaque citoyen pouvait déposer une plainte, que ce soit pour des motifs publics ou privés, contre un sortant devant la commission des Euthynes (*redresseurs de comptes*). Si la plainte paraissait fondée, ils transmettaient alors aux magistrats compétents (les juges des dèmes ou les thémosthètes) qui organisaient un procès. Ce contrôle permanent, scrupuleux, n'était pas toujours bien intentionné. Bien souvent, il était un frein à la participation civique et parfois un obstacle à l'action publique.

C'est ce même critère que retient le philosophe Alain quand il cherche à définir la démocratie, dans un de ses plus fameux *Propos sur les pouvoirs*[11]. Selon lui, aucun des traits habituellement avancés n'est pertinent. L'égalité des droits et des charges ? Non pas ! Car elle peut exister en régime tyrannique sur un mode parfaitement égalitaire : beaucoup de charges pour tous et aucun droit pour personne. Le gouvernement de tous par tous ? Non plus ! Car il n'a jamais existé et n'existera jamais. La procédure électorale ? Pas davantage, car même si un pape était élu au suffrage universel, cela ne ferait pas pour autant de l'Église une démocratie. Aucun de ces critères n'est donc suffisant. En revanche, pour Alain, le contrôle du peuple sur les gouvernants, voilà ce qui définit en propre la démocratie. À ses yeux, les régimes modernes sont des régimes mixtes qui mêlent une part de monarchie (nécessaire à l'exécutif), une bonne dose d'oligarchie (propre au Parlement et à l'administration) et une dimension démocratique, qui réside moins dans la participation que dans ce troisième pouvoir qu'il propose d'appeler le « contrôleur ». Par là, il entend cette faculté, « continuellement efficace, de déposer les rois et les spécialistes à la minute, s'ils ne conduisent pas les affaires selon l'intérêt du plus grand nombre* ». Et Alain ajoute : « Ce pouvoir s'est long-

* C'est ce que l'on trouve dans la Déclaration des droits de l'homme et du citoyen à deux reprises. Dans son préambule où il est dit : « Les Représentants du peuple français [...] ont résolu d'exposer [...] les droits naturels [...] de l'homme afin que [...] les actes du pouvoir législatif et ceux du pouvoir exécutif, pouvant être *à chaque instant* comparés avec le but de toute institution politique, en soient plus respectés ; afin que les *réclamations des*

temps exercé par révolutions et barricades. Aujourd'hui, c'est par l'Interpellation qu'il s'exerce. La Démocratie serait, à ce compte, un effort perpétuel des gouvernés contre les abus du pouvoir. » Sa conclusion semble convaincante : « Et, comme il y a dans un individu sain, nutrition, élimination, reproduction, dans un juste équilibre, ainsi il y aurait dans une société saine : Monarchie, Oligarchie, Démocratie, dans un juste équilibre[12]. »

L'analyse est pertinente, mais elle s'arrête un peu tôt. En définissant le pouvoir démocratique de manière seulement négative (contrôle et lutte contre les abus de pouvoir) – ou encore, comme le disait déjà Machiavel, par le seul « désir de ne pas être opprimé » –, elle ne dit rien des modalités de ce contrôle. Et, plus grave à mes yeux, elle met dans le même sac des procédures institutionnelles de contrôle et des pratiques insurrectionnelles (révolutions, barricades), dont on peut penser qu'elles seront, *elles aussi*, liberticides et tout aussi oppressives que le pouvoir contre lequel elles luttent[13]. Elle néglige aussi ce qu'ont pu avoir de néfastes les pratiques antiques de l'ostracisme et le régime de l'accusation permanente. Autrement dit, ce pouvoir de « contrôleur » me semble très confus, comme s'il suffisait de dire « non » pour se proclamer démocrate. C'est, je crois, un grand défi de la démocratie actuelle que d'en définir et clarifier l'exercice.

La censure est-elle en panne ? Faut-il redoubler d'éphores ?

Pour préciser encore l'enjeu, adoptons juste un instant le point de vue du très peu démocrate cardinal de Richelieu. Voici un passage de son *Testament politique* :

---

citoyens, fondées désormais sur des principes simples et incontestables, tournent toujours au maintien de la Constitution et au bonheur de tous. » Puis dans l'article 15 : « La Société a le droit de demander compte à tout agent public de son administration. »

> Ainsi qu'un corps qui aurait des yeux en toutes ses parties serait monstrueux, de même un État le serait-il si tous les sujets étaient savants. On y verrait aussi peu d'obéissance que l'orgueil et la présomption y seraient ordinaires. Le commerce des lettres bannirait absolument celui de la marchandise qui comble les États de richesses. Il ruinerait l'agriculture, vraie mère nourrice des peuples, et il déserterait en peu de temps la pépinière des soldats qui s'élève plutôt dans la rudesse de l'ignorance que dans la politesse des sciences. Enfin, il remplirait la France de chicaneurs, plus propres à ruiner les familles particulières et à troubler le repos public qu'à procurer aucun bien aux États. Si les lettres étaient profanées à toutes sortes d'esprit, on verrait plus de gens capables de former des doutes que de les résoudre et beaucoup seraient plus propres à s'opposer aux vérités qu'à les défendre[14].

Je ne sais si le lecteur partagera ma fascination pour ce texte d'un autre âge, qui prend à rebours nos convictions les plus ancrées et notamment cette équation : plus de savoir = plus de liberté = plus de bonheur. En amont du siècle des Lumières, Richelieu la néglige, nous rappelant que le savoir peut être perverti – cela s'appelle l'idéologie – et que ni la liberté ni la connaissance ne garantissent la vie heureuse. À quatre cents ans de distance, il dresse aussi de nous un portrait cruel : ne sommes-nous pas tous devenus ces demi-savants ès affaires communes à la fois prétentieux et dubitatifs, au courant de tout, mais connaisseurs de rien, plus aptes à penser contre qu'à agir pour ? J'adore ce texte aussi parce qu'il est comme un défi lancé par le fondateur de l'État moderne aux consciences contemporaines. Serons-nous à la hauteur de l'exercice du pouvoir démocratique de contrôle dont parle Alain ? C'est loin d'être certain, car, en vérité, ce pouvoir est très exigeant, et il ne suffit pas de râler dans son coin ou de s'indigner sur Internet pour l'exercer. Nous vivons un moment critique de la démocratie ; le peuple est trop éclairé pour pouvoir être asservi, mais pas assez pour accepter d'être gouverné.

Censeurs et éphores ?

Dans la Rome républicaine, la fonction principale des censeurs était de recenser. Tous les cinq ans, les citoyens romains étaient classés par niveau de fortune (*cens*). Mais ce recensement n'était pas que quantitatif, il était aussi qualitatif, car les censeurs jouaient le rôle de juges de moralité (*cura morum*) qui pouvaient flétrir publiquement, et sans recours, la réputation d'une personne (*nota censoria*). Ils avaient également le pouvoir de destituer un sénateur et devaient veiller à la bonne collecte des impôts ainsi qu'à la régularité des « marchés publics ». Cette opération de comptage se terminait par un rituel de purification, le *lustrum*, symbolisant la régénération de la cité tous les cinq ans.
À Sparte, les éphores (surveillants) désignaient un directoire de cinq magistrats annuels élus, chargé du gouvernement, mais aussi du contrôle général de la cité.

Ces interrogations nous invitent à changer de point de vue sur la reddition des comptes. On est souvent tenté de nos jours de penser qu'il n'y a pas assez de contrôles et qu'il faudrait les démultiplier en recourant au *naming* (constatation publique d'un préjudice), au *blaming* (dénonciation d'un responsable), au *claiming* (réclamation de réparation/sanction), au *rating* (notations par des agences) aux *watchdog committees* (comités de vigilance ou chiens de garde), ou autres *whistleblowers* (lanceurs d'alerte)...

Je crois, au contraire que la reddition des comptes souffre moins aujourd'hui de son insuffisance quantitative que de son dérèglement qualitatif. Ce dérèglement a son appellation contrôlée : crise de confiance ou défiance, voire, plus grave encore, méfiance envers la politique. La nuance est de taille, si l'on en croit cette subtile définition du *Littré* : « La méfiance fait qu'on ne se fie pas du tout ; la défiance fait qu'on ne se fie qu'avec précaution. Le défiant craint d'être trompé ; le méfiant croit qu'il sera trompé. » Et, dans ce cas, il n'y a vraiment aucune raison de vivre ensemble. Pour Hobbes, cela s'appelle l'état de nature. Quant à la pleine confiance, si elle existait, y aurait-il encore besoin de politique ? Aucune démocratie ne serait nécessaire si la vie collective se réduisait à une immense *blockchain*, si le contrat social était synonyme de contrat de confiance, si chacun se fiait à tous. En fait, nous devons nous convaincre que toute société est, par définition, société de défiance. Mais elle peut l'être plus ou moins. Et c'est à la politique qu'il revient de veiller à ce que la légitime défiance ne dérive pas en méfiance délétère. Or c'est ce point qui semble aujourd'hui en question, pour, je crois, deux raisons profondes qui – et c'est toute la difficulté – peuvent aussi apparaître comme des réussites démocratiques : il y a toujours plus d'acteurs et toujours plus de censeurs.

D'un côté, la multiplication des acteurs décisionnels entraîne une dilution de la responsabilité. Elle paraît même se dissoudre dans des mécanismes de décision sans décideurs. La moindre des administrations, le moindre des administrateurs ne cessent de pester, chacun dans leur domaine, contre des mécanismes aveugles et absurdes sur lesquels ils n'ont aucune prise. Tout le monde constate l'inanité du résultat mais personne semble n'y pouvoir mais. La plupart des décisions souffrent de ce défaut d'imputabilité : chacun voit les dysfonctionnements, voire les menaces, mais personne ne parvient à en identifier les causes[15]. D'où la contestation vague et impuissante du « système », qui permet de penser que s'il n'y a plus de responsables, il reste toujours – heureusement ! – des coupables… mais si lointains, si cachés, si sournois, qu'on ne les trouve jamais. Et la plainte est d'autant plus sonore, qu'elle reste sagement incantatoire !

Et c'est là un second phénomène. L'heureuse démocratisation de l'espace public entraîne la multiplication des censeurs et, avec eux, la montée en puissance du marketing de la suspicion. Car, dans un espace public ouvert, la raison du plus suspicieux (ou soupçonneux) est toujours sinon la meilleure, en tout cas, la plus audible. Le résultat n'est pas heureux, puisque la légitime censure se transforme en vetocratie systématique. À quoi s'ajoute la tentation de substituer la responsabilité pénale à la responsabilité politique, ce qui aboutit à une forme de criminalisation de la fonction politique[16]. Or, parce qu'ils sont davantage exposés médiatiquement et parce qu'ils sont au cœur de l'immense système de décision qu'est l'État, les dirigeants politiques ne peuvent être considérés, à mon sens, comme des justiciables de même nature que les autres. Cela ne veut pas dire qu'ils n'ont pas de comptes à rendre ; mais qu'on doit les leur demander en prenant en considération cette spécificité et en ayant conscience des effets pervers possibles de l'évaluation.

Ils sont bien connus : on peut passer plus de temps à évaluer qu'à agir ; on est conduit à fragmenter les secteurs et donc à perdre de vue l'intérêt général ; on en vient à formater l'action par un effet retour. Comme le disait Paul Valéry : « Le contrôle, en toute matière, aboutit à vicier l'action, à la pervertir [...], dès qu'une action est soumise à contrôle, le but profond de celui qui agit n'est plus l'action même, mais il conçoit d'abord la prévision du contrôle, la mise en échec des moyens de contrôle[17]. » La planification soviétique en fut l'illustration absurde.

Bref, l'évaluation n'est pas la panacée, et il *reste à inventer une manière responsable d'exiger des comptes des responsables.* Faute de quoi, le contre-pouvoir devient plus puissant que le pouvoir, et débouche sur l'impuissance publique, négation de l'idée même de démocratie : un *demos* impotent.

À qui rendre les comptes ?

« En politique, on succède à des imbéciles et est remplacé par des incapables. »

Georges Clemenceau.

Sans doute faut-il rendre des comptes au peuple, mais à quel peuple ? Et si le lecteur a la patience de me suivre encore ici, il va retrouver les distinctions proposées plus haut : en démocratie hypermoderne, c'est à quatre figures distinctes du peuple que le gouvernant doit rendre ses comptes – au peuple-société, au peuple-opinion, au peuple-État et au peuple-récit –, ce qui lui rend d'ailleurs la tâche d'autant plus ardue. Car ces quatre peuples distincts le soumettent à quatre exigences différentes, voire – et c'est tout le problème – contradictoires. Voyons comment.

Au peuple-société ?

On dit souvent que les premières élections sont les plus faciles à gagner, car ce sont celles des promesses. Les suivantes sont celles des bilans et c'est là en général que ça coince. C'est le cas de la France, où, depuis 1981, aucune majorité n'a pu se maintenir au-delà d'un mandat, qu'il soit présidentiel ou législatif. Avant la fin du septennat du président Mitterrand, 1986 marque la première cohabitation. Jacques Chirac devient Premier ministre, mais ne parvient pas à capitaliser, puisqu'il est battu en 1988 par Mitterrand qui, réélu, remporte aussi la majorité à l'Assemblée. Mais, en 1993, c'est une seconde cohabitation avec Édouard Balladur comme Premier ministre, qui sera éliminé pour le second tour de la présidentielle de 1995. Chirac devient président, mais dissout l'Assemblée et perd la majorité, qui amène Lionel Jospin au poste de Premier ministre. Jacques Chirac, mal réélu après le

21 avril 2002, cède la place, en 2007, à Nicolas Sarkozy, candidat de la « rupture » ; qui lui-même est battu par François Hollande, remplacé en 2017 par Emmanuel Macron. Bref, depuis quarante ans, aucune prime n'a été versée aux sortants ; aucun CDD n'a été renouvelé de bonne grâce. La durée moyenne du mandat n'excède jamais cinq ans, ce qui est trop peu pour qui veut agir en profondeur. L'électeur peut être comparé à l'insomniaque qui, pour chercher le sommeil, se retourne, sans fin, dans son lit sur le côté gauche, puis sur le côté droit, puis au centre…

Face à cette situation, on peut être surpris d'entendre monter la petite musique exigeant la réduction des mandats, voire vantant la pratique du *recall* (ou référendum révocatoire). Au sens technique, il s'agit d'un droit civique permettant à des citoyens de décider de la révocation, avant terme, d'un élu ou d'un agent public. Entendons-nous bien, il ne s'agit pas ici d'une action juridique sur la base d'éléments mettant en cause l'honnêteté de la personne visée, mais une sorte d'« ostracisme » qui n'aurait besoin d'aucun motif spécifique ou de preuve pour se manifester*. Pour *recaller* un élu ou un agent public, il suffit que la majorité n'en veuille plus : ouste ! Cela se fait à partir du dépôt d'une demande de pétition qui doit ensuite rassembler un nombre fixé de signatures durant un laps de temps limité. Lorsque ce nombre est atteint, la demande de *recall* est jugée recevable et un référendum est organisé, qui peut entraîner, le cas échéant, la révocation de l'agent et son remplacement. Cette possibilité existe, sous des formes variables, dans plusieurs États américains (élections anticipées possibles sur initiative populaire), en Colombie-Britannique, dans six cantons suisses et dans treize Länder allemands. Elle est aussi inscrite dans

* Il faut bien distinguer la promotion du *recall* de la volonté de limiter l'immunité juridique des élus. En France, la révision constitutionnelle de 2007 (articles 67 et 68) modifie l'immunité absolue du chef de l'État en l'éloignant de la doctrine monarchique du « roi qui ne peut mal faire ».

la Constitution du Venezuela pour ce qui concerne le président. D'ailleurs, en 2004, la procédure est engagée par l'opposition contre le président Hugo Chávez, qui en sort vainqueur le 23 août 2004, puisque le non l'emporte à 58,91 % des voix.

Hormis le cas du Venezuela, la pratique du *recall* ne concerne pas les élus nationaux (ou représentants). Aux États-Unis notamment, la Cour suprême a systématiquement invalidé les dispositions constitutionnelles des États fédérés qui cherchaient à élargir la pratique du rappel à leurs représentants au Congrès. Le motif principal de la Cour était qu'une telle pratique suggérait une dérive vers le mandat impératif. Pour recaller un élu, il faudrait qu'un contrat précis, détaillé soit passé entre lui et les électeurs ; or le principe du mandat représentatif refuse un tel contrat. Pour le dire autrement, en politique ne peut pas valoir le principe du « satisfait ou remboursé » ! Aucun citoyen d'ailleurs ne sera jamais remboursé et nul n'est jamais satisfait...

On peut faire une autre objection à ceux qui verraient dans cette pratique une précieuse avancée vers une démocratie « plus démocratique ». Le *recall* dénature l'esprit même de la reddition de comptes. Celle-ci suppose, en effet, ce qu'on appelle en comptabilité un « exercice », c'est-à-dire une durée prédéfinie à l'issue de laquelle un bilan, une balance comptable sont établis. Le grand défaut du contrôle continu, c'est qu'il évalue en permanence et ne respecte pas la durée de l'exercice. Prenons une image bancaire pour bien identifier le problème. Que dirais-je si mon banquier fermait mon compte dès qu'il est à découvert ? Ce qui compte, si je puis dire, c'est qu'il soit positif au moins une fois par mois et, pour une entreprise, en fin d'exercice. On peut alors juger, faire un bilan et en tirer les conséquences. Autrement dit, contre la tentation du *recall*, il faut protéger l'« exercice » du pouvoir. Et c'est d'autant plus vrai que la démocratie – on ne cesse de le répéter – a besoin d'un temps long, bien incompatible avec la censure permanente.

Pourtant, il faut bien admettre que la démocratie contemporaine donne aussi souvent l'impression d'être une « démocratie sans le peuple » (Maurice Duverger), c'est-à-dire un régime en lequel la classe politique trouve toujours de bonnes raisons ou de petites techniques d'éviter de se présenter devant le contrôle des électeurs. L'exemple le plus souvent cité de ce déni de démocratie est celui du référendum sur le projet de traité constitutionnel européen (ou traité de Rome II).

Cela exige un petit rappel des faits. Le 29 mai 2005, les Français rejettent le texte à une large majorité (54,6 % contre). Ce refus (suivi quelques mois plus tard par les Pays-Bas) entraîne l'Union européenne dans une crise majeure. En 2007, nouvellement élu, Nicolas Sarkozy fait ratifier le traité de Lisbonne par la voie parlementaire. S'agit-il d'un déni de démocratie ? Personnellement – et sans me prononcer sur le fond du sujet européen –, je ne le pense pas, pour les deux raisons suivantes. D'abord, Nicolas Sarkozy avait inscrit très clairement dans son programme à la fois son projet de refonte du traité (qui donnera le traité de Lisbonne) et son projet de validation par voie parlementaire. En votant pour ce candidat, l'électeur savait donc à quoi s'en tenir. Il a été élu ; il a fait ce qu'il avait annoncé. Ensuite, le contenu du traité de Lisbonne diffère fondamentalement du traité constitutionnel en ceci – qui n'est tout de même pas anecdotique – qu'il n'instaure aucune Constitution ! Il ne contient que ce qui permet à la France de continuer d'honorer ses engagements européens précédents, c'est-à-dire tous les choix effectués par le peuple français depuis le traité de Rome I. Sans le traité de Lisbonne, la France s'obligeait à un Frexit, dont on peut penser – *a posteriori* – qu'il aurait eu des conséquences désastreuses à quelques mois de la crise financière de 2008. Je pense donc qu'il n'y a dans cette séquence aucun déficit démocratique, ce qui ne veut pas dire qu'il soit impossible de demander au peuple par référendum, comme l'ont fait les Anglais, de se prononcer pour ou contre l'appartenance européenne. On peut regretter le résultat mais la question était claire et la réponse fut sans appel. Le peuple a toujours le droit de changer d'avis, mais, en attendant de le faire clairement, celui d'aujourd'hui se doit de respecter les engagements de celui d'hier. Le politique est le gardien de cette cohérence.

Que conclure ? La reddition des comptes au peuple-société ne saurait s'envisager autrement que par l'épreuve du vote : réélection ou référendum. Il n'y a d'autre reddition de comptes devant le peuple-société que celle en rase campagne électorale.

Au peuple-opinion ?

Dans son discours du 10 mai 1793, Robespierre faisait ce rêve : « Il faudrait, s'il était possible, que l'assemblée des délégués du peuple délibérât en présence du peuple entier. Un édifice vaste et majestueux, ouvert à douze mille spectateurs devrait être le lieu des séances du corps législatif. Sous les yeux d'un si grand nombre de témoins, ni la corruption, ni l'intrigue, ni la perfidie n'oseraient se montrer ; la volonté générale serait seule consultée, la voix de la raison et de l'intérêt public serait seule entendue[18]. »

Plus de deux cents ans plus tard, ce rêve est devenu réalité : cela s'appelle La Chaîne parlementaire (LCP) ! Mais il faut admettre que cette réalisation est très loin de déchaîner l'enthousiasme populaire… au-delà des – peut-être ? – douze mille téléspectateurs fidèles. Le contrôle par l'opinion publique se joue désormais sur un tout autre terrain, aux formes très disparates, celui des médias et des e-médias.

C'est d'ailleurs là une amusante ironie de l'histoire. Longtemps la censure fut le privilège de l'État pour limiter la liberté d'opinion (édition et presse) ; elle est aujourd'hui devenue un privilège de l'opinion pour empêcher l'État. La période révolutionnaire voit l'émergence d'un grand nombre de journaux aux titres évocateurs[19] : *La Sentinelle du peuple, Le Dénonciateur, Le Censeur patriote, Le Furet parisien, Le Rôdeur français.* Le journaliste change de statut, il n'est plus le modeste plumitif des lettres, serviteur laborieux de puissants commanditaires, il s'impose comme une figure politique centrale, intouchable et presque sacrée. Il devient le démocrate par excellence ! Et Marat peut même lancer, en s'adressant aux représentants de la commune de Paris : « Je suis l'œil du peuple, vous en êtes tout au plus le petit doigt[20]. » Formule révélatrice qui, à nouveau, suggère que le contre-pouvoir démocratique est la vérité du pouvoir démocratique. Mais l'idée est intenable, car, pour qu'il y ait des redresseurs de comptes, il faut qu'il y ait d'abord des comptes. Les censeurs ont besoin des acteurs pour exister.

Le 8 août 1974, le président Richard Nixon s'adresse à la nation, en direct du Bureau ovale. Après les révélations à rebondissement de l'affaire du Watergate, lancées par le *Washington Post*, il est contraint d'annoncer sa démission de la présidence. Très ému, il tente de défendre son bilan dans un discours qui ne manque pas de panache : « Parfois j'ai réussi et parfois j'ai échoué, mais j'ai toujours pris à cœur ce que Theodore Roosevelt [dans un discours de 1910] avait dit sur l'homme dans l'arène "dont le visage est couvert de sueur, de poussière et de sang, qui se bat vaillamment, qui se trompe, qui échoue encore et encore car il n'y a pas d'effort sans erreur et échec, mais qui fait son maximum pour progresser, qui connaît le grand enthousiasme et la grande dévotion, qui se consacre à une noble cause, qui sait qu'au mieux il connaîtra *in fine* le triomphe d'une grande réalisation et qui, s'il échoue, échouera en ayant tenté de grandes choses". »

La sortie ne manque pas l'allure. Mais l'essentiel est qu'elle marque le triomphe de la censure médiatique sur la puissance politique, et ce, avant même que la procédure d'*impeachment* (voir encadré) soit menée à son terme. Deux journalistes ont contribué à la démission du dirigeant le plus puissant de la terre. L'acte est aussi salutaire, car il confirme le pacte démocratique en posant une responsabilité du dirigeant qui n'est pas seulement juridique ou politique, mais aussi morale.

L'*impeachment*

La procédure d'*impeachment* permet à une assemblée de démettre un élu en exercice. Son origine est monastique : elle visait des abbés élus, dont il semblait manifeste qu'ils n'étaient plus en état d'exercer leur mission, soit en raison de leur état psychique, soit au motif de leur conduite morale. Elle est sortie des oubliettes par la Chambre des communes anglaise au XVIIe siècle d'abord contre les favoris et agents du roi (Francis Bacon, le duc de Buckingham, Laud, Strafford en font les frais), puis contre le roi lui-même. Charles Ier Stuart la subit avant d'être décapité le 30 janvier 1649. Cet exemple frappant va faire école. À partir de là, les responsables visés par cette procédure préféreront démissionner : « Mieux vaut démission que décollation ! » Ce seront Walpole en 1742, puis lord North et ses ministres en 1782. Aux États-Unis, les Pères fondateurs refusèrent d'inscrire cette procédure dans la Constitution hormis pour les cas exceptionnels de « trahison, corruption et autres hauts crimes et délits » (art. II, sect. 4). C'est pour avoir menti sous serment (parjure) que Bill Clinton sera menacé par cette procédure et finalement innocenté au Sénat par 55 voix contre 45. En 2016, la présidente du Brésil, Dilma Roussef, est destituée, après une longue procédure, pour malversation sur les comptes publics.

La difficulté de notre époque est que cette dernière tend à se substituer tout à fait aux deux premières. Le tribunal médiatique y étouffe, par avance, le procès juridique et la censure politique. Pour le dire autrement, nous vivons l'âge de la confusion entre morale, droit et politique*. Tout pourtant les distingue.

* Confusion promue par Robespierre et justifiant le régime de la Terreur : « Quel est le principe fondamental du gouvernement démocratique ou populaire, c'est-à-dire le ressort

Le droit, c'est la légalité, c'est-à-dire la conformité des actes à des règles écrites et publiques. La morale concerne les intentions, qui comptent certes, mais sont difficilement décryptables et toujours sujettes à interprétation. La politique, elle, vise le succès des actions. C'est, disait Machiavel, « la conquête et la conservation du pouvoir », à quoi l'on peut ajouter, si l'on est démocrate, en vue du salut public ou d'une amélioration de la vie commune. Le droit se juge sur actes et sur pièces ; la morale par l'examen de la volonté ; la politique par la qualité des résultats.

Un exemple : le mensonge n'est illégal que dans certains cas ; il peut être politiquement utile, voire nécessaire, mais il sera toujours moralement proscrit. Veut-on interdire le mensonge en politique ? ou la ruse, ou la manipulation, ou le changement brutal d'alliance, ou le fait de considérer autrui comme un moyen et pas seulement comme une fin ? Bon courage…

Dans l'affaire du Watergate, cette confusion n'existe pas, ce en quoi elle témoigne d'une maturité de la démocratie américaine : les révélations du *Washington Post* entraînent l'ouverture d'une enquête judiciaire menée par un juge déterminé, John Sirica, et la constitution d'une commission d'enquête sénatoriale, dont les auditions télévisées passionnent l'Amérique. Celles-ci établissent à la fois l'existence d'un système illégal d'écoutes et les obstructions de l'administration présidentielle. La procédure d'*impeachment* est lancée et c'est elle qui entraîne la démission du président Nixon. On est ici très loin d'un procès se jouant uniquement sur la scène médiatique. Les règles des trois domaines ont été respectées sans être confondues.

Que faut-il en conclure ? Que la censure de l'opinion publique doit avoir le premier mot, mais jamais le dernier. Pour quelle raison ? Parce que la reddition des comptes ne peut se faire – avec

essentiel qui le soutient et qui le fait mouvoir ? C'est la vertu » (discours du 17 pluviôse an II [5 février 1794]).

justice – que devant des instances qui ont elles-mêmes des comptes à rendre. Les médias n'en ont, par principe, aucun à quiconque. C'est leur principal avantage, mais aussi leur faiblesse principale qui leur fait tenter d'usurper le contre-pouvoir. Seules les institutions ont à rendre des comptes : et si l'on n'a pas confiance en ces institutions, m'objectera-t-on ? Alors, aucune raison de vivre en démocratie…

Au peuple-État ?

> « Si précieuse qu'elle soit pour un contrôle nécessaire, ce n'est pas une assemblée qui fera les découvertes de Copernic, de Galilée, de Newton, de Pasteur. »
>
> Georges Clemenceau, *Démosthène.*

Par rapport au contrôle du peuple-société et à celui du peuple-opinion, celui assuré par le peuple-État recèle un inconvénient et un avantage. L'inconvénient est le soupçon de collusion et de complaisance que le citoyen ne peut s'empêcher de concevoir à l'égard d'un ensemble politique qu'il voit comme un tout : la caste des « politiques », dont on soupçonne qu'elle veut laver son linge sale en famille, voire ne pas le laver du tout. Face à cet inconvénient, l'avantage considérable du contrôle institutionnel est que tous les demandeurs et redresseurs de comptes sont aussi, de leur côté, obligés d'en rendre.

L'exécutif doit rendre des comptes au Parlement qui, lui-même, est limité par le contrôle constitutionnel, obligé par un texte, dont il n'est pas l'auteur et que le Parlement, réuni en Congrès, peut modifier. À cela s'ajoute, pour la France, le contrôle du Conseil d'État, de la Cour des comptes, des juridictions administratives et d'innombrables conseils et comités en tout genre. Il est donc difficile de dire que le pouvoir démocratique n'a pas de comptes à rendre. D'où vient alors ce sentiment de déception ? Sans doute de deux éléments.

D'abord la reddition de comptes institutionnelle tend à se fragmenter en microdossiers hypertechniques et ultraspécialisés qui empêchent de prendre de la hauteur et de relier ces domaines particuliers à l'intérêt général. Ensuite, elle est aussi embourbée dans le combat politique avec lequel on tend à la confondre : comment discerner l'objection de fond dans le flux mécanique de l'opposition systématique ? L'article 24 de la Constitution de la Ve République donne au Parlement trois fonctions : le vote de la loi, le contrôle de l'exécutif et l'évaluation des politiques publiques. Mais, en France, la première tâche aspire la totalité de l'activité parlementaire interdisant au Parlement de jouer son rôle de contrôleur. Croyant être puissant en édictant des lois, dont il ne décide ni de la teneur ni de l'application, il oublie les missions qui le rendraient vraiment efficace.

Les assemblées anglaises ou américaines réussiraient-elles davantage ?

Pour ce qui est de l'Angleterre, on peut évoquer les séances de questions aux Communes, au cours desquelles les Premiers ministres passent sur le gril à propos de n'importe quel sujet. Les témoignages de Margaret Thatcher et de Tony Blair convergent pour souligner la difficulté de l'exercice. « Aucun autre chef de gouvernement dans le monde, écrit ainsi M. Thatcher dans ses *Mémoires*, n'est soumis à ce genre de pression régulière et beaucoup font des pieds et des mains pour l'éviter ; aucun, comme je ne manquais pas de le rappeler à mes collègues d'autres pays que je rencontrais lors des sommets, n'a autant de comptes à rendre qu'un Premier ministre britannique[21]. » Et la dame de fer, fidèle à sa réputation ajoutait : « Peu à peu, je finis par me sentir plus sûre de moi… il m'arriva même d'y prendre du plaisir. »

Plaisir non partagé par Tony Blair de son propre aveu : « Les questions au Premier ministre resteront l'expérience la plus éprouvante, la plus déconcertante, angoissante, remuante, terrifiante et décourageante de mon vécu de Premier ministre[22]. » À tel point, d'ailleurs, qu'il fit tout pour transformer les deux séances bihebdomadaires d'un quart d'heure (mardi et jeudi) en une seule d'une demi-heure le mercredi. Il réussit, mais l'exercice resta tout aussi douloureux : « Aujourd'hui encore, ajoute-t-il, où que je me trouve sur la planète, à 11 h 57 le mercredi, je ressens un frisson glacé, un picotement sur la nuque et mon cœur se met à battre la chamade. C'est l'heure où je sortais du bureau de Premier ministre aux Communes et me dirigeais vers la Chambre. Je l'appelai la marche du condamné. » Blair ajoute néanmoins : « Je crains également de devoir démentir le mythe selon lequel cette séance se révèle un excellent moyen de demander au Premier ministre de rendre des comptes. Cette thèse se fonde sur l'idée que ceux qui posent les questions s'intéressent aux réponses. En réalité, toute cette affaire n'est qu'une joute géante, une sorte de duel moderne et virtuel. »

Les deux lectures sont sans doute justes. Certes, il ne faut pas surestimer l'effet politique de ces séances, mais elles demeurent un moment crucial de la vie démocratique, celui où l'on « se dit les choses ». Les Grecs appelaient cette parole la *parrêsia*, mélange de franchise et de liberté de ton, qui attestait, dans l'échange politique quotidien, à la fois la liberté et l'égalité démocratiques[23]. La civilité et la politesse françaises se prêtent moins à ce registre, qui peut être rude et direct, comme on le voit aussi dans les commissions d'enquête parlementaires aux États-Unis. Chez nous, le goût des convenances, l'attrait des subtiles hiérarchies et le respect de degrés de majesté empêchent souvent cette tonalité de se faire entendre. Je ne sais s'il faut le regretter au fond, mais ils alimentent, dans notre beau pays, le sentiment qu'il y a connivence entre les élites élues : c'est le fameux « blanc bonnet et bonnet blanc » !

On ne sortira de cette difficulté que par le haut ou pas du tout. Car la reddition institutionnelle des comptes est la pierre de touche de la vie démocratique et de l'art politique. Pour qu'une responsabilité s'exerce, il faut des engagements, une stratégie et des orientations claires. En temps de guerre, c'est la victoire : et c'est très simple. En nos temps actuels de paix, c'est plus compliqué.

Lorsqu'elle annonce sa démission à la Chambre des communes, le 22 novembre 1990, Margaret Thatcher prononce le discours suivant :

> Il y a dix ans, l'Europe de l'Est vivait sous le joug du totalitarisme et ses peuples ne connaissaient ni droits ni libertés. Aujourd'hui, nous nous trouvons dans une Europe qui s'ouvre de plus en plus largement à la démocratie, à l'État de droit et aux plus élémentaires droits de l'homme. La menace sur notre sécurité, que représentait la supériorité des forces armées conventionnelles du pacte de Varsovie, a été levée. Le mur de Berlin a été abattu et la guerre froide touche à sa fin. Ces bouleversements ne sont pas le fruit du hasard. Ils sont le résultat du courage, de la détermination, et du refus obstiné de se laisser intimider. Nul ne croit, en Europe de l'Est, que ces pays auraient pu connaître l'indépendance sans ces gouvernements occidentaux qui étaient prêts à la défendre et qui avaient l'espoir chevillé au corps de voir un jour régner la liberté dans cette partie du Continent. […] Chacun sent ce qui est en jeu. C'est une certaine idée du destin de ce pays : des siècles d'histoire et d'expérience prouvent que, chaque fois qu'il s'agit de défendre les principes, chaque fois qu'il s'agit de faire triompher le bien et de vaincre le mal, la Grande-Bretagne prend les armes. Et parce que, dans notre camp, nous n'avons jamais hésité devant des décisions difficiles, cette assemblée et ce pays peuvent aujourd'hui faire confiance à ce gouvernement.

On n'est pas obligé d'admirer ni même d'apprécier Margaret Thatcher pour reconnaître qu'il y a là, résumé en une ultime reddition de comptes, l'axe et l'architecture d'un projet politique bien défini : faire en sorte que l'Angleterre échappe à l'impuissance dans laquelle elle s'était engluée, pour contribuer à la lutte contre le communisme mondial. Mission accomplie, dit-elle en substance, à sa sortie. C'est clair et net.

Par contraste, on mesure aujourd'hui la difficulté pour les démocraties libérales de se donner des horizons. Après la guerre (Churchill, de Gaulle), puis après la guerre froide (Reagan, Thatcher, Kohl), que peuvent être leurs perspectives ? La mondialisation, l'émergence heureuse de nations jusque-là reléguées, la montée de nouvelles puissances qui ne sont pas toutes des démocraties : tout cela rend les finalités globales de la vie commune moins évidentes. Et, comme les objectifs sont moins clairs et nets, la reddition des comptes est d'autant plus difficile. Quelle sera la victoire attendue de la démocratie ?

Par où l'on voit que les démocraties, tentées par le présentisme, ne peuvent faire l'économie d'une dernière manière de rendre des comptes : celle qui se fait devant l'histoire. C'en est la clé de voûte. Comment rendre des comptes au peuple-récit ?

Au peuple-récit ?

> « Il n'y a pas de bataille perdue qui ne se regagne sur le papier. »
>
> Albert Sorel, « Histoire et mémoire », *Minerva*, 15 janvier 1903.

Le 2 ou le 3 septembre de l'an 14 ap. J.-C., un cortège funèbre entre à Rome. Les membres de l'ordre équestre portent le corps d'Auguste, décédé quelques jours plus tôt, à Nole en Campanie. Ils le déposent au Palatin, dans le vestibule de sa maison. Le même jour, Tibère, qui s'impose comme successeur évident, prend l'initiative, en vertu de sa puissance tribunicienne, de convoquer le Sénat pour le lendemain. La séance est entièrement consacrée aux honneurs dus à l'empereur défunt. On fait ensuite porter dans la curie les quatre documents qu'Auguste avait déposés quelques mois plus tôt auprès des vestales. Il y a là son testament privé et trois volumes scellés : des consignes pour les funérailles, un état de l'Empire et, surtout, un résumé des œuvres accomplies. Ce dernier texte restera à la postérité par son commencement : *Res gestae divi Augusti*... soit « Les Hauts Faits du divin Auguste, par lesquels il a soumis le monde entier à l'empire du peuple romain, ainsi que des dépenses qu'il a faites pour la République et le peuple romain[24] [...]. »

Ces premiers mots disent tout : nous avons là la première trace d'une reddition de comptes au Peuple, anticipation de ce qu'on appellera bien plus tard les Mémoires d'État[25] – L'historien Theodor Mommsen parle des *Res gestae* comme d'un *Rechenschaftbericht* –, même si on est très loin du contexte contemporain. Mais précisément cette distance permet de saisir ce qu'il y a d'intemporel dans un exercice qui n'est pas propre à la démocratie. On le retrouve aussi bien dans les *Mémoires* de Louis XIV, qui affirme que les rois « doivent, pour ainsi dire, un *compte public* de toutes leurs actions à tout l'univers et à tous les siècles[26] » ; que dans l'incipit au rythme proustien qui ouvre ceux de De Gaulle : « Toute ma vie, je me suis fait une certaine idée de la France. » À chaque fois, il s'agit de rendre des comptes à l'histoire. Et peu importe qu'elle soit conçue comme une Providence divine ou comme une geste humaine : il en va de l'éternité.

D'ailleurs, avec les Mémoires, qu'ils soient d'après mandat ou d'outre-tombe, les comptes ne sont pas tout à fait clos. Car l'écriture est la continuation de la politique par d'autres moyens, littéraires désormais, qui aspirent à la fois à une force rédemptrice et à une puissance posthume.

Force rédemptrice, car il s'agit d'abord d'écrire l'histoire pour y imprimer sa marque et surtout sa vision. C'est déjà le cas chez Auguste qui revient, dans son texte, sur sa prise de pouvoir. Il s'efforce de montrer que, loin d'avoir trahi la République, il l'a à la fois sauvée et renforcée. En effet, après sa victoire sur Antoine à la bataille d'Actium en 31 av. J.-C., Octave, désormais seul en lice, s'est gardé de commettre l'erreur fatale de César en se déclarant dictateur. Il vient, au contraire, déposer ostensiblement toute sa puissance militaire devant l'autorité du Sénat et annoncer son « humble retraite ». Celui-ci le supplie aussitôt de bien vouloir accepter l'ensemble des magistratures, que la tradition institutionnelle romaine répartissait entre plusieurs personnes. C'est ainsi que le Sénat l'accepte en son sein comme *princeps senatus* (premier du Sénat) et le proclame par la même occasion consul, *triumvir*, propréteur, censeur, souverain pontife et finalement *imperator* et *Auguste*, sous les noms desquels il passe à la postérité. Dans son texte, Octave Auguste insiste sur le fait qu'il accepta tout cela à contrecœur et de manière provisoire. Un régime provisoire qui devait durer près de cinq siècles.

Ce par quoi l'on comprend que l'interprétation du passé vise aussi à contraindre l'avenir et à forcer la postérité. Les *Res gestae* sont un bilan politique à portée quasi constitutionnelle ; certains ont même pu les qualifier de « théorie de l'Empire romain[27] ». Les Mémoires permettent de faire le deuil de l'action tout en retrouvant, grâce au récit, une liberté que le réel n'avait jamais offerte. Le prince déchu y devient enfin monarque absolu.

Ceux de Louis XIV sont particulièrement émouvants, parce qu'ils témoignent des terribles contraintes qui pèsent sur un pouvoir total. Adressés à son cher fils, qui ne régnera jamais (Louis de France meurt en 1711), mais qu'il espérait gardien de son souvenir et continuateur de ses actes, les chapitres qui nous restent constituent un véritable traité d'art politique. Sa teneur est étonnante, car, loin de l'image de l'absolutisme flamboyant, on y trouve que prudence, finesse et modestie.

> Je ne puis même m'empêcher, mon fils, de faire [cette] réflexion avec vous : car en considérant combien il est vrai que tout l'art de la politique est de se servir des conjonctures, je viens à douter quelquefois si les discours qu'on en fait et ses propres Mémoires ne doivent pas être mis au rang des choses inutiles, puisque l'abrégé de tous les préceptes consiste au bon sens et en l'application que nous ne recevons pas d'autrui et que nous trouvons plutôt chacun en nous-même. Mais ce dégoût qui nous prend de nos propres raisonnements n'est pas raisonnable ; car l'application nous vient principalement de la coutume, et le bon sens ne se forme que par une longue expérience, ou par une méditation réitérée et continuelle des choses de même nature, de sorte que nous devons aux règles mêmes et aux exemples l'avantage de nous pouvoir passer des exemples et des règles[28].

Belle leçon d'humilité, qui donne la clé de la profusion des traités sur l'art de gouverner. Si l'on en écrit tant, c'est qu'on ne trouve jamais de solution. Pourtant, ils ont cette vertu. Et les *Mémoires* de Louis XIV la rappellent. Nourris du regret d'avoir dû apprendre si laborieusement à exercer l'autorité et le pouvoir – ils commencent en 1661, date où Louis XIV, à la mort de Mazarin, décide de se passer de « Premier ministre » –, ces *Mémoires* cherchent à briser la solitude de celui qui n'appartient plus qu'à sa mission sacrée.

Le genre des Mémoires d'État est donc doublement ambivalent. Non seulement il se situe entre l'histoire et l'autobiographie[29], mais il hésite constamment entre le récit et l'action, la vérité et la poésie, l'introspection et l'éloge de soi. Il offre aussi une session de rattrapage aux acteurs comme aux recalés de l'histoire, qu'ils soient chefs de l'État (Louis XIV, Napoléon, de Gaulle), serviteurs de l'État (Commynes, Richelieu, Guizot) ou simples spectateurs engagés (et souvent critiques) de l'État (Retz, Chateaubriand).

Alain Peyrefitte, qui fut pour de Gaulle un Las Cases* autrement perspicace et actif, résumait les choses ainsi : « Parmi les hommes de l'histoire, il [le Général] était de ceux qui, après avoir fait l'histoire, la contaient avec talent. D'autres, comme Napoléon, l'avaient faite avec génie mais contée sans talent ; d'autres encore, comme Retz, l'avaient bien contée mais mal faite. Lui, il renouvelait Jules César – et tout le monde n'avait pas oublié que les *Commentaires sur la guerre des Gaules* avaient aidé le vainqueur d'Alésia à franchir le Rubicon[30]. »

Face à ces exemples illustres, faut-il se résoudre au déclin des Mémoires ? Ce serait grave, car cela reviendrait à admettre l'incapacité des chefs qui font l'histoire d'aujourd'hui à raconter l'histoire qu'ils font et à perdre ainsi la principale ressource d'une reddition des comptes au peuple-récit ?

Si l'on prend, en France, la séquence postgaullienne, qu'avons-nous en matière de Mémoires ? Georges Pompidou n'en eut pas le loisir. Mitterrand en avait l'envie, mais son désir de « rester », trop puissant, l'a sans doute tétanisé et empêché de construire lui-même son mausolée littéraire[31]. Peut-être aussi que l'ombre imposante de De Gaulle l'a découragé de tenter la comparaison.

Plus tard, Nicolas Sarkozy quitta le pouvoir avec trop d'intention d'y revenir pour se consacrer à ses souvenirs. Restent donc trois textes : *Le Pouvoir et la Vie* (3 volumes, 1988-2006) de Valéry Giscard d'Estaing, *Les Mémoires* de Jacques Chirac (2 volumes, 2011) et *Les Leçons du pouvoir* (2018) de François Hollande.

Dès son introduction Giscard se refuse au genre et préfère annoncer qu'il ne sera question que de « ce qu'[il a] ressenti moralement, physiquement, intellectuellement » (p. 17) : « l'expérience humaine qu'[il a] vécue au pouvoir » (p. 355) ; il commence d'ailleurs, de manière étonnante, par un point anecdotique sur

* Mémorialiste de Napoléon Ier.

« la santé des dirigeants » justifié par cet aveu : « Je n'aurais jamais été président de la République sans la maladie et la mort du président Pompidou. » Le volume trois qui retrace la séquence 1978-1981 est plus conventionnel.

Chirac inaugure les siens par le récit de sa vie de jeune bohème puis, dès la fin de l'introduction, de son dépucelage (*sic*), avant d'en venir, seulement dans le deuxième volume, au *Temps présidentiel*. Oserais-je avouer que la lecture du premier a plus de sel que l'agenda commenté – presque en forme de notes – que contient le second ? Mais c'est là tout Chirac, qui préfère le mouvement de la conquête au poids de l'exercice.

Quant à François Hollande, il débute par son départ de l'Élysée, empli d'une amertume qu'il peine à cacher en accumulant des petites piques vachardes à l'égard de son successeur, comme il en a aussi, tout au long du livre, pour son prédécesseur… Il a ensuite du mal à se distinguer du commentateur qu'il a aussi été durant son mandat lors de ses trop nombreux échanges intimes avec les journalistes. Tout a déjà été dit et ce livre vient trop tard… ou alors trop tôt. Hormis quelques chapitres, où il écrit en « décideur », la majorité du livre est celui d'un observateur avisé, parfois ethnologue, qui dresse portraits vrais et analyses subtiles, mais reste en suspension au-dessus de l'action sans relier toujours les premiers à la seconde.

Bref, on pourrait penser que le niveau baisse ! À la décharge de leurs auteurs, il leur a manqué à tous la Très Grande Histoire, c'est-à-dire la guerre, fournisseur officiel des grands récits. Ce déficit de tragédie totale – que les drames ponctuels ne remplacent pas – les oblige à ne parler que d'eux et assez peu de l'histoire du monde. Ils souffrent aussi de ce que le commentaire s'est fait permanent dans les médias (ou par eux-mêmes) alimentant l'illusion que l'histoire doit s'écrire en temps réel et que la mémoire immédiate rend vains les Mémoires médités.

Au regard de toutes ces contraintes, il devient alors presque étonnant que ces livres intéressent encore et soient lus, même s'ils sont aussi de ceux qu'on trouve à tout petit prix chez les libraires d'occasion. Je m'en suis fait une collection quasi complète pour à peine cinquante euros, chefs d'État étrangers compris.

Pourtant, dans une démocratie apaisée, ces Mémoires ont une vertu indispensable : celle de faire la pédagogie du pouvoir, de révéler les arcanes de la décision, les obstacles à l'autorité, le long chemin des intentions aux résultats… et parfois l'impasse. C'est, au fond, l'exercice démocratique par excellence ; la quintessence de la reddition des comptes. Déchu, le prince redevient l'individu qu'il était et il se raconte comme tel dans l'exercice d'une fonction exceptionnelle.

Pour ce qui est de nos derniers présidents, les récits sont frappants de similitude. Giscard, Chirac, Hollande : lisez à la suite les trois « ouvertures ». L'émotion du « sacre », le premier déplacement en Allemagne, la description détaillée des fidèles collaborateurs et de l'équipe gouvernementale, la situation financière « beaucoup plus grave qu'on ne le pensait », le souci d'aller vite, le projet de réformer en profondeur, la hantise du déclin, le constat de la solitude et les inévitables vents contraires, prévus en principe, mais toujours surprenants en fait… tout cela se retrouve presque dans les mêmes termes. Mais on y lit aussi la finesse de l'analyse, la clarté du jugement, la tension des crises et toujours la dignité du dessein. S'ils n'ont pas la sublime hauteur de vue gaullienne, ils peuvent être fulgurants par instants, émouvants à d'autres, piquants aussi. « Le Français, écrit Chateaubriand, il faut toujours qu'il soit en scène et il ne peut consentir, même comme historien, à disparaître tout à fait. Les mémoires lui laissent la liberté de se livrer à son génie. Là, sans quitter le théâtre, il rapporte ses observations toujours fines et quelquefois profondes » (*Le Génie du christianisme*, III, III, IV).

À lire ceux de nos anciens chefs d'État, nous pouvons, nous autres Français, mesurer notre chance ! Tous expriment le sentiment d'avoir au-dessus de leur épaule, en plus du regard de leurs concitoyens, celui de l'histoire. Sans doute ont-ils plus ou moins réussi les mises en œuvre de leurs intentions, mais aucun lecteur, lisant leurs lignes, ne peut honnêtement penser ni dire : à leur place, j'aurais mieux fait ! Cela ne signifie pas qu'ils ont tout bien fait ou qu'ils n'auraient pas pu faire autrement, mais cela révèle que la tâche de gouverner une démocratie, française, qui plus est, et par temps à peu près calme, est devenue quasi surhumaine. C'est là un paradoxe troublant : régime de l'égalité et de la paix, la démocratie a besoin de grandeur – de grands buts, de grands tumultes, de grandes causes – sans quoi elle sombre vite dans la mélancolie… et elle s'ennuie.

La démocratie comme civilisation des grandes personnes

> « La politique sera toujours l'art d'agiter les peuples avant de s'en servir. »
>
> TALLEYRAND, *Confessions.*

Parmi les professions du futur, on pourrait imaginer celle-ci : le scénariste de vie. Il s'adresserait à ce marché immense d'individus hypermodernes qui, arrivés au mitan de leur existence, se trouvent englués dans l'ennui de ce quotidien auquel ils ont rêvé et pour lequel ils ont durement travaillé. Alors, ils s'adresseront à ce nouveau service à la personne pour lequel, à n'en pas douter, on demandera le remboursement par la Sécurité sociale : ce sera le sixième risque ! Après un entretien poussé avec tous ces déprimés, les « scénaristes de vie » fabriqueront des péripéties, des épreuves, des combats, et surtout des adversaires pour redonner au cours de leur existence son sel, son poivre, voire son piment. Car le plus sûr remède à l'ennui est sans aucun doute la souffrance. Les passions passent, mais les maux restent : on inventera alors des guerres sordides, des tragédies affreuses, des ennemis sournois, des catastrophes promises, afin que chacun puisse se recueillir dans le confort douillet d'une identité blessée…

Mélancolie démocratique ?

En irait-il de même pour la démocratie ? Peut-être. Parce qu'elle est une promesse impossible à atteindre – de liberté, d'égalité, de fraternité, voire de bonheur –, la démocratie ne se conçoit que comme conquête, que dis-je : comme épopée ! Et cette épopée aujourd'hui se cherche. Thomas Jefferson (1743-1826), troisième président des États-Unis et fondateur du parti démocrate, disait, dans son discours d'investiture du 4 mars 1801, qu'il entendait instaurer « une administration sage et frugale, qui empêchera les hommes de se porter tort mutuellement, les laissera libres de régler la poursuite de leur activité et du mieux-être, et n'arrachera pas de leur bouche le pain de leur travail ». « Voilà, à mes yeux, concluait-il, à quoi se résume un bon gouvernement. » Si cela suffisait à la démocratie, il n'y aurait en effet plus besoin d'art politique. Mais toute l'histoire des États-Unis montre l'inverse, à savoir que l'accès à cet Éden serein n'a cessé d'exiger une marche tumultueuse et des défis gigantesques : franchir les frontières de l'Ouest, celles de l'espace ou celles encore des technologies biologiques et informatiques ; vaincre les ennemis de la liberté, qu'ils soient nazis ou communistes ; s'imposer comme une hyperpuissance mondiale garante de la P*ax americana*. Et là, le « sage et frugal » gouvernement peine vraiment à le rester.

En France, c'est le même désir de « grand dessein » qui explique la persistance, autrement incompréhensible, des vieux discours révolutionnaires, de l'extrême gauchisme d'un autre âge ou de l'autoritarisme fantasmé, des protestations véhémentes, des postures résistantes, du goût pour l'indignation, et même d'un zeste de violente sauvagerie… dans une époque où, partout, le sage bourgeois est triomphant. Même lui, d'ailleurs, cherche à se faire choquer pour ressentir le doux frisson de l'existence. C'est, comme dit Pascal Bruckner, la *mélancolie démocratique*[32].

Mai 68 fut la dernière tentative désespérée pour mettre un peu d'épice épique dans l'époque. Après, ce furent de petites répliques en forme de farces… La tentation est forte d'ironiser, mais on aurait tort. Ainsi, en dépit de tout son ridicule formel, Nuit debout manifestait dans certains de ses moments les plus sympathiques – et il y en eut – cette aspiration puissante au récit collectif. J'ai même parfois vu – sur cette place de la République de Paris – ce qui ne se serait avoué pour rien au monde : le désir simple d'une petite partie de la population parisienne de se retrouver ensemble après le traumatisme des attentats récents et voisins. Et ce fut le même besoin de convivialité sur bien des ronds-points des « gilets jaunes ».

Comment raconter la démocratie quand elle a réussi ? Comment la cinquième figure du peuple, le peuple-récit – clé de voûte du système –, peut-elle encore s'incarner aujourd'hui à l'âge du désenchantement ? Car il est difficile de s'enthousiasmer pour le chiffre du chômage, pour le pouvoir d'achat, pour le régime de retraite, pour la protection sociale, pour la construction européenne, ou même – *horresco referens* – pour l'avenir de la planète : tous ces combats ne sont que défensifs, craintifs, poussifs, négatifs. Et chacun doit bien reconnaître que, sur tous ces sujets, les « petits pas » – si utiles soient-ils – ne feront jamais un grand pas pour l'humanité. Faut-il alors se résoudre à ce que certains appellent le

« désert spirituel » de notre temps, qui ferait le lit des fondamentalismes de tout poil. Une démocratie désenchantée, déprimée, que la frénésie consumériste consumerait à petit feu. Sans horizon ni perspective, elle vivrait sa « fin de l'histoire », mais pas au sens victorieux de Francis Fukuyama, au sens crépusculaire d'Oswald Spengler, soit : le déclin de l'Occident !

Je ne crois pas un instant à ce diagnostic défaitiste. Car la liberté des modernes offre un horizon de sens puissant et fécond pour tous les individus, pourvu qu'on sache en prendre conscience. Que promet la démocratie libérale ? Rien de moins que de choisir sa vie autant qu'il est possible tout en cultivant des liens de qualité avec son entourage proche ou lointain. Que souhaiter de mieux ? Jefferson n'avait donc pas tort ! Mais, c'est vrai, une telle perspective du choix de soi peut autant enthousiasmer qu'effrayer et fragiliser. C'est ce qui explique la tentation de la soumission, du communautarisme ou du retrait qui offre des existences moins libres mais plus confortables. Car être libre, ce n'est ni un droit ni un don : c'est un travail exigeant et bien suffisant pour remplir une vie… même plus longue ! La grandeur de la démocratie ne tombe pas du ciel ; elle oblige à grandir et à faire grandir tous les individus. *La démocratie* – là est la grandeur de son épopée –, *c'est l'extension du domaine de l'adulte.*

Extension du domaine de l'adulte

Dans la plupart des civilisations humaines connues, la minorité est la règle et la majorité l'exception. C'était le cas à Rome, où les seuls *majores* étaient les pères de famille. Et partout ailleurs, et toujours, seules quelques personnes, en général des hommes, de préférence assez vieux et plutôt nobles, y étaient reconnues comme des adultes à part entière, bons pour le service civique, aptes au pouvoir et dignes des hautes fonctions. Pour tous les autres (plus ou moins) humains – qu'ils soient femmes, jeunes ou ignobles –, il manquait toujours quelque chose : soit de la dignité, soit de la liberté, soit de la force, soit de la capacité, soit une autorisation… bref ce petit supplément d'être qui leur aurait permis de prétendre à l'humanité complète et achevée… dommage pour eux !

Dans l'histoire des civilisations, il en est une – et une seule – qui a promu cette idée étrange et singulière que tous les hommes – femmes comprises – peuvent prétendre devenir des grandes personnes[33]. Cette civilisation est la civilisation occidentale – et d'abord européenne. Pour elle, ni la race, ni la naissance, ni la richesse, ni la classe sociale, ni même d'ailleurs l'âge ne sauraient empêcher quiconque et de manière définitive d'être reconnu comme « grand ». Avec l'esprit des temps démocratiques, comme dit Tocqueville, la majorité est devenue la règle et la minorité l'exception. Il s'agit là d'une révolution anthropologique avant d'être une révolution politique[34]. Le regard sur l'humain, quel qu'il soit, se transforme : « Chaque homme, étant présumé avoir reçu de la nature les lumières nécessaires pour se conduire, apporte en naissant un droit égal et imprescriptible à vivre indépendant de ses semblables, en tout ce qui n'a rapport qu'à lui-même, et à régler comme il l'entend sa propre destinée[35]. » Tous les humains sans exception !

Bien sûr, je ne songe pas à nier que l'Europe ait été aussi sexiste, raciste, esclavagiste, impérialiste et imbue de sa supériorité, mais elle l'a été à l'instar de *toutes* les autres grandes civilisations connues. En revanche, ce qui la distingue, dans toute l'histoire humaine, est qu'elle a été *la seule* à avoir inventé aussi l'antisexisme, l'antiracisme, l'anti-impérialisme, l'abolition de l'esclavage et, surtout, cette curiosité singulière à l'égard des autres cultures passées ou contemporaines, grandes ou petites. L'ethnologie, l'histoire des autres, le goût des arts « premiers », l'attrait pour les mœurs étrangères, l'attention à tout ce qui est humain, petit ou grand, proche ou lointain, digne ou indigne : tout cela commence avec l'Occident. Il faut être aveugle pour ne pas percevoir que sa puissance émancipatrice est inégalée dans l'histoire humaine. On s'acharne à le haïr pour ce qu'il a été le seul à dénoncer et c'est là d'ailleurs son autre titre de gloire. Toutes les grandes civilisations furent sûres d'elles-mêmes ; l'européenne est la seule qui a été plus critique que fière et qui, du même coup, peut être fière de sa capacité critique.

À condition, toutefois, que cette force autocritique ne se mue en détestation de soi. C'était le risque et il est devenu danger. La faiblesse des démocraties libérales relève aujourd'hui d'abord de la mauvaise conscience. Celle que distille la « démocratie radicale » en prétendant que le peuple est absent des froides institutions ; celle qu'insinue la « démocratie illibérale » en affirmant que le pouvoir est impuissant, car soumis à des élites égoïstes et aveugles ; celle que déclame la théodémocratie en prêchant que le peuple n'a plus de sens au-delà de lui-même. Il ne tient qu'à nous de remettre ces idées à leur place et de continuer, plus que jamais, à être des peuples fiers de leur régime, le meilleur de l'histoire, car celui qui est le plus conforme à l'humaine condition. Grandir et faire grandir, émanciper, donner à chacun la possibilité de partir à la conquête de sa propre existence au sein d'une société d'individus. Voilà le rêve démocratique que veulent étouffer tous ceux qui, à droite ou à gauche, au nom du ciel ou de la terre, au nom du passé ou du futur, prétendent imposer une vision étriquée et univoque du bonheur humain. La civilisation de la démocratie est la civilisation des grandes personnes. Et comme on ne peut pas grandir tout seul dans son coin, on a besoin d'elle pour y parvenir avec les autres. C'est un grand dessein, le plus grand de tous : où voit-on un désert spirituel ? Encore faut-il que ce régime se donne les moyens de sa fin, c'est-à-dire la puissance, sinon de la réaliser – car elle est infinie –, à tout le moins de s'en approcher.

Conclusion

> « Ô dure condition, jumelle de la grandeur ! Être en butte au murmure du premier sot venu, qui n'a de sentiment que pour ses propres souffrances ! Que de bonheurs infinis auxquels doivent renoncer les rois et dont jouissent les particuliers ! Quelle sorte de divinité es-tu, toi qui souffres plus de douleurs mortelles que tes adorateurs ! »
>
> William SHAKESPEARE, *Henri V*, acte IV, scène 1.

Les démocraties européennes sont en danger. Sans qu'elles y prennent garde, ces grandes nations sont devenues des nains. Des nains géopolitiques, au regard des deux vastes puissances – les États-Unis et la Chine – qui se battent pour l'hégémonie mondiale ; des nains technologiques qui, après avoir conduit les deux premières révolutions industrielles, ont manqué la troisième ; des nains politiques, enfin, qui ont laissé se développer en leur sein tous les germes de l'impuissance. Il suffirait pourtant que ces nains s'unissent pour qu'un géant naisse aussitôt : une troisième grande puissance, et sans doute la première : l'Europe. Mais, ces nains préfèrent se disputer et se concurrencer entre eux sur des petits et médiocres sujets plutôt que s'accorder sur de grandes stratégies communes. L'Europe est pourtant leur dernière chance, à condition que cette Europe soit conçue comme une « puissance » et non pas seulement comme un « marché » ou comme un « droit ».

Cette construction d'une nouvelle Europe exigera d'abord que les démocraties européennes dépassent un double oubli : celui du peuple et celui du pouvoir.

L'oubli du peuple, c'est quand on croit pouvoir affirmer la main sur le cœur qu'il est « de gauche » ou qu'il est « de droite » sans savoir ce que cela veut dire. L'oubli du peuple, c'est quand on ne le regarde plus que comme une somme de petites zones à défendre : les minorités, les victimes, les opprimés, les méprisés… et qui ne l'est pas ? L'oubli du peuple, ce sont toutes les nouvelles censures, cette impossibilité de dire tout haut ce que beaucoup pensent tout bas : les lynchages médiatiques, les indignations vertueuses, les procès en sorcellerie, et tous les nouveaux tabous de l'ère de la transparence.

Quant à l'oubli du pouvoir, c'est confondre la citoyenneté avec la résistance ; c'est penser qu'être libre, c'est être contre ; c'est croire qu'on a agi parce qu'on s'est indigné et qu'on est efficace lorsqu'on a communiqué ; c'est vouloir commander sans être responsable et être citoyen sans jamais obéir ; c'est penser que l'économie dirige tout et que le droit régit le reste ; c'est refuser de voir le monde ou ne le voir qu'à sa mesure ; c'est fantasmer sur une vie sans conflit, sans injustice et sans secret. L'oubli du pouvoir, c'est aussi rêver que l'on est tout-puissant.

Oubli du peuple et oubli du pouvoir, cela donne un oubli de la démocratie. Nous en avons presque égaré l'esprit au profit d'un anarchisme bas de gamme qui produit, par réaction, un autoritarisme de façade. Démocratie « radicale » et démocratie « illibérale » seront notre tourbillon infernal, si nous n'élaborons pas les règles d'un art politique pour la démocratie. Il est difficile, car le peuple aspire tout à la fois à (se) gouverner et à être (bien) gouverné. Pour une grande part de son existence, il veut la liberté : celle de penser, de parler, de circuler, de s'asseoir et d'entreprendre. Pour une autre part, il veut l'autorité : celle qui pose des règles et celle qui protège. Privilégier un aspect au détriment de l'autre, c'est manquer le peuple et rater son gouvernement.

Or la plupart des traités d'art politique ne voient qu'une dimension de l'homme. Soit ils considéraient l'homme « comme un animal qui a besoin d'un maître » et s'attachaient à fonder un pouvoir autoritaire ; soit ils le regardent comme « un être uniquement guidé par son intérêt », ce qui justifie un *soft* gouvernement de la libre concurrence ; soit ils espèrent « un homme altruiste et solidaire » apte à une politique toute « collaborative ».

Le problème est que l'homme mêle ces trois visages. Il peut être altruiste, sans perdre de vue ses intérêts, tout en éprouvant un profond besoin d'autorité, quand elle lui apparaît comme la garantie de sa liberté. Cet être multiface n'est donc pas facile à mener. La démocratie libérale est, à mon sens, le seul régime qui permette (en principe) de réconcilier ces traits : parce qu'elle est libérale, elle respecte son désir de liberté ; parce qu'elle est un pouvoir (*cratos*), elle garantit son aspiration à la sécurité. La mise en œuvre politique de cette logique est rien moins qu'aisée ; car la question se pose constamment : quand faut-il tabler sur l'esprit de solidarité, sur le sens de l'intérêt ou sur le goût de l'ordre ? Le risque d'agir à contretemps est permanent ; on risque de protéger quand il faut émanciper ; d'émanciper quand il faut protéger ; de flatter l'égoïsme au lieu de plaider pour l'intérêt commun. D'où l'exigence contradictoire, sans cesse adressée à l'État : il doit grossir et maigrir en même temps. Drôle de régime !

J'ai tenté, dans cet ouvrage, de dessiner le cahier général des charges de cet art politique nouveau. Il a, d'abord, cette particularité, plus encore que les précédents, de concerner le citoyen autant que le politique, puisque l'art de gouverner est, en démocratie, aussi un art d'être gouverné.

Il exige, ensuite, de la part de l'un comme de l'autre, une meilleure compréhension du régime qui est le nôtre. Nous ne cessons de le critiquer dans le détail, sans percevoir la force de sa cohérence d'ensemble. Oui, le peuple n'exerce pas directement le pouvoir, mais il l'autorise par l'élection. Cette oligarchie n'est pas une trahison, mais une absolue nécessité. Oui, cette autorisation engage la responsabilité de l'élu, mais tout autant celle du citoyen, qui n'est pas un « client-roi » à satisfaire, mais l'acteur responsable de son choix. Oui, le droit de parler, de critiquer, de dénoncer, de s'indigner est absolu ; mais il ne faut pas le confondre avec la délibération, qui vise, elle, à agir et non à empêcher d'agir. Oui, la décision est un acte violent, qui tranche dans le vif du réel, et heurtera forcément des intérêts particuliers. Mais on doit lui laisser une place en veillant à un juste équilibre entre pouvoir et contre-pouvoir, sans hypertrophie ni de l'un ni de l'autre. Oui, l'élu doit rendre des comptes au peuple mais ce contrôle nécessaire ne peut se confondre avec une permanente mise sur le gril. L'obstruction continue, prise dans le flux de l'actualité, exagère le superficiel et méconnaît l'essentiel. Inventons, comme dirait Montesquieu, une nouvelle « disposition des choses » permettant au contre-pouvoir d'arrêter le contre-pouvoir, afin de préserver le pouvoir collectif d'agir.

L'art politique nouveau doit aussi apprivoiser un espace public ensauvagé et bouleversé par la révolution Internet. Ce qui était le pilier de la démocratie libérale – l'opinion – est devenu le champ de bataille d'une cyberguerre aux facettes multiples. Gigantesque défi : comment la société ouverte va-t-elle pouvoir, sans se perdre, fermer ses portes à ses ennemis ? Quelles règles et quels gardiens peut-on inventer pour protéger les lieux de débat sans détruire le trésor du pluralisme ? Là encore, la responsabilité du citoyen est immense, plus encore que celle du dirigeant. Le chantier est ouvert et les fondations sont posées.

Enfin l'art politique démocratique doit être au clair avec ses objectifs, comme ce fut le cas dans le passé. Dans le monde traditionnel, sa fonction était de perpétuer l'ordre ancestral : continuer de faire comme on avait toujours fait. À l'âge des grandes cosmologies, il s'agissait d'imiter l'harmonie naturelle de l'univers pour tenir, sans démesure, l'équilibre des choses. Pour les théologies, le but était de favoriser le salut privé par le salut public : le prince devait viser la sainteté. Puis est arrivé l'âge moderne, qui a fait de l'augmentation de la puissance de l'État et/ou de la nation son objectif exclusif, parfois au détriment de la paix, parfois en faveur du droit. Dans cette longue histoire, nous découvrons à peine que le but du gouvernement démocratique est bien plus complexe : il doit gouverner la société pour fabriquer des individus ! C'est là un redoutable paradoxe, mais aussi une finalité grandiose : permettre à chacun d'être une « grande personne ». Cet aspect à la fois paradoxal et grandiose explique que le gouvernement préfère d'ordinaire se rabattre sur des objectifs, en apparence, plus « parlants » : « inverser la courbe du chômage », augmenter le pouvoir d'achat, lutter contre les inégalités, doper la croissance, stopper l'immigration, baisser les charges, etc. Voilà son programme. Il croit être plus crédible, mais c'est ainsi qu'il court à sa perte, car il oublie le sens de son action. En faisant des promesses qu'il ne peut pas tenir, il s'égare dans les labyrinthes de la technocratie, dans les petits calculs du temps court et dans la navigation à vue. Alors, la confiance se défait en bas et l'autorité se détruit en haut. On a perdu de vue l'horizon de la démocratie : permettre à chacun d'être adulte et de le rester tout au long de sa vie. Faire grandir, voilà ce qui en fait toute la grandeur. La vraie question est : le voulons-nous ?

> Quelle époque où il faut tout craindre et tout braver ; où le tumulte renaît du tumulte ; où l'on produit une émeute par les moyens qu'on prend pour la prévenir ; où il faut sans cesse de la mesure et où la mesure paraît équivoque, timide, pusillanime ; où il faut déployer beaucoup de force, et où la force paraît tyrannie ; où l'on

est assiégé de mille conseils, et où il faut le prendre de soi-même ; où l'on est obligé de redouter jusqu'à des citoyens dont les intentions sont pures, mais que la défiance, l'inquiétude, l'exagération rendent presque aussi redoutables que des conspirateurs ; où l'on est réduit même, dans des occasions difficiles, à céder par sagesse, à conduire le désordre pour le retenir, à se charger d'un emploi glorieux, il est vrai, mais environné d'alarmes cruelles ; où il faut encore, au milieu de si grandes difficultés, déployer un front serein, être toujours calme, mettre de l'ordre jusque dans les plus petits objets, n'offenser personne, guérir toutes les jalousies, servir sans cesse, et chercher à plaire comme si l'on ne servait point !

Ce sont là les paroles de Mirabeau, prononcées le 19 octobre 1789 à la séance de l'Assemblée qui, pour la première fois, siégeait à Paris[1]. On y trouve à l'aube de la démocratie française le premier portrait de l'art politique nouveau ; de ses dilemmes, de ses contradictions et de son extrême difficulté. Depuis, tout n'a fait que s'accentuer. Mais c'est ainsi : le régime qui fait grandir les hommes n'est pas encore sorti lui-même de sa longue crise d'adolescence.

POST-SCRIPTUM

Qu'est-ce que le charisme[1] ?

Quand nous rencontrons une personne « charismatique », comme on dit, que ce soit un chef en politique, un maître dans l'enseignement, un leader dans la vie professionnelle, ou un être aimable dans la vie affective, son pouvoir de séduction nous « saute aux yeux » et s'impose à nous. Mais cette évidence, à vrai dire, est obscure, car dès qu'on veut aller plus loin et comprendre le mécanisme, les raisons, ou même seulement les traits de ce singulier pouvoir – et cela survient, en général, lorsque le « charme s'est dissipé » –, alors les mots manquent, les analyses se troublent et la conceptualisation échoue. Le charisme est un « je-ne-sais-quoi-presque-tout » qui en impose quand il est là et est une énigme quand il a disparu. Il rend un personnage plus qu'attachant, lui confère une sorte de force magique et une puissance de domination, sans que l'on sache ni pourquoi ni comment. Évident, le charisme n'est donc jamais clair. Ce qui suscite d'ailleurs un doute à son égard, notamment en matière politique : qu'est-ce que masque cette puissance ? Quelle volonté maligne, manipulatrice voire oppressive se cache sous la parure opaque de la grâce ? Sans doute le souvenir des épisodes totalitaires ou seulement autoritaires nous a-t-il rendus méfiants à l'égard d'une qualité que l'esprit des temps démocratiques n'apprécie guère. Il y a là trop de transcendance pour l'âge de la laïcité, trop de supériorité pour l'âge de l'égalité, trop d'émotion pour l'âge de la raison et trop de soumission pour l'âge de la liberté. Et pourtant : en dépit de tous ces défauts, l'individu démocratique peine à se défaire d'une certaine nostalgie. Même s'il s'en défend, il se prend parfois à regretter l'évidence d'une autorité qui émanerait d'une personnalité exceptionnelle ; il continue d'attendre « le Chef » comme le messie et il exige toujours d'un candidat à l'élection qu'il le « fasse rêver ». Il est vrai que cela ne dure guère : dès que le rêve prend trop de place, et dès que le candidat est élu, chacun s'acharne à déboulonner la statue. En fait, tout se passe comme si on élisait aujourd'hui les politiques… pour mieux les détester ensuite. Mais précisément : c'est parce que, quoi qu'on dise, nous ne nous sommes pas tout à fait réveillés du rêve charismatique.

Face à cette double difficulté d'une évidence obscure et d'une attente méfiante, faudrait-il se résoudre à ne définir le charisme qu'en creux ?

C'est la solution qu'avait adoptée le plus célèbre théoricien du pouvoir charismatique, le sociologue Max Weber, qui en a donné une définition négative. L'autorité charismatique, disait-il, est celle qui n'émane ni du passé (comme l'autorité traditionnelle) ni d'un contrat (comme l'autorité légale) ; elle n'est pas davantage le fruit d'une habitude à obéir ni d'une réflexion personnelle guidée par l'intérêt bien compris. « Nous appellerons charisme, disait Weber, la qualité extraordinaire […] d'un personnage, qui est, pour ainsi dire, doué de forces ou de caractères surnaturels ou surhumains ou tout au moins en dehors de la vie quotidienne, inaccessibles au commun des mortels ; ou encore qui est considéré comme un envoyé par Dieu ou comme un exemple, et en conséquence considéré comme un "chef" [*Führer*][2]. » Le charisme vient d'ailleurs ! Et, pour illustrer son propos, Weber prenait pour exemples originels les prophètes, les sages, les thérapeutes, les juristes, les grands chasseurs ou les héros guerriers. La difficulté du charisme est que, niché au cœur d'une personnalité toujours singulière, il semble échapper à toute généralisation. Le personnage charismatique authentique ne s'autorise que de lui-même pour accéder à l'autorité : ce qui semble vouer à l'échec toute tentative pour en cerner les limites.

Et la tentative paraît d'autant plus vaine que le terme regroupe une profusion de sens différents qui se sont accumulés au cours de l'histoire depuis la *charis* grecque, qui embarque avec elle : *charme*, *charité*, *eucharistie* ; jusqu'à sa traduction en latin par *gratia*, qui ajoute : la *grâce*, les *grâces*, *gracieux*, *gratitude*, *gratification*, *gratuit*, *gratis*... Ce qui nous fait là un nombre de registres sémantiques – de l'esthétique à l'éthique en passant par le religieux et l'économique – plus qu'impressionnant : vraiment décourageant !

Mais, égaré dans ce labyrinthe de sens et de dimensions, il se pourrait qu'un guide sûr se présente à nous. Il s'agit de l'unique essai, à mes yeux inégalé et même grandiose, de définition positive et complète du charisme. Il se trouve dans le livre de Xénophon, intitulé la *Cyropédie* (ou l'éducation de Cyrus), rédigé entre 378 et 362 avant J.-C.[3]. C'est là un texte un peu oublié voire désuet, réservé aux méritants élèves de grec ancien. Mais on néglige que, selon certains témoignages, il fut le livre de chevet d'Alexandre, de César et de Napoléon... c'est tout dire. L'ouvrage raconte la vie de Cyrus le Grand, le fondateur de l'Empire perse et de la dynastie des Achéménides, qui vécut entre 599-v. 530 av. J.-C. Ce « Roi des rois » soumit l'Empire mède de son grand-père Astyage, l'Empire de Lydie du riche Crésus, les cités grecques d'Ionie, et l'Empire babylonien qui s'étendait de la Mésopotamie à la Phénicie et la Judée. Sous son règne, c'est un ensemble politique gigantesque qui se constitue : le premier Empire à vocation universelle de l'histoire. Rien que cela justifiait un portrait. Mais, comme on va le voir, le Cyrus de Xénophon n'a que très peu à voir avec le personnage historique : l'histoire de sa vie est plutôt le prétexte d'une réflexion philosophique sur la nature du pouvoir.

L'obéissance volontaire

Le problème posé de la *Cyropédie* est d'une grande simplicité : quelles sont les conditions qui permettent de susciter une obéissance à la fois volontaire et durable ? La question, fondamentale pour la politique, est délicate, car toutes les réponses les plus évidentes semblent échouer. Ni la force, ni la peur, ni la loi, nous dit Xénophon, ne peuvent suffire à cette tâche. L'obéissance par la force n'est pas volontaire, et elle n'est pas non plus durable, car, dans le monde humain en tout cas, aucune force ne l'est. L'obéissance par la peur est sans doute plus efficace, mais difficile à utiliser : le « pas assez » entraîne la contestation de ceux qui n'ont pas grand-chose à craindre ; le « trop » produit la résistance acharnée de ceux qui n'ont plus rien à perdre. Excellent instrument de gouvernement, la peur ne suffit donc pas à assurer le développement durable du pouvoir. Quant à l'obéissance à la loi, c'est une belle solution, mais dont l'inconvénient est de supposer résolu le problème posé ; car, pour obéir volontairement à la loi, il faut déjà… le vouloir. Et pour le vouloir, il faut soit être soumis à la force, soit craindre de l'être : ce qui renvoie aux deux cas de figure précédents. Ou alors il faut des sujets vertueux – ce sur quoi un chef prudent ne peut guère compter –, ou encore qu'ils soient entraînés par l'habitude ou le conformisme, ce qui, à nouveau, renvoie au problème du commencement : comment susciter cette habitude ? Bref, la question de l'origine de l'obéissance volontaire semble insoluble !

C'est cette énigme qui amène Xénophon à rédiger le portrait de Cyrus le Grand. Car la thèse qu'il va défendre est que seule une personnalité extraordinaire peut susciter cette adhésion volontaire susceptible de créer de l'autorité. Xénophon sait de quoi il parle : cet Athénien, disciple de Socrate, défenseur acharné de la mémoire de son maître contre son grand rival Platon, a aussi été soldat et même général. Mercenaire auprès de Cyrus le jeune (descendant du grand Cyrus et prétendant au trône de Perse), il fut le conseiller politique de plusieurs rois en Thrace (Seuthès) et à Sparte (Agélisas). L'ouvrage sur la vie de Cyrus le Grand mêle toutes ces expériences auprès des « grands hommes » de son temps. Une réflexion philosophique sur le pouvoir, l'analyse du commandement, le commerce des « Grands » et l'attrait de l'Orient : telle est la recette de la *Cyropédie* et de son succès.

Mais, à tous ces ingrédients, Xénophon ajoute quelque chose de très singulier. Le livre contient une dimension quasi fantastique ou fantasmatique qui correspondrait assez bien à ce que Freud appelle le « rêve éveillé ». Par cette formule, Freud désigne toutes ces petites rêveries, que l'on n'avouerait pour rien au monde, au cours desquelles l'on se met à imaginer que tout nous sourit dans la vie : on est beau, on est riche, tout le monde loue notre intelligence, notre talent et la modestie avec laquelle nous accueillons nos succès force l'admiration unanime, etc.

L'histoire du Cyrus de Xénophon, c'est exactement cela : le rêve éveillé d'un chef qui imagine en secret que tout lui réussit*.

Tout petit déjà, il montrait d'éminentes qualités qui laissaient béates les grandes personnes ; puis, à l'adolescence, sa beauté, sa force, son esprit l'ont rendu supérieur à tous les autres ; l'âge adulte fut pour lui un chemin sans faute de réussites en tout genre (militaires, politiques, amoureuses) ; et, au soir de sa vie,

* « L'élégante plume de Xénophon, écrit Baltasar Gracián, se consacra au sceptre glorieux de Sirius [Cyrus], tête de l'Empire des Perses, mais il l'éleva si haut que son crédit d'historien en tomba, car la postérité crut qu'il n'avait pas décrit ce qu'avait été Sirius mais écrit ce que doit être un monarque parfait » (*Le Politique* (1640), *in* B. Gracián, *Traités politiques,* trad. B. Pelegrin, Seuil, 2005, p. 124).

il put recueillir sereinement les fruits de ses qualités exceptionnelles. À vrai dire, Cyrus n'a ni grandi ni vieilli, il a eu à chaque âge *tous* les âges ou du moins toutes leurs qualités habituelles : l'innocence, l'énergie, le sérieux, la sagesse. Homme de tous les âges, Cyrus est en outre l'homme de toutes les qualités : son charisme s'exprime aussi bien dans son corps (il est beau) que dans son esprit (il est sage), autant dans ses vertus (il est bon, il est juste, il est courageux, il est tempérant, il est pieux) que dans son génie militaire, autant dans son sens politique que dans son goût esthétique.

Mais le véritable secret de Cyrus, ce qui fait tout son « charisme », c'est un talent extraordinaire qui est décrit avec une précision *systématique* par Xénophon. Cyrus a cette capacité de tisser avec son entourage *tous les types de liens humains possibles*. Pour le dire d'une phrase, avant de l'expliciter : le secret du charme de Cyrus tient au fait qu'il parvient à être avec tous à la fois un bon fils, un grand frère, un père sévère mais juste, une mère attentive et un amant sublime. C'est parce qu'il a le don exceptionnel de jouer tous ces registres des relations humaines qu'il est *charismatique*.

Précisons.

Tous les registres du lien

Cyrus est d'abord un bon fils. De rang royal, il est bien né (*kaloskagathos*), attentif à ses ancêtres et respectueux des anciens. Il écoute, par exemple, sagement les conseils politiques et stratégiques que lui prodigue son père Cambyse (I, 6). Cette fidélité l'installe dans la durée et fait de lui le pivot d'un ordre qui le dépasse. S'il est grand, c'est aussi qu'il sait être petit ; humble face au temps qui passe et face à ce qui dépasse le temps, à savoir le divin. C'est pourquoi Xénophon ne cesse d'insister sur une des principales qualités de Cyrus : sa piété exemplaire. Lisons cette prière qu'il lui met dans la bouche : « Ô Zeus ancestral, Soleil et tous les dieux ! Acceptez ces offrandes en action de grâces pour toutes les œuvres louables que je vous dois et ces autres actions de grâce [*charis*] pour m'avoir montré par des présages, par des signes célestes, des oiseaux et des voix ce qu'il fallait faire et ne pas faire. *Infinie reconnaissance à vous* encore pour m'avoir fait constater votre sollicitude et toujours empêché de tirer de mes succès *des pensées dépassant la condition humaine** » (VIII, 7). Cyrus a ainsi la grâce de la gratitude, la mesure de sa grandeur.

Bon fils, Cyrus sait, en deuxième lieu, être un *frère* parfait. Malgré sa haute naissance, il est, pour son éducation, mêlé aux autres enfants sans autre privilège que ses qualités personnelles ; malgré son commandement, il partage la vie quotidienne de la troupe, ses souffrances, ses privations ; malgré sa royauté, il est attentif aux qualités des « sans-grade », qu'il reconnaît comme des frères d'armes. Mais, à chaque fois, dans cette égalité de situation, sa supériorité se manifeste : il court plus vite que les autres enfants, il se bat mieux que les autres soldats, il endure plus que ses compagnons d'armes, il voit plus loin que les autres généraux[4]. C'est donc bien du grand frère qu'il s'agit : *primus inter pares* ou *prince*. Et s'il sait aussi être « comme tout le monde », c'est qu'il s'agit là d'une qualité qui n'est pas donnée à tout le monde. Sa grandeur simple est exceptionnelle : deuxième trait de son charisme.

Cyrus est également un bon *père* pour tous les gens qui l'entourent. Il en possède la qualité majeure – royale et non plus princière –, à savoir la justice, qui signifie l'art et la manière de donner à chacun ce qui lui revient : récompense comme punition. À chaque fois, il parvient à identifier ce qui convient le

* Je souligne.

mieux à telle personne et dans telle situation : faut-il être sévère ou être clément ? Faut-il rémunérer ou honorer ? Faut-il donner, pardonner ou punir ? Le talent de Cyrus est d'avoir un jugement parfait en toutes circonstances. Il est comme une « loi vivante » et bienveillante, ne gardant rien pour lui, dénué d'égoïsme, et mesurant avec précision la qualité des relations. Comme le dit un de ses généraux : « J'ai remarqué en beaucoup d'autres circonstances qu'un bon chef ne diffère en rien d'un bon père de famille. Un père, en effet, se préoccupe d'assurer solidement l'avenir de ses enfants, et je vois qu'à présent Cyrus nous donne les conseils les plus propres à conserver notre bonheur » (VIII, 1). Et Cyrus lui-même reconnaît sa force de gratification : « Toutes ces richesses [...], il faut que vous les teniez pour vôtres autant que pour miennes, car si je les amasse, ce n'est ni pour les jeter tout seuls par les fenêtres, ni pour les consommer tout seul – j'en serais incapable – mais pour pouvoir récompenser par des dons, à tour de rôle, tout auteur parmi vous d'une bonne action » (VIII, 4).

Père juste, à la fois généreux et sévère, Cyrus se révèle être aussi une « bonne mère », attentive et pleine de sollicitude. Il est, dit Xénophon, comme la reine des abeilles (V, 1) qui sait veiller à l'économie intérieure de la ruche. Il ne néglige aucun détail. Il se préoccupe de tout ce qu'il faut pour une expédition : nourriture, armement, vêtements chauds, et même ces petites attentions qui viennent contenter les soldats afin de soutenir leur moral. Il institue ainsi une sorte de « caisse d'assurance maladie » pour soigner ses hommes en campagne (VIII, 2, 24). Le charisme de Cyrus relève donc aussi du *care*, c'est-à-dire du soin apporté aux plus fragiles et vulnérables.

Si la justice du père garantit l'ordre politique (dans la cité, *polis*), la sollicitude de la mère maintient l'ordre domestique ou économique (dans la maison, *oikia*) (voir *Cyr.*, I, 3, 16-17 ; II, 2, 18-21 ; VIII, 6, 23 ; voir également Hérodote, *Histoires*, III, 89).

Et réunissant les traits des deux parents, Cyrus a ce talent de faire grandir ce sur quoi il règne : aussi bien les hommes (qui s'élèvent à leur meilleur), que les terres (qui deviennent Empire) et les choses (qui, de profanes, se haussent au sacré).

Enfin, en plus de toutes ces qualités familiales, Cyrus apparaît comme un amant sublime, dégageant un érotisme irrépressible. Sa beauté, « son éclat », dit Xénophon, subjugue son entourage (masculin comme féminin) qui n'a de cesse de s'en faire aimer, de le contenter, de l'imiter[5]. Objet de tous les désirs, Cyrus sait pour sa part parfaitement contenir les siens, car il comprend vite que cette ascèse est la condition de la durée. Cette érotisation du pouvoir est un des traits essentiels de l'autorité charismatique, dont Xénophon montre qu'elle relève à la fois du don et de l'artifice. Certes Cyrus est beau et naturellement charmant, mais il sait aussi se mettre en scène, ainsi que le montre le récit du cérémonial de son « triomphe », après la prise de Babylone :

> Sortant de la porte, en char, Cyrus attirait les regards ; il portait la tiare droite et une tunique de pourpre avec des reflets blancs – sauf lui personne n'a le droit d'avoir des reflets blancs – le pantalon bouffant teint d'écarlate autour des jambes, un surtout entièrement pourpre. Il avait aussi un diadème autour de la tiare [...]. Il avait les mains hors des manches. Sur le char, à son côté, se trouvait un cocher de grande taille, moins grand que lui cependant, soit de nature, soit en vertu de quelque artifice ; en tout cas, Cyrus apparut beaucoup plus grand. [...] En le voyant, tout le monde fit la prosternation, soit que certains eussent reçu l'ordre de donner l'exemple, soit encore que la mise en scène et l'air de grandeur et de beauté que Cyrus présentait aux regards eussent *stupéfié* la foule. *Avant ce jour aucun Perse ne s'était prosterné devant Cyrus* (VIII, 3).

Cyrus organise donc son pouvoir de séduction : il le travaille, sachant se mouvoir dans la multiplicité des sollicitations et des désirs qu'il suscite, attisant les jalousies à son égard, mais sachant aussi les atténuer. Il sait qu'une fois passés les combats héroïques, le pouvoir doit se transformer. À la guerre, il était important d'être présent pour frapper les esprits de sa gloire. Mais, en temps de paix, il faut plutôt se faire rare et se laisser désirer. L'invisibilité, alors, loin de nuire au pouvoir, le renforce, puisque le chef n'étant jamais nulle part visible, peut être virtuellement partout (VIII, 2).

Le charisme cosmique

Cette insistance de Xénophon sur les artifices séducteurs (vêtement, maquillage…) dont use Cyrus ne relève pas, chez Xénophon, d'une critique à l'égard d'une volonté manipulatrice, mais au contraire l'indice d'une qualité exceptionnelle du grand Roi, peut-être la plus haute de toutes : Cyrus séduit l'univers entier, mais ne succombe pas lui-même à son propre charme. Il sait que ses dons exceptionnels ne suffisent pas et que, dans l'ordre humain, les équilibres sont fragiles et doivent être constamment redéfinis par l'art. C'est là, le sens profond du charisme. En concentrant et en tissant tous les registres des relations humaines, le personnage charismatique tisse avec l'univers dans son ensemble des liens familiaux, amicaux et amoureux ; il fait du monde sa famille[6] ; il en devient l'ordonnateur suprême : *cosmocrator*, non pas au sens de « maître du monde », mais au sens de celui qui fait tenir le monde en ordre[7].

Pour être tout à fait complet dans cette philosophie du charisme, il faudrait ajouter un dernier registre, qui est moins directement présent dans la *Cyropédie*, mais que Xénophon développe dans d'autres de ses œuvres. Il s'agit de la relation maître/élève, dont le génie, aux yeux de Xénophon, est à l'évidence Socrate. Il est celui qui charme non par son art du commandement, mais par son art d'enseignement. Lui aussi est pieux, fidèle aux ancêtres et à la cité ; lui aussi, est fraternel, puisqu'il prétend ne rien savoir de plus que ceux qui l'entourent ; lui aussi est parent, pour autant que, sous cet aveu d'ignorance, se cache une grande sagesse, attentive non seulement à l'ordre cosmique (fonction paternelle), mais aussi à son entourage immédiat dont il s'efforce de favoriser l'élévation (fonction maternelle) ; lui aussi, enfin est un « grand érotique » (comme dira Nietzsche), capable de charmer les plus séduisants des jeunes Athéniens, alors même que sa laideur était proverbiale.

Et chez Socrate comme chez Cyrus, l'on retrouve cette capacité de réconcilier les tendances contradictoires du réel. Le charisme est donc, en un sens le contraire du tragique, puisqu'il produit un moment de réconciliation dans un désordre (conflits, injonctions contradictoires, confusion...) d'ordinaire permanent[8]. Mais en un autre sens, la figure charismatique est hypertragique, puisque cette harmonie de l'univers ne repose de manière fugace et labile que sur un simple mortel. D'ailleurs, la fin de la *Cyropédie* le montre : l'œuvre de Cyrus ne résiste pas à sa mort, en dépit du soin qu'il mit à préparer sa succession. L'Empire perse se désagrège dès lors que son axe cesse d'exister.

Que retirer de ce petit traité du charisme illustré ? À mon sens, trois leçons principales, qui n'épuisent pas l'extraordinaire richesse de ce texte.

1) En élaborant le type *parfait* du charisme, Xénophon contribue paradoxalement à le désenchanter. Le rêve de Cyrus est vraiment trop beau pour être honnête et le réveil ne peut être que brutal : Cyrus, c'est pour de faux ! Dans la vraie vie, la *démesure* du grand homme, l'*envie* de ses « sujets » et l'usure du temps qui passe finissent toujours par l'emporter. Et si le génie exceptionnel de Cyrus lui permet d'éviter les deux premiers obstacles, il finit, comme tout le monde, par mourir.

On ne peut donc rien fonder sur le charisme ; on ne peut ni le produire ni l'inventer. Le charisme relève exactement de ce que Kant nomme un « idéal de l'imagination », c'est-à-dire une chimère de l'esprit. Convenons-en : c'est là une définition précise, qui peut aider à nous désaccoutumer des attraits de cette drogue !

2) Mais s'il est un rêve incapable de fonder quoi que ce soit, et surtout pas un pouvoir durable, le charisme en est pourtant un ingrédient utile voire indispensable : il en est comme l'étincelle de démarrage, un moment nécessaire. Pour le dire autrement : si l'on ne peut espérer fonder un pouvoir sur le charisme parfait, tout pouvoir a besoin de charisme (imparfait) pour naître et durer. Ni la compétence ni le sens du devoir n'y suffisent, même si l'habitude et la loi devront vite prendre le relais[9]. D'ailleurs, remarquons que nos institutions, aussi républicaines soient-elles, continuent de mobiliser de l'apparat, des ors et des cérémonies. Comme si, au cas où les individus réels en seraient dépourvus, la fonction pouvait leur offrir quelques onces d'un charisme bien tempéré.

3) Encore faut-il savoir de quel charisme imparfait on parle. Et là encore Xénophon nous offre un critère précieux pour séparer le bon grain de l'ivraie. La perfection « gracieuse » de Cyrus vient de sa résistance aux dérives qui le menace, ce qui permet de distinguer un mauvais d'un bon charisme. Le premier est égocentrique, ramène tout à soi et prétend se soumettre l'univers. Il incarne la définition exacte de l'impérialisme tyrannique, soit : un particulier qui se prend pour l'universel. Le second est ouvert ; très singulier, il tend à l'universel sans prétendre pour autant l'épuiser : c'est un charisme « de service », pourrait-on dire, où la fonction d'ordonnancement prime sur le désir narcissique et mégalomane d'oppression. Le premier ramène tout à soi ; le second ramène un soi au tout. Comme

le Cyrus de Xénophon, sa grandeur consiste à *faire grandir*. Le premier écrase et rétrécit le monde et la liberté ; le second les élargit et les augmente. C'est pourquoi de Gaulle et Churchill sont charismatiques, et que ni Staline, ni Hitler, ni Mao ne le sont… Le bon charisme est *symbolique* – il réunit – tandis que le mauvais est *diabolique* – il divise. Bien sûr, la frontière entre les deux est subtile, et le risque de confusion permanent, mais cette idée permet au moins de conserver une place au charisme au-delà du « rêve éveillé » et ainsi de comprendre pourquoi il reste, envers et contre tout – même en démocratie –, une attente irrépressible de nos temps désenchantés.

« Cyrus était obéi volontairement par des peuples éloignés, les uns de plusieurs jours de marche, les autres de plusieurs mois, de peuples mêmes qui ne l'avaient jamais vu, ou qui étaient assurés de ne le voir jamais, et cependant ils se soumettaient tous sans contrainte à son autorité. À ce point de vue, Cyrus a surpassé de beaucoup tous les autres rois, tant ceux qui ont hérité le trône de leurs pères que ceux qui l'ont gagné par eux-mêmes. […] Cyrus qui avait trouvé les nations de l'Asie indépendantes se mit en campagne avec une petite armée de Perses, et, secondé par les Mèdes et les Hyrcaniens qui le suivirent volontairement, il soumit les Syriens, les Assyriens, les Arabes, les Cappadociens, les habitants des deux Phrygies, les Lydiens, les Cares, les Phéniciens, les Babyloniens ; il maîtrisa les habitants de la Bactriane, des Indes, de la Cilicie et aussi les Saces, les Paphlagoniens, les Magalides et une foule de peuplades dont les noms mêmes sont ignorés ; il asservit encore les Grecs d'Asie, et, descendant sur la mer, Chypre et l'Égypte. Et ces nations qu'il soumit à son autorité ne parlaient pas sa langue et ne se comprenaient pas entre elles, et néanmoins il étendit si loin son empire par la terreur de son nom que tout trembla devant lui et que personne n'entreprit rien contre lui ; il leur inspira au contraire à tous un tel désir de lui plaire qu'ils ne demandaient qu'à être gouvernés toujours selon sa volonté. […] Pour nous, le jugeant digne d'admiration, nous avons cherché quels avantages dus à sa naissance, à son caractère, à son éducation lui ont assuré une telle supériorité dans le commandement des hommes. Nous allons donc essayer de raconter tout ce que nous en avons appris et croyons avoir découvert sur sa personne » (Xénophon, *Cyropédie*, I, 1, trad. Chambry).

Notes bibliographiques

Introduction

1. G. Pompidou, *Le Nœud gordien,* Plon, 1974.
2. *La Confession de Talleyrand. 1754-1838*, L. Sauvaitre Éditeur, 1891.
3. P. Valéry, *Regards sur le monde actuel et autres essais,* Stock, 1931, p. 29.
4. *Cf.* P.-J. Proudhon, *Liberté, partout et toujours*, textes choisis et présentés par V. Valentin, Les Belles Lettres, 2009, p. 113 *sq*.

PREMIÈRE PARTIE

L'énigme de la démocratie

CHAPITRE 1

Qui est le peuple ?

1. J. Julliard, « Le Peuple », *in* P. Nora (dir.), *Les Lieux de mémoire,* Gallimard, « Quarto », 1997, t. 2, p. 2359-2392. Voir aussi L. Bouvet, *Le Sens du peuple*, Gallimard, 2012.
2. Je suis ici l'architectonique développée par Marcel Gauchet dans *L'Avènement de la démocratie*, Gallimard, 2007-2017, 4 vol.
3. *Cf.* Lénine, *L'État et la Révolution* (1917), Les Éditions en langue étrangère (Moscou), 1967, chapitre V. Et une fois que l'État aura accompli sa fonction révolutionnaire, il ne sera pas nécessaire de l'abolir : il s'éteindra de lui-même.
4. *Le Courrier,* 1er juillet 1819, cité *in* Pierre Rosanvallon, *La Légitimité démocratique*, Seuil, 2008, p. 333.
5. E. Kant, *Logique*, introduction, IX, Vrin, 1982.
6. H. Duccini, *Faire voir, faire croire. L'opinion publique sous Louis XIII,* Champ Vallon, 2003.
7. Qui est un écho à Pascal : *Pensées*, 311 (éd. Brunschvicg) : « L'empire fondé sur l'opinion et l'imagination règne quelque temps, et cet empire est doux et volontaire ; celui de la force règne toujours. Ainsi l'opinion est comme la reine du monde, mais la force en est le tyran. »

8. Platon, *Lois*, III. C'est ainsi que Platon explique la décadence de la démocratie athénienne.
9. G. Carcassonne, « Le trouble de la transparence », *Le Débat*, 2001/2, 97, p. 17-23.
10. J. Assange, entretien dans *Forbes*, novembre 2010, où il affirme sa proximité avec les libertariens américains.
11. Cité par *in* P. Gastineau et P. Vasset, *Armes de déstabilisation massive. Enquête sur le business des fuites de données*, Fayard, 2017, p. 112.
12. G. Tarde, *L'Opinion et la Foule*, Alcan, 1901.
13. Sur le schématisme transcendantal, voir A. Philonenko, *L'Œuvre de Kant*, Vrin, 1983, t. 1, § 13, p. 175 *sq* ; et L. Ferry, *Kant, une lecture des trois critiques*, Grasset, 2006, p. 54 *sq*.
14. *Cf.* B. Manin, *Principe du gouvernement représentatif*, Flammarion, 1996.
15. *Cf.* A. Esquiros « L'Angleterre et la vie anglaise. Chapitre XXXIV La Vie politique. Les Élections et la Chambre des Communes », *Revue des Deux Mondes*, 15 août 1867.
16. Sur cette définition classique du libéralisme, je me permets de renvoyer à P.-H. Tavoillot, *Qui doit gouverner ? Une brève histoire de l'autorité*, Grasset, 2011, chapitre 10.
17. Sur la quintuple synthèse étoilée chez Fiche, voir A. Philonenko, *La Liberté humaine dans la philosophie de Fichte*, Vrin, 1980. Voir aussi son résumé dans l'article « Fichte » de l'*Encyclopaedia universalis*.

CHAPITRE 2
Quel pouvoir ?

1. http://www.eiu.com/home.aspx.
2. https://freedomhouse.org/report/freedom-world/freedom-world-2017. On peut aussi noter l'indice Polity IV proposé par la Political Instability Task Force. L'évolution de la France, passée de démocratie parfaite à imparfaite, après les attentats, montre les limites de l'exercice indiciaire, quand il est déconnecté du contexte.
3. Voir l'enquête de la Fondapol : D. Reynié (dir.), *Où va la démocratie ? Une enquête internationale*, Paris, Plon, 2017. Pour Larry Diamond, l'« inversion de la courbe démocratique » s'est produite autour de 2006. L. Diamond, « Facing up to the democratic recession », *Journal of Democracy*, janvier 2015, 26, 1, p. 141-155. Voir aussi le récent ouvrage de Yasha Mounk, *Le Peuple contre la démocratie*, Éditions de l'Observatoire, 2018.
4. C. Crouch, *Post-Democracy*, Polity Press, 2004.
5. P.-J. Proudhon, *Liberté, partout et toujours*, *op. cit.*, p. 113 (voir aussi p. 219 *sq* et p. 305).
6. Montesquieu, *De l'esprit des lois*, livre XI, chap. 6.
7. L. Ferry, *Le Figaro*, 19 avril 2018. Voir aussi L. Ferry, *De l'amour. Une philosophie pour le* XXI*e* *siècle*, Odile Jacob, 2012, chapitre 2.
8. A. de Tocqueville, *De la démocratie en Amérique*, II, 2, 4.
9. M. Endicott, *Libération*, 4 décembre 2016.

10. F. Zakaria, *The Future of Freedom : Illiberal Democracy at Home and Abroad*, Norton and Cie, 2003 ; trad. fr., *L'Avenir de la liberté. La démocratie illibérale aux États-Unis et dans le monde*, Odile Jacob, 2003, p. 240.
11. En date du 11 mai 2013 : https://www.venice.coe.int/webforms/documents/default.aspx?pdffile=CDL-AD(2013)005-e. Voir également E. Aymard, « Constitution islandaise : l'e-révolution qui beugue », *Contrepoint*, 27 octobre 2011, https://www.contrepoints.org/2011/10/27/52379-constitution-islandaise-l%E2%80%99e-revolution-qui-beugue
12. A. de Tocqueville, *De la démocratie en Amérique*, II, 2, 7.
13. Cité *in* G. Perrier et G. Cayatte, *Erdogan, l'ivresse du pouvoir*, documentaire diffusé sur Arte, 22 novembre 2016.
14. F. Zakaria, « The rise of illiberal democracy », *Foreign Affairs*, novembre-décembre 1997 ; tr. fr. « De la démocratie illibérale », *Le Débat*, 1998, 2, 99, p. 17-26. Voir aussi *L'Avenir de la liberté, op. cit.* Il est également développé et soutenu, de manière positive, par le politologue canadien, Daniel A. Bell, qui enseigne en Chine (*Beyond Liberal Democraty. Political Thinking for an East Asian Context*, Princeton, Princeton University Press, 2006).
15. P. Lendvai, *Orbán : Hungary's Strongman*, Oxford University Press, 2018.
16. http://budapestbeacon.com/public-policy/full-text-of-viktor-orbans-speech-at-baile-tusnad-tusnadfurdo-of-26-july-2014/10592.
17. Viktor Orbán qui s'est rendu à Singapour à de nombreuses reprises ne tarit pas d'éloges sur le modèle Singapour. *Cf.* M. Lama, *Lee Kuan Yew. Singapour et le renouveau de la Chine*, Les Belles Lettres, « Manitoba », 2016.
18. Lee Kuan Yew, *Mémoires*, Les Éditions du Pacifique, 2011, 2 vol. ; Lee Kuan Yew, *The Grand Master's Insight on China, The United States, and the World*, The MIT Press, 2013.
19. M. Lama, *Lee Kuan Yew. Singapour et le renouveau de la Chine, op. cit.*
20. Lee Kuan Yew, *in* journal *Straits Times*, 20 avril 1987, cité par M. Lama, *Lee Kuan Yew. Singapour et le renouveau de la Chine, op. cit.*, chapitre V.
21. Lee Kuan Yew, *Mémoires, op. cit.*, t. II.
22. Raj Kumar Vasil, *Govering Singapore : Democracy and National Development*, Allen & Unwin, 1984, p. 73.
23. Interview pour le *New York Times*, 10 septembre 2010.
24. Entretien de Lee Kuan Yew au Kent Ridge Ministerial Forum, 19 octobre 2009. Voir aussi M. Lama, *Lee Kuan Yew. Singapour et le renouveau de la Chine, op. cit.*
25. A. Andrésy, *Xi Jinping. La Chine rouge nouvelle génération*, L'Harmattan, Paris, 2013.
26. Une action en justice d'un citoyen ou d'une personne morale contre l'État chinois est désormais possible. *Cf.* F. Zarkaria, *L'Avenir de la liberté, op. cit.*, p. 101.
27. Discours de Londres du 23 septembre 2008, cité par M. Lama, *Lee Kuan Yew. Singapour et le renouveau de la Chine, op. cit.* Sur l'évolution de la Chine et le renforcement de son « nouvel équilibre autoritaire », voir J.-P. Cabestan, *Demain la Chine : démocratie ou dictature ?*, Gallimard, « Débat », 2018. Voir aussi en plus détaillé : J.-P. Cabestan, *Le Système politique chinois. Un nouvel équilibre autoritaire*, Presses de Sciences Po, 2014. À ceux qui douteraient de cette critique radicale de la démocratie libérale, il faut conseiller la lecture du « document n° 9 », circulaire interne au PCC (8 novembre 2013) qui dénonce toutes les valeurs politiques occidentales : démocratie constitutionnelle, suffrage universel, indépendance de la justice,

séparation des pouvoirs, liberté de la presse et multipartisme, http://www.chinafile.com/document-9-chinafile-translation.

28. F. Zakaria, *L'Avenir de la liberté*, *op. cit.*, p. 63.
29. Cité par M. Lama, *Lee Kuan Yew. Singapour et le renouveau de la Chine*, *op. cit.*, déclaration de Tokyo en 1992.
30. Je reprends ici, en les développant, des éléments que j'ai déjà publiés dans *De mieux en mieux ET de pire en pire* (Odile Jacob, 2017). Je redis ma dette aux analyses de Marcel Gauchet et Gilles Kepel.
31. Sahih Muslim, livre 20, hadith 4533.
32. F. Zakaria, *L'Avenir de la liberté*, *op. cit.*, p. 154.
33. S. Abul Ala Maududi, *Comprendre l'Islam*, Éditions Iqra, s.d. ; et *Jihad in Islam*, Islamic Publications (Pvt.) Ltd, 1939.
34. S. Qutb, *Signes de piste*, cité *in* G. Kepel, *Le Prophète et le Pharaon*, Gallimard, « Folio », 2012, p. 55.
35. Voir G. Kepel, *Terreur et martyre*, Flammarion, « Champs », 2009.
36. *Cf.* à titre d'exemple, le dernier ouvrage du diplomate et professeur singapourien, Kishore Mahbubani, *Has the West Lost It ? A Provocation*, Allen Lane, 2018.
37. R. Aron, *Mémoires*, Julliard, 1993, p. 943.

DEUXIÈME PARTIE

Nouvelles règles de l'art politique

CHAPITRE 3

Comment gagner les élections ?

1. *Cf.* P.-H. Tavoillot et F. Tavoillot, *L'Abeille (et le) philosophe. Étonnant voyage dans la ruche des sages*, Odile Jacob, 2015.
2. E. Balazs, *La Bureaucratie céleste*, Gallimard, « Tel », 1968, p. 18. Voir aussi M. Fontana, *Matteo Ricci, 1552-610. Un jésuite à la cour des Ming*, Salvator, 2010, p. 215.
3. Platon, *Politiques*, IV, 9, 1294b8 ; Aristote, *Politique*, VI, 2, 1317b17-21.
4. A. Hamilton, J. Jay, J. Madison, *Le Fédéraliste*, Classiques Garnier, 2012, p. 390.
5. L. Moulin, « Les origines religieuses des techniques électorales et délibératives modernes » (rééd.), *Politix*, 1998, 11, 43, p. 117-162 (p. 157).
6. *Cf.* J. Brennan, *Against Democracy*, Princeton University Press, 2016.
7. G. Delannoi, *Le Retour du tirage au sort en politique*, Fondapol, décembre 2010, p. 29.
8. S. Huntington, *The Third Wave : Democratization in the Late Twentieth Century*, University of Oklahoma Press, 1991
9. Cité par A. Compagnon, *Les Antimodernes. De Joseph de Maistre à Roland Barthes*, Gallimard, « Folio », 2016.
10. E. Durkheim, *Leçons de sociologie*, PUF, 1950, p. 107-108.
11. *Cf.* un excellent état des lieux de ces innovations *in* E. Lewis et R. Slitine, *Le Coup d'État citoyen. Ces initiatives qui réinventent la démocratie*, La Découverte, 2016.

12. Montesquieu, *De l'esprit des lois*, I, XI, 6 ; J. Schumpeter, *Capitalisme, socialisme et démocratie*, Payot, 1961, p. 403.
13. Pour un exposé équilibré, voir G. Delannoi, *Le Retour du tirage au sort en politique*, Fondapol, décembre 2010. Sur l'histoire du tirage au sort, P. Demont, « Tirage au sort et démocratie en Grèce », *La Vie des idées*, juin 2010, https://laviedesidees.fr/Tirage-au-sort-et-democratie-en-Grece-ancienne.html.
14. Cicéron, *Tusculanes*, II, 32.
15. Voir le post-scriptum, « Qu'est-ce que le charisme ? », p. 331.
16. Voir saint Augustin (*Cité de Dieu*, V, 24) et Thomas d'Aquin (*De regno*, I, 7), qui critique l'éloge cicéronien de la gloire. Voir aussi le plus fameux des *miroirs du prince*, Gilles de Rome, *De regimine principium* (v. 1277-1279), I, 1, 8 et 9. *Cf.* encore J. Le Goff, *Saint Louis*, Gallimard, 1996.
17. Machiavel, Lettre 116 à Sorderini (1513), cité par M. Senellart, *Les Arts de gouverner*, Seuil, 1995, p. 227.
18. Quinto Tullio Cicerone, *Manualetto di campagna elettorale*, édité par P. Fedeli, préface de G. Andreotti, Salerno Editrice, 2006.
19. A. de Tocqueville, *Souvenirs*, Gallimard, « Folio », 1999, p. 129 *sq.*
20. *Cf.* C. Jaffrelot, « Pourquoi la démocratie en Inde », *Le Débat*, 2009, 153, p. 140.
21. Serge Bernstein fait débuter cette histoire, aux États-Unis, avec l'élection du président Jackson (1828), en Grande-Bretagne avec la réforme électorale de 1832, en France avec la IIIe République. Le parti est une machine électorale, durable dans le temps, qui quadrille le territoire à la recherche du soutien de la population. S. Bernstein, « Les partis », *in* R. Rémond (dir.), *Pour une histoire politique*, Seuil, 1988, p. 54. Je rappelle les grands classiques : sur les grands partis anglo-saxons, M. Ostrogorski, *La Démocratie et l'Organisation des partis politiques*, Calmann-Lévy, 1903 ; sur le parti social-démocrate allemand, R. Michels, *Les Partis politiques. Essai sur les tendances oligarchiques des démocraties*, Flammarion, 1991 et M. Duverger, *Les Partis politiques*, Armand Colin, 1967.
22. J.-P. Cabestan, *Demain la Chine : démocratie ou dictature ?*, *op. cit.*
23. https://www.youtube.com/watch?v=1SAfFFpGF3E et https://www.youtube.com/watch?v=647t1pewicg.
24. Empl. 331-341 de l'édition numérique.
25. https://blockchainfrance.net. *Cf.* L. Margot-Duclot, « La blockchain n'est donc pas un atout majeur pour la démocratie, c'est une démocratie, et une démocratie plus performante que la nôtre », https://ledrenche.fr/2017/01/blockchain-atout-majeur-democratie-1043/.
26. *Cf.* Le rapport du *think tank* Terra Nova, *Moderniser la vie politique : innovations américaines, leçons pour la France*, janvier 2009.
27. Podemos, *Bouger les lignes : transformer l'indignation en changement politique*, Publico, Madrid, 12 janvier 2014. Voir les ouvrages d'Ernesto Laclau et Chantal Mouffe, penseurs de cette stratégie de conquête.
28. *Le 1*, 18 octobre 2017.
29. A. Peyrefitte, *C'était de Gaulle*, De Fallois/Fayard, 1994-1997, t. 3, partie IV, chapitre 2.
30. G. Lipovetsky, *Le Bonheur paradoxal. Essai sur la société d'hyperconsommation*, Gallimard, 2006, chapitre 10.

31. F. Nietzsche, *Par-delà le bien et le mal*, II, § 26.
32. M. Rocard, « L'art politique », *in* E. Pisier et P.-H. Tavoillot (dir.), *Comprendre les hommes politiques, Revue de philosophie et de sciences sociales* (PUF), 2002, 3, p. 15.
33. Richelieu, *Testament politique*, présenté par F. Hildesheimer, Honoré Champion, 2012, p. 53 et 310.
34. *Le Monde*, 30 août 2018.

CHAPITRE 4

Comment réussir une délibération ?

1. Euripide, *Les Suppliantes* (vers 405-408 et 438-445) : « La liberté est dans ces paroles que l'on prononce à l'Assemblée : "Qui veut, qui peut donner un avis utile à sa patrie ?" Chacun peut alors briller ou se taire. Peut-on imaginer plus belle égalité ? » J. S. Mill, *Considérations sur le gouvernement représentatif* (1861), Gallimard, 2009, p. 99 : « Les ennemis des assemblées représentatives les raillent souvent en les dépeignant comme des lieux de simple discussion et de *bavardage* [en français dans le texte]. On a rarement aussi mal usé de dérision. Je ne vois pas à quoi une assemblée représentative pourrait s'employer plus utilement qu'à la discussion, quand le sujet examiné relève des grands intérêts du pays. »
2. Montaigne, *Essais*, « De l'institution des enfants », I, 26.
3. P.-H. Tavoillot, « Éloge de la dispute », *in De mieux en mieux ET de pire en pire*, *op. cit.*
4. Aristote, *Éthique à Nicomaque*, III, 5.
5. Aristote, *Rhétorique*, I, 3, 1358, a36-b8.
6. *Cf.* C. Schmitt, *Parlementarisme et démocratie* (1923), Paris, Seuil, 1988. Pour lui, la délibération tue la décision.
7. A. Hamilton, J. Jay, J. Madison, *Le Fédéraliste, op. cit.*, n° 63, 1er mars 1788.
8. M. Gauchet, « Contre-pouvoir, méta-pouvoir, anti-pouvoir », *Le Débat*, janvier-février 2006, n° 138, p. 17-29.
9. M. Rocard, « L'art de gouverner », *in* E. Pisier et P.-H. Tavoillot (dir.), *Comprendre les hommes politiques* », *op. cit.*, p. 5-6.
10. G. Tarde, « Le public et la foule », *Revue des Deux Mondes*, 15 juillet et 1er août 1898 ; repris dans *L'Opinion et la Foule*, Paris, PUF, 1989. Le public est l'apprivoisement rationnel du phénomène des foules, grâce à la médiation réflexive : la lecture matinale du journal en constitue le symbole. Distinction que ne fait pas Gustave Le Bon, penseur de la « psychologie des foules ».
11. *Cf.* P. Himanen, *The Hacker Ethic and the Spirit of the Information Age*, Random House, 2001 ; trad. fr. *L'Éthique hacker et l'Esprit de l'ère de l'information*, Exils, 2001.
12. R. Badouard, *Le Désenchantement d'Internet*, PYP Éditions, 2017.
13. X. Kurowska et A. Reshetnikov, « La neutralisation de l'info : enquête chez les trolls russes », *The Conversation*, 21 août 2018, où l'on peut lire la confession d'un troll russe.
14. F. Jarrige, « Une "barricade de papier" : le pétitionnement contre la restriction du suffrage universel masculin en mai 1850 », *Revue d'histoire du XIXe siècle*, 2004, 29, p. 53-70, https://rh19.revues.org/698.

15. Voir une analyse informée et nuancée *in* Y. Sintomer, C. Herzberg et G. Allegretti, en coll. avec A. Röcke, *Les Budgets participatifs dans le monde. Une étude transnationale*, Engagement Global, Serie Dialog, 2014, n° 25.
16. J. S. Fishkin, *The Voice of the People : Public Opinion and Democracy*, Yale University Press, 1995, p. 162. *Cf.* D. Bourg et D. Boy, *Conférences de citoyens, mode d'emploi*, Paris, Descartes et Cie, 2005.
17. http://www.nextca.org/ ou http://cdd.stanford.edu/.
18. B. Ackerman et J. S. Fishkin, *Deliberation Day*, Yale University Press, 2005.
19. P. Gastineau et P. Vasset, *Armes de déstabilisation massive*, *op. cit.*
20. Cité in *ibid.*, p. 237.
21. Cité in *ibid.*, p. 97.
22. S. Arsène, « L'opinion publique et la mise en ordre du régime chinois », *Participations*, 2017, 1, 17, p. 35-58.
23. *Cf.* J.-L. Gergorin et L. Isaac-Dognin, *Cyber. La guerre permanente*, Éditions du Cerf, 2018.
24. G. Schröder, *Ma vie et la politique*, Odile Jacob, 2006, p. 115 *sq.*
25. https://rsf.org/fr/actualites/rsf-et-ses-partenaires-devoilent-la-journalism-trust-initiative-jti-un-dispositif-innovant-contre-la ; https://rsf.org/fr/actualites/lengagement-de-chefs-detat-et-de-gouvernement-sur-la-base-de-la-declaration-sur-linformation-et-la.
26. D. Bourg et K. Whiteside, *Vers une démocratie écologique. Le citoyen, le savant et le politique*, Seuil, 2010 ; puis D. Bourg (dir.), *Pour une VIe République écologique*, Odile Jacob, 2011 (D. Bourg, J. Bétaillé, L. Blondiaux, M.-A. Cohendet, J.-M. Fourniau, B. François, P. Marzolf, Y. Sintomer). Le 3 juillet 2017, devant le Parlement réuni en Congrès à Versailles, Emmanuel Macron annonçait la transformation du Conseil économique, social et environnemental en « Chambre du futur », dont l'objet serait « de faire entrer la considération du long terme de manière systématique et permanente dans l'élaboration de la loi. Dotée de pouvoirs inédits et d'une composition originale, elle aurait pour objectif d'éclairer et d'enrichir le processus législatif, d'inciter à l'innovation et à la cohérence des politiques publiques » (D. Bourg, *Inventer la démocratie du XXIe siècle*, Les Liens qui libèrent, 2017, p. 16).
27. Voir F. Cornut-Gentille, « Pour un nouveau Parlement », *Le Débat*, 2017, 2, 194, p. 27-36 et « Comment sortir de l'impuissance publique ? », *Le Débat*, 2016, 2, 189, p. 56-66. F. Cornut-Gentille, *Gouvernez ! Pour un nouvel exercice du pouvoir*, Alma Éditeur, 2015.
28. Voir F. Cornut-Gentille et R. Kokouendo, *La République à reconstruire. Rapport d'information sur l'évaluation de l'action de l'État dans l'exercice de ses missions régaliennes en Seine-Saint-Denis*, Assemblée nationale, juin 2018.
29. F. Cornut-Gentille, « Comment sortir de l'impuissance publique ? », art. cit., p. 65
30. F. Cornut-Gentille, *Gouvernez !*, *op. cit.* (empl. 1420 de l'édition numérique).
31. https://www.cairn.info/revue-negociations-2005-2-page-99.htm#re4no4. Voir aussi J. Elster, « Argumenter et négocier dans deux Assemblées constituantes », *Revue française de science politique*, 1994, 44, 2, p. 187-256.
32. M. Rocard, *Si ça vous amuse… Chronique de mes faits et méfaits*, Flammarion, 2010.
33. L'épisode est relaté *in* A. Peyrefitte, *C'était de Gaulle*, *op. cit.*, t. 1, partie I, chapitre XII.

34. Voir la série de J. Garrigues (dir.), *Les Grands Discours parlementaires*, Armand Colin, 2004-2006, 4 vol., ainsi que, du même auteur, *Les Grands Discours parlementaires. De Mirabeau à nos jours*, Armand Colin, 2017.
35. G. Clemenceau, *Démosthène*, Librairie Plon, 1926, p. 30, 84 et 55-56 (respectivement).

CHAPITRE 5

Comment prendre de bonnes décisions ?

1. P. Haggard, « Human volition : Towards a neuroscience of will », *Nature Reviews Neuroscience*, 2008, 9, p. 934-946. Voir aussi A. Berthoz, *La Décision* (Odile Jacob, 2003), qui montre la décision ne précède pas l'action, mais *est* l'action (comme, pour Spinoza, Dieu est la nature). *Cf.* L. Sfez, *Critique de la décision*, PUF, 1973 (rééd. 1992).
2. R. Aron, *Mémoires, op. cit.*
3. Deux articles récents sont revenus sur la mise en scène de cet épisode célèbre et sur sa fonction dans le récit césarien : R. Sablayrolles, « *Caesar pontem fecit*... Voyageurs du bout du monde et conquérants de l'inutile », *Pallas*, 2006, t. 72, p. 339-367 ; A. Grandazzi, « *Summa difficultas faciendi pontis* : César et le passage du Rhin en 55 av. J.-C. (B.G., IV, 17) », *Mélanges de l'École française de Rome. Antiquité*, 2009, t. 121, 1, p. 545-570.
4. G. Schröder, *Ma vie et la politique*, *op. cit.*, p. 96-97 pour la citation.
5. Voir l'utilisation qu'en fait Philip K. Dick, cité *in* E. Carrère, *Je suis vivant et vous êtes morts*, Seuil, « Points », 2015, dont je reprends ici le résumé.
6. *Cf.* A. Cheng, *Histoire de la pensée chinoise,* Seuil, 1997, p. 254 *sq* ; C. Javary et P. Faure, *Yi Jing*, Albin Michel, 2012.
7. A. Kojève, *La Notion d'autorité*, Gallimard, 2004, p. 89-90. Une autre typologie intéressante est celle de Raoul Girardet (*Mythes et mythologies politiques*, Pluriel, 1990) qui distingue quatre modèles : Cincinnatus (le pacificateur), Alexandre (le conquérant), Solon (le législateur) et Moïse (le prophète).
8. F. Jullien, *Traité de l'efficacité*, Grasset, 2001.
9. A. Haudricourt, « Domestication des animaux, culture des plantes et traitement d'autrui », *L'Homme*, 1962 ; rééd. *in La Technologie, science humaine. recherches d'histoire et d'ethnologie des techniques*, Maison des sciences de l'homme, 1987.
10. *Cf.* P.-H. et François Tavoillot, *L'Abeille (et le) Philosophe*, *op. cit.*
11. Voir la critique nuancée de J.-F. Billeter, *Contre François Jullien*, Allia, 2018. Sur la ruse en Occident, voir le formidable livre de J.-V. Holeindre, *La Ruse et la Force*, Perrin, 2017.
12. Machiavel, *Discours sur la première décade de Tite-Live*, Gallimard, 2004, I, 38, p. 184-185.
13. E. Husserl, *La Crise de l'humanité européenne et la philosophie*, Aubier, 1987, III.
14. F. Nietzsche, *La Naissance de la tragédie*, chapitre 7.
15. Condorcet, *Œuvres*, Firmin Didot, 1847, t. 12, p. 239-241.
16. A.-M. Ampère, *Essai sur la philosophie des sciences*, Chez Bachelier, 1834-1843, t. 2, p. 141. Voir C. Lafontaine, *L'Empire cybernétique. Des machines à penser à la pensée machine*, Seuil, 2004.

17. B. F. Skinner, *Walden Two*, Hackett Publishing Co, 1948 ; trad. fr. *Walden 2. Communauté expérimentale*, In Press, 2012.
18. B. F. Skinner, *Beyond Freedom and Dignity*, Pelican Books, 1971 ; trad. fr. *Par-delà la liberté et la dignité*, Robert Laffont, 1972.
19. Cité par A. Peyrefitte, *C'était de Gaulle*, *op. cit.*, t. 2, partie V, chapitre 3.
20. Abbé Sieyès, *Quelques idées de constitution, applicables à la vie de Paris,* juillet 1789, p. 30 (https://gallica.bnf.fr/ark:/12148/bpt6k6540436h.texteImage).
21. Nicolas Roussellier, *La Force de gouverner. Le pouvoir exécutif en France XIXe-XXIe siècle*, Gallimard, 2015.
22. H. C. Mansfield, *Taming the Prince Ambivalence of Modern Executive Power*, Free Press, 1989 ; trad. fr. *Le Prince apprivoisé. De l'ambivalence du pouvoir*, Fayard, 1991.
23. A. Hamilton, J. Jay, J. Madison, *Le Fédéraliste*, *op. cit.*, 15 mars 1788, n° 70.
24. Voir S. Laugier et A. Ogien, *Pourquoi désobéir en démocratie ?*, La Découverte, 2010 et *Le Principe démocratie*, La Découverte, 2014. Voir également, S. Laugier, « La désobéissance comme principe de la démocratie », *Pouvoirs,* novembre 2015, n° 155 : *Désobéir en démocratie*, p. 43-54.
25. L'efficacité de Gandhi dans cette histoire est un point très discuté par les historiens. *Cf.* K. Tidrick, *Gandhi. A Political and Spiritual Life*, I.B. Tauris, 2006.
26. M. Rocard, « L'art de gouverner », art. cit., p. 5.
27. T. Mommsen, *Le Droit public romain*, t. 3 : *Manuel des antiquités romaines*, Thorin et Fils, 1893 ; réimp. De Broccard, 1984, p. 1034.
28. H. Arendt, « Qu'est-ce que l'autorité ? », *in La Crise de la culture*, Gallimard, « Idées », 1972.
29. Voir L. Strauss, *Droit naturel et histoire* (1953), Flammarion, « Champs », 1986.
30. H. Arendt, « Vérité et politique », *in La Crise de la culture*, *op. cit.*, p. 306.
31. A. Peyrefitte, *C'était de Gaulle*, *op. cit.*, t. I, partie VI, chapitre I.
32. V. Giscard d'Estaing, *Le Pouvoir et la Vie,* t. III : *Choisir,* Compagnie 12, 2006, p. 146.
33. A. Peyrefitte, *C'était de Gaulle*, *op. cit.*, t. II, empl. 13495.
34. *Ibid.*, chapitre 9, empl. 4001.
35. M. von Renterghem, *Angela Merkel. L'ovni politique*, Les Arènes/Le Monde, 2017, chapitre 13.
36. T. Blair, *Mémoires*, Albin Michel, 2010, p. 195.
37. *Ibid.*, p. 210-211.
38. Série *À la Maison-Blanche*, 1999-2006, NBC (sept saisons).

CHAPITRE 6

Comment bien rendre les comptes ?

1. V. Giscard d'Estaing, *Le Pouvoir et la Vie*, t. III : *Choisir, op. cit.*, p. 495-496 (http://www.ina.fr/video/I08358793).
2. C. Lefort, *L'Invention démocratique*, Fayard, 1981, p. 92.
3. *Cf.* C. Herrenschmidt, *Les Trois Écritures*, Gallimard, 2007 : « L'invention, vers 620 avant notre ère, de la monnaie frappée puis sa naissance […] sous Crésus sont contemporaines de Thalès de Milet (625 ?-545 ? avant notre ère) […]. Les débuts de

la mathématique, de la philosophie grecque et de la monnaie frappée ont en commun leur lieu d'origine, l'Ionie et leur date. Il ne faut donc pas exclure que des savants, Thalès, Pythagore (avant de quitter Samos ?), et surtout leurs élèves respectifs, aient pu jouer quelque rôle dans l'établissement de la monnaie et dans le décor géométrique de leur revers, qui construisaient les figures selon des procédures rationnelles pour les voir et y voir des nombres, pour réfléchir à leurs propriétés » (p. 277).

4. *Cf.* P. Brown, *Le Prix du salut. Les chrétiens, l'argent et l'au-delà en Occident (IIIe-VIIe siècle)*, Belin, 2016.
5. F. Fukuyama, *The Origins of Political Order : From Prehuman Times to the French Revolution*, New York, 2011 ; tr. fr. *Le Début de l'histoire. Des origines de la politique à nos jours*, Éditions Saint-Simon, 2012.
6. *Ibid.*, p. 324 *sq.*
7. *Ibid.*
8. *Spider-Man*, film de Sam Raimi, sorti en 2002.
9. F. Fukuyama, *Le Début de l'histoire*, *op. cit.*, p. 405 : « La liberté politique – c'est-à-dire la capacité des sociétés à se gouverner elles-mêmes – ne dépend pas seulement du degré de mobilisation de la société contre le pouvoir central [...] ; elle dépend de la capacité d'action de l'État quand une action est requise. La responsabilité ne fonctionne pas que dans un sens, de l'État devant la société. L'État ne peut agir de manière cohérente que s'il existe un sens partagé du bien commun [...]. La stabilité d'un système politique responsable dépend par conséquent de l'équilibre plus général entre l'État et la société civile. »
10. Voir P. Fröhlich, *Les Cités grecques et le Contrôle des magistrats (IVe-Ier siècle av. J.-C.)*, Genève, Droz, 2004 et « Remarques sur la reddition de comptes des stratèges athéniens », *Dikè*, 2000, vol. 3.
11. Alain, *Propos sur les pouvoirs*, Gallimard, « Folio », p. 213 *sq.*
12. *Ibid.*, p. 214 et 215.
13. Comme le dit Olivier Beaud, la France a longtemps préféré résoudre ses conflits politiques par des révolutions plutôt que par des procédures institutionnelles (« La responsabilité politique », *Pouvoirs*, 2000, n° 92). L'analyse de Popper est proche de celle d'Alain, mais sans cette dernière confusion.
14. Richelieu, *Testament politique*, présenté par Françoise Hildesheimer, Honoré Champion, 2012, p. 135.
15. *Cf.* U. Beck, *La Société du risque*, Aubier, 2001, p. 399 : « À la différence de toutes les époques qui l'ont précédée, la société du risque se caractérise avant tout par un manque : l'impossibilité d'imputer les situations de menaces à des causes externes. »
16. Cf. O. Beaud et J.-M. Blanquer (dir.), *La Responsabilité des gouvernants*, Descartes & Cie, 1999 ; ainsi que la revue *Pouvoirs*, 2000, n° 92.
17. P. Valéry, « Le bilan de l'intelligence » (1935), *Œuvres*, Gallimard, « Bibliothèque de la Pléiade », 1957, t. 1, p. 1076.
18. *Œuvres de M. Robespierre*, Société des études robespierriennes, 1958, t. 9, p. 502-503.
19. *Cf.* C. Labrosse et P. Rétat, *Naissance du journal révolutionnaire*, Presses universitaires de Lyon, 1989.
20. *Ibid.*, p. 197.
21. M. Thatcher, *10 Downing Street. Mémoires*, Albin Michel, 1993, p. 48.
22. T. Blair, *Mémoires*, *op. cit.*, p. 132 et 133.

23. *Cf.* Polybe, *Histoires*, II, 3, 38, et les analyses de M. Foucault sur le sujet, par exemple *in* « La *Parrêsia* », *Anabases*, 2012, 12, https://journals.openedition.org/anabases/3959.
24. Auguste, *Res gestae*, texte établi et traduit par J. Scheid, Paris, Les Belles Lettres, 2007.
25. P. Nora, « Les Mémoires d'État », *in* P. Nora (dir.), *Les Lieux de mémoire*, *op. cit.*, t. 1, p. 1383-1427.
26. *Mémoires de Louis XIV ou le Métier de roi*, présentés par J. Cornette, Tallandier, « Texto », 2007, p. 50.
27. Auguste, *Res gestae*, *op. cit.*, introduction, p. LIII.
28. *Mémoires de Louis XIV ou le Métier de roi*, *op. cit.*, p. 165.
29. M. Fumaroli, « Les Mémoires au carrefour des genres en prose », in *La Diplomatie de l'esprit. De Montaigne à La Fontaine*, Gallimard, 1998, p. 183-215.
30. A. Peyrefitte, *C'était de Gaulle*, *op. cit.*, t. I, empl. 1325.
31. Hormis l'ébauche que constituent les échanges avec G.-M. Benamou, *Mémoires interrompus*, Odile Jacob, 1996.
32. P. Bruckner, *La Mélancolie démocratique*, Seuil, 1990.
33. Sur la définition de l'adulte, je me permets de renvoyer à E. Deschavanne et P.-H. Tavoillot, *Philosophie des âges de la vie. Pourquoi grandir ? Pourquoi vieillir ?*, Grasset, 2007 ; Pluriel, 2010.
34. Voir sur ce point les ouvrages de R. Legros, notamment *L'Idée d'humanité*, Grasset, 1990 et *L'Avènement de la démocratie*, Grasset, 2000.
35. A. de Tocqueville, « L'État social et la politique de la France avant et après 1789 » (1838), *in L'Ancien Régime et la Révolution*, Flammarion, « GF », p. 80.

Conclusion

1. F. Furet et R. Halévi (dir.), *Orateurs de la Révolution française*, Gallimard, « Bibliothèque de la Pléiade », 1989, t. 1, p. 690-691.

POST-SCRIPTUM

Qu'est-ce que le charisme ?

1. Texte paru initialement *in* collectif, *De Platon à Matrix. L'âme du monde. Hommage à Jean-François Mattéi*, Éditions Manucius, 2015.
2. M. Weber, *Wirtschaft und Gesellschaft* [1921] I, 3, § 10 ; trad. fr. *Économie et société*, Pocket, 1995, I, p. 320.
3. Je souhaiterais ici rendre hommage à l'excellent livre de V. Azoulay, *Xénophon ou les Grâces du pouvoir* (Publications de la Sorbonne, 2004) auquel cet article doit beaucoup. Cet ouvrage présente une analyse exhaustive de la *Charis* chez Xénophon dans une perspective, très stimulante, d'anthropologie historique. Pour ma part, je tente d'en tirer une construction idéal-typique qui viendrait compléter l'analyse wébérienne.
4. Ses qualités natives sont énumérées par Xénophon : « Cyrus, d'après les récits et les chants qu'on entend encore aujourd'hui chez les Barbares, avait reçu de la nature une figure d'une très grande beauté, une âme extrêmement généreuse [*philanthrôpotatos*], passionnée pour l'étude [*philomathestatos*] et pour la gloire [*philotimotatos*] au point

d'endurer toutes les fatigues, d'affronter tous les périls pour mériter des louanges » (*Cyropédie*, I, 2, 1, Les Belles Lettres, 1965).

5. Voir Xénophon, *Cyropédie*, I, 4, 27 *sq.* ; IV, 1, 24.
6. Pour Xénophon, le lien familial est le lien le plus solide qui soit, ce pourquoi l'unité du monde doit être conçue grâce à lui : « Les amitiés [*philiai*] les plus solides, semble-t-il, sont sans doute celles qui lient les parents aux enfants, les enfants aux parents, les frères entre eux, les femmes à leurs maris et les camarades entre eux » (*Hiéron*, III, 7, Les Belles Lettres, 2008 ; voir aussi *Cyropédie* : VIII, 7, 14).
7. Ce portrait du charisme serait à mettre en lien avec les grands traités politiques chinois sur l'art de régner, notamment celui de Han Fei Zi (280-233 av. J.-C.). *Cf.* Han Fei Zi, *L'Art de gouverner*, introduction d'A. Lavis, Presses du Châtelet, 2010.
8. Lorsque, dans les *Mémorables* (III, 1, 6, Les Belles Lettres, 2011), le Socrate de Xénophon entend définir l'art de commander, il montre qu'il consiste à concilier l'inconciliable : « Il faut encore que le général soit habile à préparer ce qui sert à la guerre et à procurer le nécessaire aux soldats, qu'il soit inventif, actif, soigneux, patient, vif d'esprit. Il faut aussi qu'il soit bon et cruel, simple et rusé, capable de se garder et de dérober les secrets de l'ennemi, prodigue et rapace, libéral et cupide, qu'il sache se couvrir et soit prompt à l'attaque, sans parler de bien d'autres qualités naturelles et acquises qu'un bon général doit posséder. »
9. C'est ce que note M. Weber, *Économie et société*, *op. cit.*, p. 329-332 : la domination charismatique est transitoire, propre aux temps de crises, mais vouée à se transformer en autorité traditionnelle ou légale.

Table

DEUXIÈME PARTIE

Nouvelles règles de l'art politique

DU MÊME AUTEUR

Chez Odile Jacob

L'Abeille (et le) Philosophe, avec François Tavoillot, 2015.

De mieux en mieux ET de pire en pire. Chroniques hypermodernes, 2017.

Chez d'autres éditeurs

Le Crépuscule des Lumières, Éditions du Cerf, 1995.

Philosophie des âges de la vie. Pourquoi grandir ? Pourquoi vieillir ?, avec Éric Deschavanne, Grasset, 2007 ; réédition Hachette, « Pluriel », 2010.

Qui doit gouverner ? Une brève histoire de l'autorité, Grasset, 2011.

Tous paranos ? Pourquoi nous aimons tant les complots…, avec Laurent Bazin, Éditions de l'Aube, 2012.

Petit almanach du sens de la vie, Le Livre de poche, 2013.

Faire ou ne pas faire son âge, Éditions de l'Aube, 2014.

La guerre des générations aura-t-elle lieu ?, avec Serge Guérin, Calmann-Lévy, 2017.

Ouvrage publié sous la responsabilité éditoriale
de Perrine Simon-Nahum

Cet ouvrage a été composé
en Adobe Garamond Pro
par Nord Compo
à Villeneuve-d'Ascq (Nord).

Achevé d'imprimer en janvier 2019
dans les ateliers de Normandie Roto Impression s.a.s.
61250 Lonrai
N° d'édition : 7381-4645-X – N° d'impression : 1900013
Dépôt légal : février 2019

Imprimé en France

